韦政通文集

知识人生三大调

韦政通 著
何卓恩 王立新 编

中华书局

图书在版编目(CIP)数据

知识人生三大调/韦政通著;何卓恩,王立新编. –北京:
中华书局,2011.1
　（韦政通文集）
　ISBN 978 – 7 – 101 – 07468 – 0

　Ⅰ.知…　Ⅱ.①韦…②何…③王…　Ⅲ.哲学思想 –
中国 – 文集　Ⅳ.B2 – 53

中国版本图书馆 CIP 数据核字(2010)第 117712 号

书　　　名	知识人生三大调
著　　　者	韦政通
编　　　者	何卓恩　王立新
丛　书　名	韦政通文集
责任编辑	王传龙
出版发行	中华书局
	（北京市丰台区太平桥西里38号　100073）
	http://www.zhbc.com.cn
	E – mail:zhbc@zhbc.com.cn
印　　　刷	北京天来印务有限公司
版　　　次	2011 年 1 月北京第 1 版
	2011 年 1 月北京第 1 次印刷
规　　　格	开本/640×960 毫米　1/16
	印张 18½　插页 4　字数 250 千字
印　　　数	1 – 4000 册
国际书号	ISBN 978 – 7 – 101 – 07468 – 0
定　　　价	33.00 元

作者的父亲韦子辉,母亲戴翠儿

1980 年的作者

1962 年作者与妻杨慧杰教授合影于台南

1986 年 9 月 16 日作者在台湾广播电台录音室接受"成功之路"节目访问

1987 年作者全家福

1996 年 11 月作者访问东京大学,文学部教授藤井省三接待

1993 年 5 月作者与李泽厚(中),王守常(左)合影于作者书房

1993 年 11 月在何怀硕(右一)家，左起沈君山，杨国枢，李亦圜，胡佛，文崇一,作者(着黑衣)

不熄的理想火焰

——写在"韦政通文集"出版之际

歌德曾说,"读一本好书,就如同和一个高尚的智者在交谈"。陈列在你面前的这部文集,就是当代中国(台湾地区)著名学者、知识分子、思想家韦政通先生以毕生心力和热情,曲折探索和思考的结晶之一,是一部娓娓道来的传统与现代相交响、作者与读者相共鸣的好书。

自从西风东渐以来,社会转型的历史课题即在中国出现。围绕是否需要转型,采取何种路径转型,向哪个方向转型等亟需解决的大问题,相继出现几个思想高峰。一是维新时代的"新旧"之思(围绕变与不变、小变与大变而展开的思考与争论),一是革命时代的"主义"之思(民族主义、自由主义、共产主义之间的思想取舍),一是战后和平年代的"现代化"之思(致力于传统与现代的连接,个人、社会、国家价值的均衡)。韦政通先生的思想,是以现代化为中心来展开的。

先生致思的时代,变革已成为共识,"天不变道亦不变"的论调,不再能激起社会的涟漪;"主义"之争由于半个世纪理与势的竞争也已渐成定局,有略显过时之虞;而在战后和平发展的时机下,如何为海峡两岸的中国缔造一个光明的前途,遂成为最需要思考的问题。"文化大革命"结束后,尤其20世纪80、90年代以来的大陆思想界,开始全面讨论现代化的道路,而在此之前约二十年,随着台湾地区的经济起飞,现代化已经成为讨论热点。韦政通先生便是这一时期有代表性的思想者之一。韦先生所讨论的问题非常广泛,最主要的兴趣点是在传统思想的现代转化方面。

韦政通先生作为思想家,是中国现代思想史上的一个异数,他的学术思想道路充满坎坷和艰险。

先生出身苏南一个小商人家庭,童年时如果按照父亲的愿望,继承家业,依其天资,假以适当环境,或许会成为一个地方上较有实力和影响的企业家。但他不喜欢从商,竟违逆父亲的意愿,只身外出求学镇江、南京、上海,屡经周折,也没有读成一个完整的学历,而后又鬼使神差地跑到台湾去了。完全出乎意料,早期在台湾无依无傍的生活,竟然成了他学术生涯的起点。在那个特殊的时代,不少在各自领域内颇有建树的学者和思想人物,千载难逢地齐聚台岛一隅,为他的学术生命提供了珍贵的营养和不竭的动力。劳思光、方东美、陈康、牟宗三、徐复观、殷海光等学人先后成为他学术生命的浇灌者,一个依靠自学的青年,有此幸运,真可谓生命中的奇遇。

先生在台湾大学旁听方东美先生的"人生哲学"、"印度哲学"课,陈康先生的"希腊哲学史"课,每两周参加一次牟宗三先生在台湾师范学院的"人文友会",有时因缺车资,必须从火车站步行到台大和师院。"友会"是夜间举行,回到山麓的茅屋已是深夜。其间生活多次陷入绝境,有时仅赖院中木瓜充饥。依靠王船山精神的激励和陆王学说的提撕,先生度过了早期的艰困岁月。

先生是一个个性很强的人,在历经数年跟随牟宗三先生的"信仰之旅"之后,越来越感觉到不满足,遂将自己置于超越师门情感,独自探险的挑战途程中。就在此时,自由主义思想家殷海光先生出现在先生的生活世界里。与殷海光先生的交往颇不同于和牟宗三先生的交往,"在牟先生那里,我只认识他(应该说是崇敬他),不认识自己;在殷先生那里,我认识了我自己"(王赞源《韦政通教授访问录》)。

总结自己的学术生涯,先生自认扮演过三种角色:学者、思想家、知识分子。"做一个学者,是我年轻时的愿望,其他两种角色,绝非当年所敢想象,而是由于不寻常的学思历程,和一些意外的人生机遇塑造而成。"先生的著述,按照这三种角色,可分为学术、思想和社会关怀三部分。具体说,学术部分,专题研究包括"荀子研究"、"朱熹研究"、"董仲舒研究"、"孔子研究"、"毛泽东研究"等,通史撰述包括《中国思想史》、《中国十九世纪思想史》,体现学术通俗化的著作包括《中国文化概论》、《先秦七大哲学家》、《中国的智慧》等;思想部分,儒家思想批判著作包括《传统的透视》、《儒家与现代化》、《中国哲学思想批判》、《儒家与现代中国》、"儒家在台湾经验中的角色"的系列文章等,从传统到现代的思想探索著作包括"以传统批判现代化"系列论文、《中国文化与现代生活》、《中国思想传统的现代反思》等,现代伦理道德问题探索著作包括《伦理思想的突破》、"当代伦理诊断与重建"系列论文;社会关怀部分,包括有关知识分子、台湾政治与文化、中国未来的系列论文。"著述等身",也许可以用来描述先生勤奋笔耕的量,却实在不足以概括先生蔚为大观的学术思想成就和宠博气象,不足以体现他贡献给时人和后世的活生生的智慧。

先生以学术为生命,他的治学,最重客观的精神。先生所献身的学问,是面对活生生的时代问题的学问,他总是以开放的心态,面对中西文化和中西历史,既不妄自菲薄,又不固步自封。

先生以开放的心态,意识到"中国缺乏独立的学统,缺乏为知识而知识、为真理而真理,和这个根本缺陷(逻辑、知识论不发达)是密不可分的。这个缺陷不但长期延误了我国对西方文化的吸收,对中国文化的重建工作,也产生了很大的阻力"。先生此种说法,一方面点出了我国知识分子仍然难于摆脱的自封心态,同时也可看作是对牟宗三先生将儒家当成学问的努力和所做出的杰出贡献的再度提示。

客观的精神导引开放的心态,开放的心态推助客观的精神。先生借助对近代中国不幸遭遇的客观了解,进而再度达成了对近代史上的一些重要历史人物的深切"同情"。"鸦片战后,由于帝国主义列强的侵略本质和中国国力的日益衰微,在这种内外交逼的情况下,使用任何外交策略,基本上都没有获胜的机会。在这期间,我们抵御外侮的条件各方面都非常薄弱,唯一突出的现象,是出了一批杰出人才,这些人才稍早有林则徐,然后是曾国藩、李鸿章、张之洞、郭嵩焘、曾纪泽,他们凭着极有限而又模糊的国际知识,在对交往对手的强度、意向缺乏资讯作为判断依据的情况下,依然要折冲樽俎于列强之间,可谓备极艰辛。""所谓'弱国无外交'","鸦片战争后,在外交上接受残酷考验的不只是少数人才,而是几千年的中国文化"。以当时文化衰落、社会解体、民心涣散的中国,面对强劲无比的西方列强,"不管使用任何外交政策",都同样避免不了一败涂地的结局(《19世纪中国与西方》)。

古往今来,真正的大学问,总是离不开历史的责任和对现实的关怀,这一点在先生的所有文字中都有充分的体现。先生提倡为知识而知识,不是为了让大家脱离生活实际,只是为了培养知识分子独立不屈之品格,意在争取知识本身独立不倚之地位,意在追求热爱真理的新知识传统,而并不是要知识分子放弃对社会、对民族和对人类的责任。先生研习古代思想文化,并不是为了获得一个安宁的栖息场所,从而高枕无忧地安睡其中,往而不返。先生不喜空谈玄理,一言一说必求中的,中历史文化之的,中社会生活之的,中人心风俗之的,中国家民族之的,中人类命运之的。其为现代社会和人生立言的目的性随处流溢。

先生将自己的这种责任情怀称作"现实的关怀",先生对现实的关怀是多角度、多方面的,诸如政治、伦理、教育甚至环境等问题,无不在先生的视野之内,关怀之中。这种关怀充分展现了先生对社会和人生的深挚之爱。

除了在学术、思想上所获得的重大成就之外,先生还以永不停息的追求、坚持不懈的努力,鼓荡理想,燃烧激情,创造了一个生命的奇迹,在自然生命的基础上,不断重新铸造自己,使自己的精神生命不断升级,不断放射出令人艳羡的耀目光辉。也许这才是先生最有感染力和诱惑力的成功。人的一生无论从事什么职业,其所获得的成就,归根到底都是在自然生命的基础上,创造价值生命的成功。这种成功无不在价值原则的导引下进行,无时无刻不受理想光辉的指引。点燃起理想的火焰,让它永不熄灭,并按照它的指引前行,生命的潜能就会得到最大程度的发挥,生命的意义就能在最大的限度内展现。先生的成功,就是理想实现的典范,先生就是一团永不熄灭的理想的火焰。

先生的著作,二十多年前开始在大陆出版。这些著作在大陆读者中引起广泛反响,不少读者意犹未尽,在不清楚联系地址的情况下仍然辗转去信求购先生的其他著作,甚至产生浓厚的研究热情。日益增加的阅读需要,使迄今为止大陆出版的上述著作已经显得难以满足。正是基于这样的背景,在先生的全集目前尚不具备出版条件的情形下,我们认为在先生的全部文字中精选一部分有代表性的文章,编成一套较能反映先生思想各个面向的多卷本文集,也许是一个可解一时之急的办法。我们向先生请示,征得同意,终于有了这套文集的出版。

这部"韦政通文集",基本的选编思路,是希望在尽量体现先生著作结构的同时,能够照顾到大陆读者希望了解先生的实际需要,所以在选材上,采取"论学"、"论世"、"评人"、"自述"的思路分卷。

《传统与现代之间》"论学"部分,列两个专题:一是"儒学新探与方法革新",收录先生研究孔子、荀子、董仲舒、朱熹的几篇文章以及若干讨论研究方法的文章,力图反映先生中国思想史研究的基本主题和风格,使读者了解先生学术研究的基本面貌;二是"传统思想的现代转化",收录先生在学术研究基础上的思想创造作品,包括创造性转化传统的思想和对新伦理问题的思考。

《人文主义的力量》为"论世"部分,列三个专题:"巨变与传统"专题主要体现先生对时代变迁的体认;"知识分子的责任"专题意图体现先生对知识分子使命感的呼唤;"迈出五四的幽灵"专题希望呈现先生对知识分子努力方向的理解。

《时代人物各风流》为"论人"部分,重点突出对人格问题的关注。列传统人物"古典人格的光辉"、近代人物"危机时代的探路者"、当代人物"坚毅的魅力"三专题。本着薄古厚今的原则,传统人物只选取了四篇,近代人物收六篇,当代人物收九篇。

　　《知识人生三大调》为"自述"部分，除了收录学术自传《思想的探险》，同时收录几篇补充性的文章。为显示伦理思想在先生思想中的突出地位，并考虑到各卷篇幅大致平衡，本拟收入"论学"之卷的几篇关于伦理思想的文章和演讲，也作为"我的伦理思想"收录到了这里。本卷最后，附录了一篇概述先生学术思想的文章。

　　由于我们的水平所限和其他种种原因，先生还有许多精彩文字一时尚无法纳入这套文集，这是编者的遗憾，也是编者需要向广大读者致以歉意的。

编者

2008 年 5 月

目 录

理想的火焰

学思的历程

我的伦理思想

附　录

理想的火焰

理想的火焰

我早期的学习生涯①

　　最近一家出版社向我征文，希望在 800 字以内，写出我"最感动、最难忘、最想说出来的话"，我以"传统与我"应命。一开头我说：在过去三十年中，我曾有过传统主义者卫道的热情，也曾经历过反传统的激情；然后逐渐以理智平衡热情，以理性克制激情，使我发展出独立自主的精神，走向重建新传统之路。寥寥数语，颇能描绘出我思想进程的轮廓。这个进程，正如友人吴森兄信中所说，"合乎黑格尔正、反、合之方式"，今后我在思想上是否能如他所期望的"必返中道而有'大合'之表现"呢？这是我面临的最大挑战。"流泪撒种的必欢呼收割"，我期待有这么一天。

一　困顿岁月

　　去年 7 月在夏威夷，一天晚饭后与刘述先兄上那高入云霄的圆顶

---

① 编注：本文作于 1983 年 9 月 15 日，选自韦政通先生著《儒家与现代中国》，台北，东大图书公司，1984 年。韦政通先生在《人是可以这样活的》一书序言中对他早年的求学生活，尤其是牟宗三对他学习生涯的意义，曾有这样的描述："记得存在主义思想家法兰兹·卡夫卡说过，在他心目中，好的书籍有如'一把能击破心中冰河的利斧'。牟宗三先生其人、其书，就是击破我混沌生命的那把利斧，在他的诱导下，才使我迈出一生中最重要的一步。我这一生，中年以后，生活上不免取向保守，学术思想方面却一直敢于冒险，不断向自己挑战。由于这种性格因素，终于使我脱离师门，走向四无依傍、独自奋斗的人生之路。"这段描述可资本篇的补充。

咖啡座闲聊，述先谈起劳思光先生即将在中文大学退休（英制六十退休），真使我大吃一惊。过去二十年里，我过着发愤忘食的生活，竟然不知老之将至。思光先生比我大不了几岁，回想五十年代初，我们因《民主潮》的文字因缘相识，常在一起的二三年中，彼此物质生活虽苦，因正值年轻气盛、意气风发的年代，心智生活并不匮乏，且带有理想性的浪漫情调。

1954年春天，我辞去了极为厌倦的新闻工作，搬到大屯山麓的一间茅屋中住下，决心做一个卖稿维生的文人，这是我一生最重大的决定之一。促使我做此抉择的原因，有属于个人性格的，也有外在的激因。我从童年起性格上就带点反叛性，也就是我后来在思想上能有创造性冲动的一个根源。当时在工作上交往的一些朋友，经常吃喝玩乐，生活浑浑噩噩，1953年的下半年，突然对这种糜烂的生活深感厌腻而自责，曾几度一个人爬上狮头山静想，郑重地考虑前途问题。在《王贯之先生与我》一文，曾形容这一年"是我生命中第一次起大波澜的年代"，由于来自外在的两个激因，才帮助我从波澜中获得自救。

激因之一，是我就在这焦虑不安的时候认识了劳思光先生，他当时也靠写稿维持一家人生活。他的文章涉及范围很广，东西文化、思想、民主政治、逻辑实证论，以及近代中西哲学思潮，无所不谈。这是生平初次接触如此新奇的世界，十分诱人。我曾把他发表的作品，集成一厚册，封面上并由他亲自用毛笔题"文化论集"四字，至今我仍保存着。他的《康德知识论要义》，也在我们交往的时期写成，这是国人研究西方哲学的一部重要作品，竟能在生活极不安定的状况下完成。劳先生不修边幅的外表、爽朗的笑谈，和他渊博的学识、高效率的工作，都令人心仪。

另外一个激因，是当时香港以弘扬儒家精神为职志的《人生杂志》提供我固定写稿的机会，杂志负责人王贯之先生在精神上对我有莫大的鼓励。十二年前我在悼念他的那篇文章里说："我年轻时代是一个志大言大的狂者，有时甚至流于狂妄，狂妄不容易被人接受，因为一般人的耐性都很差。具有热爱心肠的贯之先生,却始终能容忍我的狂妄,不吝对我的长处一再加以称许,但也不放过劝善规过的责任。"

那时候我只能写文艺稿,也喜好美学,我就靠《人生》的小说连载及偶尔在《民主潮》、《民主评论》发表一点文学感想的微薄稿费熬过三年的山居生活。三年中在台湾大学听方东美先生"人生哲学"、"印度哲学",陈康先生"希腊哲学史"一年。每两周参加牟宗三先生在师范学院(师大前身)的"人文友会"一次,有时因缺车资,必须从火车站步行到台大和师院。友会是夜间举行,回到山麓的茅屋已是深夜。写作余暇开始读点宋明理学,心性理论尚不能入,对诸家生平事迹则特感兴趣,当读到王船山(1619—1692),使我首次领受到被巨人心灵震撼的经验。在中国思想史上,除了同时代的李二曲(1627—1705)以外,恐怕再也找不到一个思想家的生活比船山更苦。他于抗清运动失败后,隐遁约四十年,或与傜人杂处,或托迹野寺,或居住土室,在"握天枢,争剥复"的信念下,创造了一个伟大生命的奇迹。在生活条件奇差的境遇中,他竟然能著作宏富。船山的典范,是在精神上支持我度过艰困岁月的一大动力。

1950年代初期,台湾的出版业尚在起步,新印古书奇少,和古人一样,为了读书先要抄书,至今我仍珍藏罗近溪(1515—1588)《盱坛直诠》、王龙溪(1498—1583)《语录》两部抄本,唐君毅、牟宗三两位先生的早期文章,我也曾手抄过一些。因精神常不能集中,藉抄书以凝聚,多少可以训练耐心。后来我对中国哲学若干重要典籍,做了精细的观念分类索引,就是从无计划的抄录到有计划的抄录的过程中慢慢演变出来的,这些索引终于成为我编《中国哲学辞典》的基本资料。有一次到徐复观先生家中做客,他从书架上取下一叠抄本,是二程、朱子的札录,这也就是他在著作中常提到的"笨工夫"。章学诚(1738—1801)说:"为今学者计,札录之功不可少;然存为功夫,不可以为著作。"这是很久以后我才读到的。可见做学问,虽可有别出心裁之处,但基本功夫是差不多的。

泛读了一阵《宋元学案》和《明儒学案》，比较上对陆（象山，1139—1192）、王（阳明，1472—1529）一系的心学有兴趣，在武昌街一家旧书店看到一部八册的《陆象山先生全集》，索价150元，这个代价在当时可使我两个月免于饥饿，犹豫了一阵，将唯一的一套冬季西服典当了把它买回来，因此寒流一来，我就不能出门。但拥衾卧读，每至夜分而不觉倦。那时候我喜爱陆、王，是因陆、王之学简易直截，有提撕精神的作用，比较能贴近我当时要求向上的心境。后来我比较重视荀子客观认知类型的思想家，是采取知识的观点，这个观点后来终于成为我《中国思想史》的一个特色。由于初步接触理学时，心思纷歧杂乱，因此读书总希望能直接受用，一直到牟先生的一次来信中，才把我这不正常的读书心态揭穿。他说不论读什么，都要"当学问工作来读，不可当治病之药来读"。牟先生要求我"先把自己生命寄托在一定的工作上"，"要着而切地去读书明理"。这一点如是一未深入社会的青年，一直在读书环境里成长，并不难做到。我的人生历程，却颠倒了一般顺序，世俗的习气浸染已深，纯净的心灵已失落，使我费了好几年的工夫，才能达到这个要求。

当时与我接近的师友，都觉得我浮夸，此病且久久不去，牟先生曾来信痛砭："吾棣写小说久了，总不免浮夸习气，故说之容易，此不是资质轻扬，岂以久为文之故耶？古人言之不出，耻躬之不逮，故以刚毅木讷近仁，又曰仁者其言也切，此中确有道理，而棣则常言'决心如何如何'，又常言'确具功效'，此即说之太易。即此足见浮夸，以后切不可如此。"为了纠正这种性格上的偏差，不时自省，并在日记中写下许多忏悔文字，对自我做极坦率的剖白。这方面的缺点到后来读书生活进入正规，在长期勤奋专注的工作中才渐次克服。

理学书之外，我一度极喜爱唐君毅先生"人生之路"的三本书：《人生之体验》、《心物与人生》、《道德自我之建立》，这些书令人兴奋而温暖。唐先生在《人生之体验》重版自序中说："在我所写的一切文章中，亦只有此书比较能使一般人——尤其有向内向上的精神之青年，在内心发生一些感动。"这大概就是我当时特别喜爱此书的原因。书中"我不喜欢现代之人生哲学著作,而对愈古之哲学著作愈喜欢"的观念,曾支配过我的思想。1978年唐先生去世,在那篇《访韦政通谈唐君毅先生》的文章里,我说"他在基本的心态上,不是属于现代的",就是根据这一点。

　　早期牟门弟子,大都敬重唐先生,对于徐复观先生则比较疏远。徐先生乐意助人,尤爱护青年,虽已脱离党政活动,但现实社会的关系还是不少,牟先生的学生找不到工作,有时也请他帮忙,我能到省立台中第一中学教高中,使我摆脱生活困境,也是因徐先生的大力推荐。1950年代中期,《民主评论》和《自由中国》曾为自由问题发生争论,劳思光先生也牵涉其中,他有一信给我细述与殷海光先生之间因自由之争而转移到逻辑问题因而挨骂的原委,这是我第一次接触自由问题,去年我写《两种心态,一个目标》,副题"新儒家与自由主义观念冲突的检讨",就曾谈到这个争论。大约就在这个时期,我与徐先生因通信而相识,第一次见面是在杭州南路的《民主评论》社里,恰好钱穆先生也在,在杂志上常读他们的文章,见了面当然高兴。徐先生因知我生活困窘,就鼓励我多写稿,但《民主评论》是理论性杂志,我还没有这个能力,勉强凑成一篇有关"五四"新文学的文章寄给他,不久接来信,告诉我什么地方要补充资料,什么地方论点要修正,如此往复两次才获刊登。那时稿费千字八十元,一篇稿就可以应付一个月生活。

　　山居三年,后来小说写不下去,理论稿又写不出来,在这青黄不接之际,我的生活多次陷入绝境,有时仅赖院中木瓜充饥,遂因而病倒。这样的生活再也难以延续,一次意外的机缘,终于使我南下在一寺庙中暂栖。

二　信仰之旅

　　劳思光先生早期对传统儒家思想,侧重其缺陷的思考,属于问题性的探索。所以在1950年代,使我成为一个儒家信徒的,主要应归功于牟宗三先生的启导。从上述生活的背景,我当时迫切需要的是一个信仰,一个使分裂的生命归于统一的信仰,基于这个心理,我参加了"人文友会"。

我第一次参加"人文友会"已是它第十次聚会,时间是1954年12月18日,地点在省立师范学院二一三教室,听讲人有:陆宝千、朱维焕、王淮、马光宇、王道荣、周文杰、戴琏章、李懿宗、吴自苏、郭大春、谢文孙、曾厚成、陈问梅、吕汉奎、王美奂、唐亦男、李中秋、贺玉琴、陈癸淼、胡连诚、朱治平、戴华辉、韩诚生、王启宗、吕实强、范添盛。纪录上我和劳思光先生是以"来宾"身份出席。牟先生首先提到过去几次的聚会,从理智与意志的对立,理性与生命的对立,直讲到逻辑的我与道德的我。接着重提主办友会的本意,只是想叫大家凝聚提撕,向深处想、向远处看。然后就陈问梅同学有关人性论的一篇新作,说明孟子道性善,属于具体的解悟,荀子主张"隆礼义而杀诗书",表示他只有抽象的解悟力。于是以中西哲学为例,对这两个名词做区分性的阐述:抽象的解悟由逻辑的我发,它所把握的是抽象的共理;具体的解悟由道德的我发,它所把握的是具体精神普遍之理。从道德的我发,就是从道德的主体发,也就是要把握道德主体所表现的精神发展理路,这是有定规有确定内容的,否则全成为主观的、无定准的,以此为世人所诟病。

牟先生讲完,由劳先生对"解悟"做了一点补充。他说具体的解悟,用中国的字样,可以"体验"二字来代表。并说明:这两种解悟,并不是将解悟分为二面,而是说人们对一切的了解有两种境界,所了解的各有不同。我也讲了话,记录上是这样记的:"我今天是第一次来听讲,我觉得这是一个光明的所在。我希望在座的诸位在目前的情形下要在各人自己的岗位上努力,我虽居在乡下,但是很想以后时常来听。"最后由牟先生做结:刚才劳先生的补充,令人愉快之至,大家要想明白具体的解悟的实例,我愿推荐最近《民主潮》上劳先生一篇"秦论"的大文给大家一读。

人文友会时期,牟先生住在台北公馆附近一树木茂密的小山坡上,门上挂着"东坡山庄"的小木牌,进门是一横式小院,排列着三间斗室,左边卧室,中间书房,右首客厅,厅中央有一很厚重的木制棋盘,下围棋是牟先生的主要消闲活动。我常于下午四时以后去拜访,并共进晚餐,餐桌是在棋盘上加一木板。每值会期,由一位同学雇三轮车于晚饭后前往迎接,八时起进行约两小时,内容包括明代王学、存在主义、黑格尔权限哲学引论、怀海德哲学,与一般课堂里做纯理论的探索不同,牟先生讲这些都与历史、文化、时代、国家的问题相关。例如讲黑格尔的权限哲学,是因这个理路可补儒家由内圣直接推出外王之理路的不足。友会有时也改用讨论的方式进行,到十三次聚会,与会者已增至四十人,经常出席有三十人左右,讲词记录是王美奂,后来是蔡仁厚,两周一次,即使元旦除夕(阳历),亦未中断。

1956 年暑假,牟先生因将离开师院去台中东大,在最后几次友会中,很有系统地讲了原始儒家义理的发展,主要以《春秋》、《论语》、《孟子》、《易传》、《中庸》、《大学》为线索,说明由心性到天道,由道德的主体精神汇通客观精神而到绝对精神,以展现原始儒家的基本理路。这个基本理路就是后来讲《中国哲学的特质》的原型。

今年 5 月 2 日我应师范大学人文学社之邀,演讲"启蒙运动与现代中国"。会后有同学向我说,人文学社是由以前的人文友会延续下来的,他的意思或许是以师大的传统里曾经有过人文友会为荣。这已是我第五次在这个学校演讲,每次都引起我一些回忆,现在的青年已无法想像当年友会的情景,就个人的体会,它的确能表现出一种超拔流俗的精神,导引青年一个理想,使你在人生上有意义感,对历史文化有使命感,这不是一般以知识为主的讲学所能比拟的。我当时所需要的正是这些,因为它能带给我精神上的满足。

牟先生去了东大,不久我也迁居中部,每周六或周日都上大度山。此后三年是我与牟先生接触最频繁的时期,因生活已安定,比较能踏实读点书。1957 年 11 月,由东大同学组成一个类似人文友会的聚会,每周一次,仍在夜间举行,参加人数常在百人以上,到第二年夏天为止,把康德哲学和黑格尔哲学做了系统的讲解。每次我都有详细的记录,在一周之内,把记录加以整理、誊清,下次聚会前给牟先生过目,并用红笔删改。这个工作对我是一种磨炼,可训练我如何做哲学性思考,并将这些思考有层次有条理地表达出来。这种磨炼使我后来读斯宾诺莎的《伦理学》、休谟的《人类理解研究》等书,并不觉得有太大困难。近年读柏拉图的《理想国》、黑格尔的《精神现象学》,依旧兴趣盎然。这方面的兴趣就是从那时培养出来的。

东大的聚会与人文友会不同,友会讲习的主要目的,依牟先生自己的说明,是"在疏导时代学风时风病痛之所在,以及造成苦难症结之所在。如此疏导,点出主要脉络,使人由此悟入,接近积极健全之义理,重开价值之门,重建人文世界,此或可有助于人心醒转"。东大的聚会,有一次牟先生说:"我们在这里讲学问,既不受时间的限制,复无任何实用目的,是纯粹本于理智的好奇。我可以告诉你们,真理的发现和观念的建立,都是出于无实用的态度,太讲究实用,开不出文化理想。"友会的讲习比较接近宋儒的讲学,有移风易俗、转化人心的抱负。东大的学风与师院不同,友会的成员多半来自国文系,心态封闭而保守,东大参加聚会的来自全校各系,风气自由而开放,也许是因为这些因素,所以改用学术的方式。这时候我的心态也正在转化:由追求精神的满足逐渐转向追求知识的满足。

1958年暑假,陈问梅到东大当讲师,次年刘述先也到了东大。这时期旧日诸友中仍与牟先生保持关系的,还有王淮、唐亦男、戴琏章、马光宇、周文杰、蔡仁厚、郭大春。周群振此时尚在军中未退役,见面机会较少。他是一个了不起的人物,以出身行伍,完全在牟先生的精神感召下,发愤治学,二三十年来竟然在中国思想方面做出成绩。1959年暑假,我们八九人在大度山牟先生宿舍聚会数日,上午听讲,下午大家讨论,夜晚就睡在地板上。牟先生有时会骂人,因为他有话直说,不应付青年。平日生活从容自在,衣着随便,谈得兴起,每开怀大笑,大家对他实敬而不畏。

　　为了追求知识方面的满足，1958 年 9 月起听了一年牟先生的"中国哲学史"。他讲这门课主要在指出中国观念的方向，大抵是本于他《历史哲学》的理路。中国观念的方向，决定观念的具形，中国观念的具形，牟先生认为是起于氏族社会政治集团中的史官。史官的职责有二：(1) 掌官书以赞治；(2)正岁年以叙事（见《周礼》）。前者是观念之府，是道德政治的，孔子讲仁就根据这个传统。后者是经验之府，治历明时是古代的科学，后来这方面的发展比较萎缩。讲诸子的起源，牟先生不完全同意诸子出于王官的讲法，也不赞成近人胡适等从社会观点的讲法，认为这都是从外部看，不能接触本质的原因。本质的原因要从儒、道、墨三家皆针对周文之敝而发这方面去了解。三家都要以"质"救"文"，儒之质为仁义，墨之质为功用，道之质为自然，质不同，决定对文化贡献的效果也不同。道与墨，一是过，一是不及，过与不及皆不能担负文化承继与文化创造的使命。儒家之所以成为中国文化的正统，可以从这里了解。基于同样的理由，牟先生认为绝不能把儒家与其他各家并列地看。

　　诸子以后讲《易经》、《春秋》。讲《易经》除了易学发展之外，特别强调要从孟子尽心知性的路数讲进去，进去以后，必须把《易经》的架子全部化掉，才能与原始的智慧面对面。《春秋》主要讲《公羊传》。两汉大抵以《历史哲学》为底本。当时牟先生已在酝酿《才性与名理》一书，所以魏晋部分说之甚详，对佛教似尚未下大功夫，故言之较略。不过他说，如对魏晋玄学到隋唐佛学这一段没有深入的了解，很难理解宋明理学。哲学史这门课只讲到韩愈(768—824)、李翱(772—841)，一学年已终了。对儒、释、道三教的特性，牟先生有三句判词，他说：察业识莫若佛，观事变莫若道，树立道德主体、开辟价值之源莫若儒。后来我也教这门课达十一年。先秦诸子即占去学年的三分之一，以下只能做鸟瞰式地简述。现在台港两地部分哲学系已分段由不同教师讲授，这是合理的安排。我的看法至少要分三段：两汉以前、魏晋至隋唐、宋至清代中叶。教师除对该段要专精之外，于哲学史演变全程宜兼有通观之能，方足以胜任。

在这个时期,个人的兴趣朝两方面发展,一是研究荀子,一是泛读十七八世纪部分思想家的专集。促使我注意中国十七八世纪的思想,一方面是由于 1956 年间,我与王贯之先生为了宋明理学与颜习斋(1635—1704)之间的异同问题发生争辩,另一方面是因徐复观先生那时候正与毛子水先生为义理与考据问题笔战。我与贯之为上述问题,往返各写了六七封信,都曾发表在香港《人生杂志》上,为《人生》带来一番热闹。当时我的立场是尊崇宋儒贬抑习斋,贯之则立于外王事功一面为习斋辩护。到了 1960 年代初,我们通信谈到民主问题时,两人的立场恰好颠倒过来。

这场争辩引发我了解清儒思想的兴趣,最先对颜李学派下功夫,后来写成长达三万字的《颜李学研究》,在《人生》连载四期(1961 年 266 期起)。此外顾亭林(1613—1682)一篇也有三万字,未发表。戴东原(1724—1777)则写了六万多字,其中两章曾在徐复观先生主持的《民主评论》上发表,一章是:"戴东原思想中的一个基本观念:'血气心知'之解析"(1961 年 12 卷第 4 期),一章是:"戴东原'训诂明则义理明'一主断之意义及其限制"(12 卷 14 期)。这几篇论文写成后,又涉猎清代公羊学派到康有为(1858—1927)一系的思想。结果集成《近三百年思想研究》一书,是我研究中国思想所成的第一本书。书稿置之箧中,一直没有机会出版。等到有机会出版时,我的思想已转变,与原先写此书的基本观点和立场颇有出入,稿子只好废弃。这一段功夫并没有白费,除了使我对近世学风的历史背景有了一点认识之外,也使我的思想不致再跌入前人的窠臼。据我的经验,在治学的长途上,并无所谓冤枉路,只要你不断追寻,最后都会贯通。写到这里,不禁想起多年前钱穆先生讲的一段极富深意的话,可供有心之士玩味。他说:"今天我们做学问,应懂得从多门入,入了一门又再出来改入另一门。经、史、子、集,皆应涉猎;古今中外,皆应探求。待其积久有大学问之后,然后再找小题目,作专门式的发挥,此乃为学上一条必成之途。此事从古皆然,并无违此而可以成学问之别出捷径者。从来大学问家，莫不遍历千门万户，各处求人，才能会通大体，至是自己乃能有新发现。"

荀子研究是我进入纯学术性工作一次相当吃重的磨炼，从第一次阅读到《荀子与古代哲学》的完成，时间长达七年。荀子的系统极其复杂，文句方面虽经前人校正，难以理解的地方依然不少，首次接触可谓一片茫然。这个工作会经历三个阶段：第一阶段是做选注，根据前人的注解对每一句做切实的了解。偶尔也把自己认为合适的了解加进去。第二阶段是选十篇做疏解，遂写成十篇独立的文章，其中五篇（劝学、非十二子、天论、解蔽、性恶）曾刊登于《人生杂志》。每成一篇，就请牟先生看，翻开旧稿本，在"荀子劝学篇疏解"那篇里，不但为我改正句子，且有眉批。第一篇发表后，他说不成熟的东西不要用"疏解"，以后几篇我就改用"试释"了。牟先生不反对我们发表文章，那样可以训练表达能力，但认为不必当真。第三阶段才把荀子的思想做了系统的整理，1963年成书，1966年由金耀基兄介绍商务出版，迄今已九版。

这个研究，对我至少有两点意义：(1)荀子学说的份量够重，内容够博，要理出一个头绪，对我的耐心和能力都是一种考验；(2)荀书的内容牵涉甚广，和他以前的孔、孟、老、庄、墨，以及他以后的韩非，都有或深或浅的关系，要疏理这些关系，并评判其间的得失，对各家的思想，都不能不探讨。

治荀的经验使我知道，一个青年如果有志在学术思想方面做长期奋斗，需要选择一个大家，对他的思想做全面而深入的钻研。这实有其必要。比较困难的是，究竟应该选择哪一家？兴趣当然是一个重要的诱因，但在学术思想上并不能单靠兴趣，有时候兴趣是从工作中慢慢培养出来的，也有曾经感兴趣的，后来因思路转变而丧失。考验有无兴趣的方式之一，是看阅读引起共鸣的强度有多大。从这方面看，我最有兴趣的是传记作品，画家梵谷、高更的传，小说家巴尔札克传，大提琴家卡萨尔斯传，曾会使我感到极大的震撼，并不能因此而诱使我去做一个文学艺术的批评家。从事学术思想工作，不可避免地要去攻读一些与自己气质不相近的东西。事实上这样去做,不仅有助于克制个人的弱点,对促使思想的发展也有益处,因这样可扩展视野,使你建立一个包容更广的思想架构。愈具备创发性思想潜力的人,愈能容纳并结合异质的思想。所以为了奠定学术思想的初步基础,不妨撇开个人特殊天赋和气质因素的考虑,在西方,存在主义哲学家亚斯培劝告青年去专攻柏拉图和康德,不仅是因为他们两人是西方哲学史上最重要的两个里程碑,更重要的是青年学者们可以从柏拉图那里引发种种强烈的哲学冲动,从康德那里得知概念的无边威力。在中国,很少教师提出类似的劝告,当年只常听牟先生说,西方圣多玛斯的神学总论,康德的纯理批判,印度的唯识学,中国的宋明理学,是人类哲学智慧的代表,他从未指定我们要去读哪一家。现在有些青年学者往往在学位论文的逼迫下,才去抓一个题目,等到论文完成,工作也就停顿。他们似乎不能真了解一个认真从事学术思想工作的人,他的工作和他的心智能力是一起成长的,在一次有意义的研究活动之后,必然会在连锁反应下,发展出更多的研究工作。很少人能在第一次的研究中,就能获得很高成就,成就须寄望于未来的发展中,一个始终能兴致勃勃,而且感到有永远做不完工作的学者,在学术上才能有远大的前程。至于究竟要从何处入手,必须靠自己去摸索、去选择,并力求符合两点:第一要难;第二要繁。学术思想的工作,一旦上了路,就是永无休止的苦工夫,怕难怕繁的人,在这条道路是走不远的,所以一开始就应该接受考验。

在中国儒学传统里,最能符合这两点的哲学家,当推荀子与朱熹,他们都是百川归海式的哲学家,不但持载丰盈,思考面广,与他们以后的思想史又有深密的关系。只要对他们的系统做彻底的研究,必能引你一步步地走向哲学与哲学史的全体。

《荀子与古代哲学》完成以后,研读朱子书即成为我主要的工作之一。我很庆幸当年能做此选择,因在这一认知类型的思想基础上,有希望开出儒家独立的学统。就儒家的基本性格而言,孟子的心性主体之论,当然是比较正统,但他终极的关怀是属于儒家的宗教性一面,必须

在成圣成贤的工夫中，方能显露其精彩及胜义，在这一目标下，经验之
学成为可有可无。所以孟子道德理想主义这一类型的思想到宋明时
代，原先儒家政治社会一面的强烈关切，即日渐萎缩，能否以政治社会
为中心重建新儒学，是我们这时代儒家面临的最大挑战之一。儒家要
生存于这个时代，必须暂时脱离其宗教性，在理论知识方面求其新发
展，充实新资源，才能培养出新的吸引力。不论你喜不喜欢，这不是一
个信仰当令的时代。

　　做学问有时是自动选择，有时也靠偶然的机缘，1950 年代末期我就
是因为到天主教一神学院兼课，才有机会对经学下点工夫。牟先生曾
说过，五经是中国文化智慧的根源。神学院一年，我趁机写了《易经》、
《诗经》、《尚书》三部讲义，学生（修士）仅四人，一位现为辅仁大学商学
院院长张裕恭神父，十年前我去辅人演讲，他在校门口迎接，学生问他：
你的老师怎么这样年轻。另一位是目前在耕莘文教院的陆达诚神父，
五年前曾请我在他主持的写作班上讲过两次现代中国的思潮，辅大法
学院长周弘道神父那时在掌理教务，也随班听课。往后几年，对春秋三
传与三礼都精读一遍，并做了分类观念索引。我并不做经学研究，但五
经正如牟先生所说，是中国文化智慧的根源，许多思想问题追本溯源，
总要追索到五经，研究中国文化与思想，这方面的知识是必备的基础。
何况儒家传统里许多哲学家的思想都是脱胎于经（包括四书），经学上
的一些问题，也一直是他们争论的焦点。

　　到 1950 年代后期，我虽已能自找题目自行研究，但整个心灵仍是
笼罩在牟先生的精神之下，每想一个问题，总是先考虑到他对这个问题
是怎样说的，或是他可能怎样想？还缺乏反省与批判的能力，这就是我
所以要把整个 1950 年代里的追求历程称之为‘信仰之旅’的原因。当
然，这只是我主观的感受，因我感情投入太深，反而妨碍个体心智的成
长。牟先生并不希望我们这样，1957 年 6 月 15 日在东大宿舍里，那天
仁厚兄也在，牟师谈到师生的分际以及对我们的期待，这番谈话使我久
久难忘。他说：“年轻人不可存依赖性，要富创造性，要能凸显自己，要

争取一独立而客观的地位。所以师生之间，一旦形之于文，即应保持距离。惟其有距离，自家眉目才能显现出来。写文章时，如为师说过的，要引用的观念、名词，必须先加解释，并注明出处，然后再自家发挥。这样做虽是同一理路，但另一支笔有另一支笔的意义，因一支笔代表一个新的生命在表现。"去年7月，陈荣捷院士在台北接受访问，访者最后一个问题是："可否请您以过来人的身份，对于以后想从事与您同样工作的人，给予一些具体建议？"陈先生答道："第一要放弃门户之见。现在台湾的学生很多讲的是牟宗三先生那一套，这是要不得的。牟先生人很聪明，有他自己的见解；但年轻人也要有自己的见解。……"（见《汉学研究通讯》二卷一期）如果说现在讲中国思想的年轻人缺乏自己的见解，实应归咎于年轻人自己不善学之过，牟先生何尝希望看到这种"此亦述朱，彼亦述朱"的现象！

自1960年代初开始，我的生命史上又一次激起大的波澜，为个人带来的危机，较前次或犹过之。因这次波澜终导致我与牟先生在不寻常的情况下建立的师生关系的中止。从此我必须面对孤立，向一个陌生的世界重新出发。

三　冒险远航

1963年3月24日，我在日记本上这样写着："今天真正想到我要与'道德的理想主义'者分道扬镳了。过去几年中，曾与朋辈多次谈起这个问题，彼此都只当戏言，想不到今天竟真的走上这条路。"为什么会转变呢？依据当时所记的有三点：第一，因我是一个个性很强的人，很早我就认识到，每一个人的生命都是独特的，生活有独特的意义，人生有独特的道路，因此每一个人都应该试着走自己的路。第二，牟先生去了香港。以我与牟先生的关系，绝不是想变就容易变的，我们都是儒家传统里陶养出来的，师恩如山，想变，除了内心的折磨之外，还必须承受一部分社会的压力。不过在当时，我心理上的确有一种压迫感，所以牟先

生一离开,思想上顿觉大解放。第三,由于 1962 年间开始的中西文化
论战。当李敖那篇《给谈中西文化的人看看病》的文章在《文星》出现
后,徐复观先生曾约我们以《民主评论》和《人生》做地盘写文章反击。
在此之前,我没有看过《文星》,经徐先生谈起,回来就找了前几期来看,
李敖的文章带给我相当大的冲击和鼓舞,不但没有参加徐先生的论战,
反而使我由《文星》的读者变成《文星》的作者。

在一篇《我对中西文化论战的感想》里,我说这次的论战,好比是这
个时代向父与子二代人提出的一份试卷,经过了二三年的时光,让我们
来考核一下试卷上的答案:年轻的一代对问题本身虽没有什么深入的
见解,但他们追求问题的热情是难得的,猛烈抨击偶像的反抗精神是可
贵的。老一辈呢? 照我看,无异是缴了一份白卷。从老一辈在论战中
所表现的思想内容,以及对待后辈的气度,充分暴露了他们学问的空洞
和为人的乖谬。在文章中我很感慨地说:老一辈给我们留下的,仍是我
们需费力搬开的绊脚石。

在问题的思考上我最初是怎样转变的? 1964 年 9 月 4 日我给学生
黄天成的信里说:"我思想的转变,开始在三年以前,以往,一直是着重
向传统儒家的优点方面想。三年前的夏天,我始真感到以生命为思想
主要领域的儒家,对生命本身的透视,竟是十分肤浅的。同时对基督教
的原罪,和佛教的无明,始稍有深入的认识,而儒家对人性负面的解悟,
只止于气质之性是不足的。我就从这一问题开始思考,问题越缠越深
越广,渐渐对儒家的其他缺陷,亦有深切的体认。这一发展,使我对儒
家从无条件的接受态度,转向批判的态度,这在我的生命史上,是一大
跃进,也是十分值得庆幸的事。……这一跃以后,使我的视野较前辽
阔,使我的心灵较前开放,在道德的高峰上,我又同时发现了与此高峰
衔接的群山,自然也就渐渐触摸到群山之间的分际与限制。就在这限
制的思考上,我的确发现了儒家在后来发展中的许多缺陷。这些缺陷
概括地说,如消极性道德、家天下的政治、匮乏的经济、载道的文学。而
最根本的一点,则在道统偶像的建立。"信中的一些理念,很快我就发展

出一系列的长文，其中《两个人和两条路：为"传统"与"西化"之争提供一页历史教训》《我看中国未来文化的一些构想》《泛道德主义影响下的传统文化》《儒家道德思想的根本缺陷》《民主与中国文化》《科学与中国文化》于 1965 年元月起陆续发表于《文星》。这些文章使我结束了三年孤寂但很奋发的生活又回到台北，并结识了一批新的朋友。那时候台湾形形色色的保守势力比今天大得多，我的文章除了遭到文字上的攻击和诬蔑之外，还因反传统的罪名为我带来长期的挫折与厄运。

在《儒家道德思想的根本缺陷》一文中，我从基督教、佛教、存在主义的比较观点，对儒家"生命体会肤浅"这一论题，提出论证加以分析，主要是就儒家对人生的种种罪恶和阴暗面始终未能有较深刻的剖析这一点发挥。那时殷海光先生正在写《中国文化展望》最后的部分，我的文章引起他很大兴趣，该书"道德的重建"一章中，对我有如下的评论："就我迄今所知，对于儒宗的批评超过吴又陵（虞）及陈独秀这些民初人物的是韦政通。韦政通围绕着儒宗对中国传统文化作了初步的解析，我们可以约略知道儒宗的泛道德主义对于文学发展的桎梏，对于政治的恶劣影响，对于经济的空疏思想之形成，以及儒家道德思想的种种根本缺陷。在他所作的分析中，最深入而且与今天的我们关系最密切的，要算他所说的儒家'对生命体会肤浅'。"

殷先生透过王晓波（当时在读大二）与我联络，这一年 5 月 20 日在他温州街的寓所我们见了面，往后四年的交往情形，已写在《我所知道的殷海光先生》一文中。这一段友谊，相当有助于我度过思想的困境。

《传统的透视》是我思想转变后出版的第一本书（1965），书中文字大都由日记中抄出，只是个人心灵的自由独白，并没有什么严谨思考，但殷先生仍读得津津有味。一个深秋的午后，他坐计程车到我景美的家中，就书中的一些问题谈了一个下午。在《闭锁的道德》一篇里我说："社会与国家方面的问题，不是道德能够直接解决的。对应着这一串问题，需要道德领域以外的知识与技术，这些知识与技术根本上亦不服从道德的真理。因此，道德要对社会国家的问题上有贡献，首在尊重自身以外的真理标准和承认多元文化的雅量。"殷先生很欣赏这段文字,于是同我大谈文化的特征与文化的层次等问题。他去世后,我送给他的几本书又回到我手上,除在书上用红笔划线之外,也有一些简单评语,例如在《孔子思想与自由民主》一文我说:"新儒家所谓'中国之民主精神',这完全是出于争胜斗富的心理。民主有一定的定义,一定的标准,在一定的意义和标准下,中国何来民主精神?""没有就是没有,这对儒家传统的价值,丝毫无损,一定样样都与孔子拉上关系,这不是混淆了问题吗?"评语是:"驳得好!"

我的《传统与现代化》及《中国哲学思想批判》两书出版后,殷先生各写了一篇书评,要我抄一份,原稿他保存,迄未发表。对前一书的书评开头一段是:"就本书所展现的而言,著者对于中国的传统,尤其是传统主义之妨害现代化的许多层面,有较五四运动以来深进的论评。不过,这些论评,在基本上仍限于马丁路德式的格局里。"文长七千余字,末尾他说:"我们如要道德、伦范、基本观念及思想模态现代化,那么就是进攻一个社会文化的最里层,也就是核心价值和原始精神层。这一层内卫体制如被攻破,即是该一社会文化解体,而从事一个新的转变。这是一件痛苦的事。所以,通常一个社会文化在这一层上抵抗最烈。由以上的解析可以推知,著者所从事的工作,实在是艰难而伟大的工作,他必须和原始的氏族精神、世界观、神话、禁忌、玄谈、权威作战,扫清一条道路,为开放社会培育开放的心灵,追求科学的真知,建立适合现代人的生活原理,致人类于和平与太平。"道德、伦范的问题,多年来一直是我关心的主要问题之一,直到 1980 年完成《伦理思想的突破》一书,才脱出传统背景的囿限,直就工业化及现代化的过程来考量这方面的问题,因而能拓出一个思考伦理问题的新理路。

对后一书的书评只两千多字,但寥寥数语即能很扼要地点出此书的主旨、意义及其基本观点。他说:"本书大部分是借反正统及反儒家的思想来批评中国的正统思想或儒家观念,在台港从事中国思想研究的界域里,本书所表现的是一种新动向。""作者是从经验论、功利伦理出发,运用解析方法来对治先验论、非利伦理,以及直观心证法。"

这对我真是一种异特的经验,他花大气力写书评,却只给一个人读,除了深厚的情意之外,显然还有一份期待。书评写于1968年的四月,已是癌疾的后期,离他生命终止的时刻不到一年半,当他交读这两篇文章时,我十分讶异,但我默默而坦然地接下这份情意。事后我告诉他,回报这份情意的唯一方法,就是继续努力工作。在当时,殷海光真的比我自己还要了解我,就在同月份,来信说:"人海茫茫,智者沉销,何其苍凉! 我想我是你的著作最知己的读者。在一切短长以外,你有颇为丰富的思想潜力。你可严重的工作二十五年。"我与海光先生都是理想主义者,有热情、能执着,也正因为如此,所以必须承受现实的压力与命运的考验。我想人与人之间,当面临困境,往往就是依靠真挚情意的激励和鼓荡,才使理想的火焰不致熄灭。

在一篇题为"思想的探险者"的访问中,我曾谈到追随牟先生及与殷先生交往所受影响的不同:"殷先生对我的影响,除了思想之外,是从他那里认识了我自己,这一点很重要。在牟先生那里,我只认识他(应该说是崇敬他),不认识自己;在殷先生那里,使我认识了自己。认识自己以后,才有真正的信心,这一点是非常重要的。"所以会有如此不同,是因我与牟先生之间是单向的,我纯粹是一受教者,在那种情况下很难发展出独立的见解。而与殷先生之间则是双向的,彼之所长乃我之所短,我之所长亦彼之所短。在交往过程中,可互相学习互相补足。在中国传统里,师友虽属一伦,但师与友对人生的意义毕竟不同。

离开牟先生之后,传统的师生关系及师承问题曾困扰过我,最初的反省见之于《学徒制的师生关系》一文,后来更想到希腊传统以知识为主的师生关系与中国儒家传统以道德为主的师生关系,在性质上的确有所不同,这种差异对中西思想的发展有一定程度的影响。以追求知识为主,则"吾爱吾师,吾尤爱真理"的想法,势所难免,因追求知识的终极目标在发现新的真理,要发现新的真理,必须不断推陈出新。在这一目标下,师承是过渡性的,一个大思想家必须独立门户,开辟新天地。

我们读西方哲学史,学派之众多,犹如千门万户,个个傲然独立,壁立万仞,两千多年的发展,就像连绵不断的群山,其间虽有前后承续的关系,但如万壑竞流,大都能显其独特的风貌。尽管怀海德曾有西方哲学不过是柏拉图哲学的注脚之说,但与中国那种陈陈相因,思想上缺乏基本变革的情形,实不相似。在以道德实践为主的儒家传统里,除了少数例外,知识一直处于附从的地位,师承不是人生的踏脚板,一日为师,终身为师,弟子最大的愿望,也不在知识的创新,而在承先启后,为往圣继绝学。中国思想史,不同的时代,自然也有其不同的问题和不同的演变,大抵来说,多属传统的延续,思想偶有创获,亦须附骥于先圣先贤,才能受到重视。文庙实是中国学术思想传统的一个象征,孔子辟了一片思想的园地,建立了一座象征庄严人格的庙堂,在历代师道的引导下,继起者只要在这块园地上勤劳耕耘,必有收获,死后能奉祀孔庙,丁庑廊占一席之地,于愿已足。因此,在中国,重视传统,强调尊师重道,就成为很自然的现象。

海光先生希望我严重的工作二十五年,自 1968 年以来,我已相当努力的工作了十五年,在这段期间,我尽量使心灵的光波一圈圈向外扩张,打破学院式的僵硬界际,从人文学科到社会科学到通俗的科技,都曾广泛涉猎,在一段时间里,每一科目都可以使我的心力贯注其中。在神游古今之际,为了使生活有重心,不使心思浮虚而零散,于是常借写作以凝聚。阅读是广度的开拓,写作则是深度的挖掘。人的思想不能仅靠阅读或沉思默想而成熟,必须掌握有兴趣的论题,辛勤的建构,使紊乱中显秩序,并予以系统化的表达,才能一级一级上升,一步一步前进。

一个思想工作者,如要向一个长期的目标奋进,外来的刺激和旁人的鼓励,毕竟只是一些助缘。在孤寂中而又能持久工作的人,必须培养出自我激励的能力,这样才能接通工作的无尽泉源。海光先生是一位勤奋工作的学者,但他的精神有时高亢,有时低沉,而我总是那样,他觉得是一个很特别的例子。生命的问题可能还有许多难以窥探的奥秘,但如何适当而有效地发挥生命的潜力，则无奥秘可言，这是要慢慢自我训练的。最早的时候，每天能工作四小时就很满意，慢慢因工作动机的强化，以及工作兴趣的提升，增加到六小时、八小时，甚至十二小时，当我写《中国思想史》时，有连续工作十六小时的经验，那是一种"非我作诗，乃诗作我"的境界，这种经验毕竟罕见。写《伦理思想的突破》时，也有三天坐在书桌旁写不出一字的经验。前一种经验是考验体能，后一种经验考验耐力，通过考验，便形成了自我的激因。

当思想生活已在一定的轨道上滑行，如遭遇困难，还比较容易解决。只有当思想历程中出现严重困境时，那就可能使你生命中所有的资源接受一次严厉的考验。1960年代初的那几年，当我对原来的信仰怀疑，必须向陌生的世界重新探索时，就曾跌入如此困境。改变精神上的信仰比调整知识性的理路要难，因信仰是整个生活的支柱，一旦崩塌，对生活的影响将十分严重。所以那时几乎使我丧失做学问的信心，曾想在乡下教教书过一辈子算了。为什么会有后来的发展？就是在那灰心丧志的时候，我已养成一个工作的好习惯，每天课余辛辛苦苦地工作，心无旁骛，精诚专一。为的是什么？我不知道，我只知道，人必须不断地工作才足以保持生命的活力。工作也是一种储备，储备才能等待机会。我经过十年的储备，一旦由新观点加以反省检讨后，就能发展出比较深刻的批判。欧宾斯坦说："为了真理的健全，它需要完全地、不断地、无畏地被讨论。假如可能的话，反对的意见应该由一个曾经真正相信它的人说出来。"当我在《文星》发表那些被教条的保守之士目为"反传统"的一系列长文时，我的确是以此自豪的。这些文章虽为我的生活带来一些挫折，但无论如何它是我思想上能获得"再生"的一个关键，经过这番思索，不仅使我脱出困境，且增加我"冒险远航"的勇气。

四　跋涉群山

自民初新文化运动以来，对反传统人物最普遍的一点责难，就是说他们的思想有破坏无建设。这不是一个靠辩论能解决的问题。从人类历史上看,破坏(限于思想范围)与建设都同样的艰难,一个文明或文化,如果不是因为它自身已趋于衰落与僵化,仅靠思想的力量绝不能使它崩溃。每当破坏性思想风行之际,几乎没有例外的,是因那文化对新的挑战已无力回应。所以真正有力量的破坏,这破坏性活动本身,必涵有一些新的文化因子,这代表要求创新的冲动。这些新的文化因子和要求创新的冲动,如能从环境方面得到滋养,已趋于衰落与僵化的文化可能因此而有转机。这种环境不能仅由经济的成长而获得,它需要一个崇尚自由价值的民主社会的实现,只有在这样的过程中,一个内容丰盛而又充满生机的新传统才有希望建立起来。新文化运动之所以未能收到预期的成效,主要是因为这种环境的缺乏,而不是因为反传统。

在反传统的帽子下,使我不能不关心破坏与建设的关系这个问题。破坏有许多种,有希特勒恶魔型的破坏,这种破坏除了促进精神分析对人性的深刻理解之外,对人类的影响几乎是纯负数的。从历史的观点看,最值得研究的,是人类社会文化中为什么会出现如此恶魔?产生这种恶魔的社会文化及心理因素如不能铲除,就无法防御这类人物继续在历史上出现的可能。其次,有尼采(1844—1900)天才型的破坏,这种人物生活在社会上,不遵守规范,甚至破坏某些规范,是无可避免的现象,这是由创造力带来的副作用。人们对天才型的思想家,不是爱之深便是责之切,这两种态度都不能真正理解尼采,而尼采思想对人类究竟是祸是福,却是靠我们是否能正确理解他来决定的。在种种不同类型的破坏中,引起我最大兴趣的,是伏尔泰(1694—1778)、卢梭(1712—1778)理想型的破坏,他们能把自己从一般人容易陷进去的社会压力的网络里解放出来,怀疑一般人都接受的假设。在思想的独立上,他们与尼采相同,但他们不像尼采漂泊于人群之外,他们能结合理想与现实,挺立于现实社会为理想而战斗。卢梭的《爱弥儿》和《民约论》早已成为教育学、政治学的经典。但在当时这两部书都曾被焚,他们自己也一再被迫出亡如丧家之犬。伏尔泰是近代欧洲史上最著名的反基督教的叛逆,也是遭到"有破坏无建设"这种责难最多的人物,英国史家柏雷替他辩护道:"这种责难,未免眼光太狭小了。这个回答很容易:正当着地下沟渠传播疫症的时候,我们岂能等候新水道造成以后,才把旧的破坏。将当时法国所实行的宗教,比作有毒的沟渠,并不为过。但是真正的答案是:知识和文明的进步,其需要批评和消极的破坏,正如需要建设和积极的发现一样。如一个人有力攻虚伪、成见和骗局的天才,他的义务,如果他有任何社会的义务,就是把这副天才应用。"柏雷似乎还不能充分了解伏尔泰在建设方面所表现的意义。伏氏在十八世纪的启蒙运动中,代表自由与理性的化身。他不是一个学院式的哲学家,但对文化的影响,比许多富创见的哲学家更具有重大的意义。他比卢梭幸运,由于长寿,他能在有生之年发表战斗胜利的声明。

思想是思想家唯一能操纵自如的利器,当我把反传统、破坏性这些问题做了一番探索之后,从此再也不把任何责难和诬蔑放在心上,我已学会独立地或超然地面对横逆,也悟出借尊敬每一个人和他的工作可以结合新与旧的道理。我必须把有限的精力与时间保留在自己有兴趣的工作上,对意气用事和出于私见的争吵,十分厌恶。

对我早期作品的反应中,除了责难和诬蔑之外,也有一些深刻的评论,前面已提过殷海光,殷先生因为和我是朋友,勉励之外可能夹有一些偏爱的成分。远在南洋大学执教的宋明顺先生,我们至今不相识,他在《现代社会与社会心理》一书中(1975年正中初版),把我当做"边际人知识分子"的例样来分析,他的分析确能触及我当年在思想转变期中心理上的负担与痛苦,以及个人心灵上的挣扎所显示的客观意义。他说:

> 凡生长在现代非西方地区的知识分子,只要他忠实于知识分子的职责,都难逃避这文化冲突的命运。《传统与现代化》(政通按:此书所收大半是我1965年发表于《文星》的文章,1968年由水牛出版,以下引文皆见于此书序文)的作者韦政通便是一个例子。他对中国文化有深湛的涵养,他自己也承认:"在四十岁以下的这

一代中，已很少有人能像我一样，有机会在传统的文化里浸润如此之久、如此之深。"起初，他在传统文化的气氛中感到十分满足（即"Sate"的状态），他说："大约有十年的时光，传统文化的精神，对我的生命有过很大的鼓舞。在那段时光，我的信念和理想都相当坚定，我的自我认同和文化认同，也都毫无问题。这种坚定的理想和信念，曾使我安稳地度过一段漫长而艰困的岁月。"

可是，这种安稳、平静、满足的蜜月时期，自从他的心智成长，受到外来的刺激，和新知识的诱惑之后，却被前所未有的骚动、彷徨、痛苦和焦虑取而代之。这是结束传统主义知识分子，而成为边际人知识分子所付出的代价。请再看他的自述："幸或又不幸，我在知识上却是一个不停的追求者，当我对传统文化有了一些认识以后，当我的心智在认识中逐渐成长以后，再加上外来种种的刺激，和新知识的诱惑，于是我不能不来一次心灵的大跳跃了。这一步的跳跃，实是我思想生命的生死之关。当我身临这一关口之际，生命中激起了前所未有的骚动、彷徨、痛苦和焦虑；原有的安稳、平静搅乱了，原有的自我、文化的认同感破裂了，原有的信念、理想动摇了；一切皆失其所依。"

从传统文化的根基浮离以后，他开始过（原文为"做"）文化的流浪生活。他一面继续吸收新知，一面用笔整理内心繁杂又紊乱的思绪。整理之后，"才深深觉得，我原有的认同感，和我原有的信念、理想，只是陷溺在一个封闭系统中的自我陶醉，只是在几位伟大的新传统主义者感情的笼罩下所感染的一点东西，我纯是一现成的享有者，所做的思想工作，即使有意义，也极有限"。于焉他开始对其曾深受影响的传统文化，从事反省、检讨和批判。

韦氏正是一个非西方国家典型的边际人知识分子，他比别人更清楚自己的文化，后来却脱离了其圈围，与之"距离化"，吸收异质的西方文化，从事传统文化的批判工作，批判是创造的开始，所有的创造均起于批判。他一心一意在摸清从传统到现代化的过程,他对他的动摇、彷徨、痛苦并没有后悔,反而对其思索的过程,他自认为"使我的思想生命获得了新生"。

　　……处在多种文化边际地区的知识分子,并非每人都会像韦政通氏一般在其心理反映出文化的冲突,而感到强烈的矛盾或痛苦。有人固执其中一种文化(往往是传统文化)体系,将全部自我投入其中,排斥一切异质的存在,以避免内心的冲突、彷徨、或不安者,此叫"过分顺应型边际人"。另有一些人则安于文化的局部性意义,而不是追求其普遍性真理。或同时容纳两种异质文化,可是容许异质的对立在其人格内部和平共存,或缺乏追求一贯性文化的努力,在不同情境随时使用互为矛盾的不同文化,这些人叫"无冲突型边际人"。这种类型的边际人存在再多,对创造新文化的贡献不大。他们已害怕内心的分裂、冲突,更不敢挺身出来,甘冒不韪,从事文化批判工作(即文化创造工作)。只有那些在边际情境中,以光风霁月的襟怀,容纳宇宙间一切异质的存在,同时本身却以崇拜一神教的严格态度,不允许互为异质的东西的和平共存,努力追求行为的一贯性时,才会产生尖锐的边际人意识。这种人,才会充分发挥积极的批判性和创造性。

　　现在距离写《传统与现代化》里那些文章已二十年,原来的目标未变,平均每年一书的记录,对远程的目标而言,都还只是过渡性的,罗素说:"一个永远开放的头脑,也是永远空虚的",似乎正是今日之我的写照。但愿理想的火焰不灭,希望能再"严重的"工作二十年。

　　在以往的人生历程中,我最宝贵的生活经验之一,是如印度甘地夫人所说:"如果有人做出不利于你的事,那么那些事到后来都会反过来变成有利于你。"这些年来,我的最大收获也不限于学问,而是在父母给我的自然生命的基础上,不断地重铸自己。人,只要不停止追求,不丧失热情,无论在什么阶段,自我更新都仍是可能的。

我治中国思想史的经验

在华中师范大学中国近代史研究所的讲演[①]

　　各位同学，来到华中师范大学这样一个有名的学校，跟大家交流心得，我很高兴。华中师范大学中国近代史研究所虽然从事的是断代的研究，但研究的范围很宽，有政治史、经济史、社会史，还有思想史。今天我谈的是思想史。关于中国近代的思想史，我有《中国十九世纪思想史》和其他一些著作[②]，但我今天不准备谈这些断代研究，而是谈我的另一部关于中国传统思想的通史性的《中国思想史》。

　　这样考虑有它的理由。第一个理由是研究可以断代，学养不能断代。近代中心问题是现代化，近代思想文化解决的主要是传统思想文化的现代转换。这个转换当然离不开传统。《中国思想史》比较能表现中国传统精神，有益于加深对中国近代思想文化的理解。近代思想一定离不开传统。我讲一个非常浅显的例子，在台湾的中研院一次国际

---

①　编注：本文为韦政通先生 2006 年 4 月 14 日应邀到华中师范大学中国近代史研究所讲学的录音记录，由何卓恩整理，已在《华中师范大学学报》2006 年第三期发表。标题为整理者所加。收入本集时，内容文字有个别改动。

②　编注：关于中国近代思想史的著作，除了《中国十九世纪思想史》，韦政通先生还出版有《中国现代思想家梁漱溟》《中国现代思想家胡适》《无限风光在险峰——毛泽东的性格与命运》《一阵风雷惊世界——毛泽东与文化大革命》等，另一本关于毛泽东的书《六亿神州尽舜尧——毛泽东与孔子》正撰写中。梁漱溟、胡适、毛泽东可以看作二十世纪中国思想三大流派（文化保守主义、自由主义、激进主义）的代表，实际上对他们的研究构成了他计划中《中国二十世纪思想史》的雏形。

会议上，就闹过一个小笑话。一个很有成就的研究员，他写龚自珍，龚自珍是19世纪的人，龚自珍的文章里面讲到"西方"，现在我们了解的"西方"，是指欧美，但是龚自珍这个文章里面的这个"西方"不是，他那个"西方"是指印度，那位研究员就弄错了，当成了欧美。所以如果这个非常简单的常识你不了解，你没有传统的佛教常识，你就不容易了解，就望文生义，以为他的"西方"就是现代的欧美。龚魏那个年代的知识分子对于儒释道三教都不是外行，他们常常会用一些传统思想的观念。你们尽管现在在近史所里做研究，读学位，但是将来你拿到学位以后，当教授以后，你的兴趣不一定就在这个范围。人的兴趣可能性很多，将来也许你会慢慢回到传统的领域中去也可能。我的朋友当中就有人专门治近代思想，像张灏先生。张灏这个人非常聪明，他比我年纪小，是殷海光的一个得意门生。他的博士论文写梁启超，他做了很多工作以后，发觉要了解近代思想史必须要在传统里找根源，他就不断地追溯，追溯到宋明理学。他就是研究近代而向传统追索的一个有成就的人。他知道要解释近代的许多问题没有办法离开传统。所以基于这个考量，我跟你们来谈谈我治传统中国思想史的经验。

第二个理由，是近代思想史也好，传统思想史也好，方法上具有共同性。就我个人来讲，写传统中国思想的《中国思想史》在前，花费的精力最多，方法上的体会相对也最深刻。后来写《中国十九世纪思想史》等书总体上仍然是这种方法的应用。我写《中国思想史》的经验比较复杂，因为那是两三千年的历史。后来写《十九世纪思想史》，其实也是那种经验累积起来的。只要你真正下过一点功夫，无论是对一个重要哲学家下过功夫，或是对整个思想史脉络下过功夫，只要写过一部重要著作，下次一定比较省力，因为它有一些共同的方法是可以使用的。所以我今天讲的虽然是关于传统中国的《中国思想史》，其中有些问题与近代有些共通的部分，有些不共通的部分，共通部分的那些经验，还是可以沿用的。

一　"狂想":研究志向的确立

当我年轻的时候,大概也是你们念研究所的这个时候,就有一种狂想。狂想也好,梦想也好,总归是有点想法。我很早很年轻的时候,就希望将来写一部几千年的思想史、哲学史。我以前的老师牟宗三先生,他说过:"你不要狂想,这种工作很难的,很难的。这个几千年的东西要去写谈何容易。"我这个人个性里面有点点那种不服气的劲儿,凡是老师你说不能的,我的心里就埋下去了,我将来有一天会做给你看。从这个狂想,到梦想的实现,经过了二十五年。写《十九世纪思想史》,也是看到一位长辈,就是钱穆先生——他在传统学术方面很有成就,现代这方面可能差一点——他半个世纪前在台湾写了一篇文章。那时为纪念民国五十年,台湾一本杂志出了个专号,他有一篇文章,就是《五十年来的中国思想》。他这个文章里有句话,我看了有点生气。他说中国二十世纪,这个五十年来的思想界,是"一片空白"。你知道很有学问的人有时也会讲荒唐话。因为钱穆先生代表传统主义,代表传统派,他对代表五四运动这些西化的人非常痛恨,非常排斥,而整个五四运动以后的思想主流不是中国传统。从二十世纪,你要找一个思想主流的话只有三个字可以代表,就是"反传统"。从五四运动到后来的毛主席,一连串的"反传统","反传统"就是二十世纪最主要的一个潮流,而钱穆这位老先生是以复兴"传统"为己任的一个学者,所以他非常痛恨五四运动以后这些思潮,因此他就抹杀了这些思想,说五十年来的这些思想是一片空白。我当时看了这篇文章以后,就想我将来一定要写一本五十万字的书,看看这里面是不是空白。当时我就是这样想的,也是年轻的时候,五十年前了。我那个《十九世纪思想史》有六十万字,如果这位老先生——可惜没有机会看——要看到的话,是不是一片空白呢? 所以,有时候这种刺激是无形当中的,因为这个无形的刺激,就发展出我很重要的工作。你说是空白,那我试试看,我可以写六十万字很有意义的内容出来。我的老师说你不要幻想，这种工作非常困难的。没有关系，每个人都是经过困难来的，那我们不要怕困难，迟早有一天我会把这个梦想实现，在这方面，只要有决心，我们都能够做得到。

二 马拉松热身：准备工作

写作思想史，这么长的几十年，我们可以拿运动员的长跑和短跑来比喻。中国的体育非常发达，有的人适合长跑，有的人适合短跑。学术界适合做马拉松跑的人是非常少的，绝大部分人适合短跑。短跑，就是一篇文章、一篇文章累积起来，彼此之间可以不连贯。长跑就是一个大型的研究工程，连续地做下去。你们将来多数要做研究工作，可以慢慢测验出来，你适合哪一种。短跑、长跑不影响学术成就，写大书还是写短的文章，跟学术成就无关，跟学术的品质也无关，你写了大书不一定就会有大的成就。你写一篇几万字的文章，一篇一篇的不见得成就小。这个跟学术成就没有关系，这是跟人的条件有关系。我们有的人可以长跑，这个长跑跟马拉松的健将一样，你必须要有很好的体能，你必须要有坚强的毅力，因为有时候一本大的书，有可能连续工作好多年，你能不能持续下去，你是不是会中途断掉，有没有这样的危险性，有的。短跑就比较单纯，只要集中精力，高度集中精力，再难的论文，半年之内大概可以写出来，假如你做了很充分的准备的话。但是写大书就不一定了。

写书，尤其是写几十万字的书，上百万字的书，有的人会工作十年、八年，在这么长的时间里面会不会改变主意，你会不会丧失健康，你会不会因为毅力不足而终止，都有这种危险性。假如你的身体很坏的话，大概你不能成为长跑健将。没有健康的身体，你将来没有办法跑长路。这个要努力的，我们读书的人一定要建立一种观念，健康与研究工作一样重要，要用观念来改变行为，经过努力养成好的习惯。在这个历史所里有一个很好的榜样，像章前校长，你看他八十多岁了，身体那么好，现成的榜样。我比他还年轻点,我也八十岁,你能不能到这个年龄,还能一个人到处跑,还能够畅所欲言,我希望你们都能够。学问是不断累积的,做学问的人要长寿,尤其是人文这个方面,它需要累积,累积需要时间,而且人文这种工作它是永远可以一直做下去的。昨天下午,我拜访了章先生,我们俩谈得很投机。到这个年龄还能每天都到工作室来坐一坐,看一看,写一写,而且头脑那么清楚。这是一个很好的榜样。

我写这样的一部大书,一百万字的大书,需要充分的准备工作。准备工作,做任何事情都要有,你就是做一篇论文也要准备,否则你的论文怎么写得好。你看看我写这么一部书,做出了哪些准备工作。

首先是通读经典,编分类索引。我读书的方法,就是每一部重要的经典,我自己都编一本"观念的索引","观念的索引"这是我自己,可以说是独创的一种方法。一般做研究的人做小卡片,我改用比较大的纸,做一种观念的索引。燕京大学当年编过一套中国古典的索引,不知贵所有没有,是查句子的。你要知道哪个句子哪里有,燕京大学编的一套索引里可以找到。但那个索引对我们从事思想的研究没有用,因为我们了解的是思想,不是句子的来源。所以我自己就编一套观念的索引,每一部重要的经典,我都编了一册观念的索引,譬如孔子讲"仁"是一部分,讲"义"是一部分,讲"礼"是一部分,讲"心"是一部分,这样按照观念,把它分门别类。一张白纸上题一个"仁",下面一条一条的,凡是孔子讲"仁"的地方,把他列出来。孔子讲"仁"有一百二十多个地方,在不同的话语脉络里面,不同的"仁"有不同的意义。我做观念索引的时候,是用最简单的句子,把一段话扼要记下来,然后注明在什么书里面,第几个 page。做观念索引一定要自己的书,因为书上面要标记,要勾次序的。我做过差不多三十多种中国重要经典的观念索引。这些索引做好以后,像天罗地网一样,这些经典书里的重要观念一个都不会漏掉。我的准备工作,首先是一本一本的书做索引。做了索引以后,后来有一个机会,我突然想使得其他研究者也有一种方便,就把它编成一部《中国哲学词典》。我是第一个编《中国哲学辞典》的人,而且是我一个人完成的。这部哲学辞典很特殊，跟一般的辞典不一样，它是根据我的观念索引编的，所以我的那部哲学辞典里的辞条，有时侯就像一篇论文里的架构一样。不知贵所里有没有这本书——《中国哲学辞典》，也许历史系没有，哲学系多半有。这就是我准备工作的一部分。"观念索引"从观念上网罗了中国传统最重要的观念，后来每一次我写书也好，写文章也好，我都根据这个索引。因为这个索引包含了许多重要书里的重要观念，我书的架构、文章的架构都是在"观念的索引"里呈现出来的。这就好像是经过一个统计一样的，这个观念索引做下来以后，你就知道这个人讲的哪种思想最多，一条一条的就看出来了。出现多的，一定是他思想里面最重要的。像孔子讲"仁"，他讲那么多"仁"，讲一百二十多次"仁"，因为"仁"是他思想最核心的观念，所以他不断地反复地讲。经过观念索引以后，噢！你可以知道这个思想家、这个哲学家，最重要的、最关心的是哪些观念、哪些问题，这都呈现出来了。在这个基础上，去发展出文章的架构就比较容易。这就是我后来写思想史的一部分准备工作。

其次的一部分准备工作做什么呢？就是把当代所有同类的著作都看一看，把20世纪在我以前的比较有点代表性的中国哲学史著作，所有的重读一遍。譬如从胡适、冯友兰、侯外庐、汤用彤，一直到劳思光，这些人的书我重读一遍。不光读，还要看看他们书的优点在哪里，缺点在哪里，写成一篇很长的书评，把这些书做一个综合的评价。因为我要写一部同类的书，需要看看它们哪些优点我应该吸收，哪些缺点我应该避免。你将来做研究工作，不管你选什么题目，这个题目不可能是你一个人做，一定有别人做过。别人做过，你要做得突出，你一定要先把别人做过的工作详细了解，看看别人的优点在哪里，缺点在哪里，然后你再做，就可以避免一些问题。在这个基础上，你才可能有一些新的见解出现。任何一篇好的文章、一部好的著作，一定要在相同的题目、相类的著作之下，有点突出，不然，你做这个研究工作做什么？你研究工作的价值在哪里？要做得突出，必须对当时的成果要有全面深刻的了解。

所以我写《中国思想史》，我必须把 20 世纪所有这方面具有代表性的著作重新看一看，看还不算，还要评价一番，然后再思考自己著作如何立足。这也是我准备工作的一部分。

第三个部分的准备工作，我们从事任何研究工作都涉及到所谓方法问题。所以我要看看 20 世纪其他的人写中国哲学史的时候，他们究竟用了什么样的方法？为了这个工作，我就找这方面的文章，因为很多写书的人都会写一点他自己写这本书的方法。我收集了十九篇论中国哲学史方法的文章，从胡适之一直到比我年轻的一代关于中国哲学史的方法的文章，最后也编成一部书，就是《中国思想史方法论文选集》。这也是我的准备工作，我看看别人怎么来处理这样复杂的问题。别人处理的，有时处理得很好，有的也处理得有问题。只有把别人好的经验吸收来，把别人的缺点避免掉，你才能够成长。任何学术工作都是这样的，都要经过这个功夫。所以为了了解 20 世纪一些代表性著作的方法，看看他们自己讲自己书的方法，我将这些文章一篇一篇收集起来，对他们的得失进行集中的分析，写成一篇文章，做我研究方法的基础。你现在假如要开始做硕士论文、博士论文，你也要注意方法，一定要把相关的重要经验充分的吸收。你可以通过读书来了解，也可以通过读别人的书评来了解，因为有很多书可能都有书评，你可以看看别人怎么评价这本书，你怎么评价这本书，为什么你的看法跟别人不一样，这都会引起我们进一步思考的。

准备工作还不止这一些，当然这是比较具体的工作。当我下决心写这一部书的时候，就好像人面临着一个重大的考验，人家会从这部书看你的学识。此外还需要很大的毅力，而且需要很好的体能，这都是一个严格的考验。我写这本书的时候，恰好遭遇政治当局的迫害。人生最倒霉的时候，也可能就是你最幸运的时候，这是老子的观念。人生非常复杂，要印证这种观念非常有意思。写这部《中国思想史》的时候，为什么会有这样的决心？因为我在台湾批评当局，那时候是国民党，它就把我教授的职务拿掉了，我没有书教了。因为你批评政治，就要付出这个代价。那时我五十多岁，国民党突然说教授不能做了，为了生活，为了理想，我没有泄气。我们要相信自己，在最倒霉最挫折的时候更要愤发，你不要被他打倒。那时候我就料到我一定能看到国民党的垮台，我有这个信心。你给我这点挫折，你打不倒我，我会看到你的瓦解。所以人是很有趣的，就是在最倒霉的时候，我越是发狠，干脆写一部大书，把我过去的那个"狂想"变成现实。为了生活，也为了迫使自己完成这一部大书，我跟出版单位签约，每个月拿钱，每个月写四万字。用这种速度，两年不出门，不跟人往来，专心的写。一个人被政治迫害的时候，别人也不敢跟你往来，跟你往来会倒霉，我自己当"囚犯"，过了两年"自囚"的生活。所以当我遇到这种命运的时候，没有泄气，恰好把一生当中最大的一部书写出来。人生有很多挫折，在受挫的时候不泄气，那种心境之下当然不好过，虽然不好过，但当你一旦写书以后，精神就非常不一样。每个月希望有点固定的收入，就固定得像机器生产一样要生产四万字，去换取稿费，写不出来要夜赶。有时候，我每天工作十六个小时。这本书就是在这样过程中写出来的。这种痛苦的经验，到后来都是美妙的回忆。所以人生真有趣，但是一定要活到老才有这个体验。

三 专与博的难题

下面我谈一谈写《中国思想史》的难处。

第一个难处，就是：一写就要写五六十个哲学家。写一本《中国哲学史》也好，《中国思想史》也好，我们没有一个人能把这么多哲学家都透彻地了解，没有任何人能够做得到。一方面你的能力做不到，一方面你的时间也不允许，不可能的。

那怎么办呢？所以我们写思想史的人一定要做一个非常重要的工作，那就是在历史上找一个、两个大家，真正的大家，思想的大家，就是思想内容非常复杂，影响很大的人。这种人你做一个全面的了解以后，你再把握其他的思想家就比较容易了。

我写《中国思想史》的时候,对哲学家、思想家做专门研究的非常之少,几乎没有多少研究成果供你参考,所以比较辛苦。现在我跟傅伟勋教授合作编了一套《世界哲学家丛书》,他负责西方,我负责东方,出版了一百五十四册。一百五十四册当然不能代表世界所有的哲学家,但是中国部分毕竟就有七十多位哲学家写出来了,有这样的基础写《哲学史》、写《思想史》,就容易得多了,至少每一个哲学家、思想家有一本专著给你参考。我们做这个工作,就是为了你有了这个基础再做研究会比较方便,更有进一步的可能性。但是我写这本书的时候,这些条件都是没有的。我真正下过功夫的,有两个人。一个是荀子。荀子是先秦最后一个儒家,所有荀子以前的问题都跟他有关,所以我从荀子读起。这次我带来一本《荀子与古代哲学》,那是我最早的一本学术著作。荀子牵涉到诸子,所以我因为写荀子就把先秦诸子都了解了一遍。另一个是朱熹,朱熹是宋明理学最重要的一个,最复杂,最庞大。所以克服第一个难处,就是一定要了解一二位重要的大家,要下专门的功夫。

思想史里的系统很复杂,你完全可以从侧重道家的系统来写一本《中国哲学史》,你可以从侧重佛教的系统来写一本《中国哲学史》,也可以从侧重儒家。我比较重视儒家的这一系统。儒家,我对先秦荀子下功夫,我对宋明理学的朱熹下功夫。下过这个功夫之后,就比较能够把握全貌。所以如果有一天你真正走上了研究这条道路,你一定要克服这个心理障碍,不要怕难,不要怕繁。

四　理解与体验的难题

写《中国思想史》第二个难的地方是,如何既符合现代人的阅读习惯,又"同情"地体现中国思想家的思想特色。

现代人写一部现代的哲学史、思想史,一定要适合现代人阅读的习惯。所谓现代人阅读的习惯是什么意思?你一定要做概念的分析,你要有推理的能力,你要能够把思想加以系统化。就是诠释学讲的那一套。这是现代人的观念。现代人阅读的习惯,是受西方人的影响。你要有分析,要有条理,要有完整的架构,章节非常清楚的架构。现代的架构,不像古书,古书都不是这样写的。但是写好《中国哲学史》,除了这个条件以外,还要加一个条件。这个条件是二十世纪很多写《中国哲学史》的人缺乏的。这是什么条件呢?就是体现中国哲学的特色。因为中国哲学史和西洋哲学史有绝大的不同,西洋哲学多半是一个抽象的、理论的过程,它的哲学活动本身是独立的,它在学术上是一个独立的活动,它的哲学活动本身就是目的,中国不是这样的。中国任何哲学家、思想家,他人生最重要的目的不是在写几本书,也不是在创造一个思想系统,无论是儒家、道家、佛教,这些思想家,他最终极的目标和人生的理想是一个人格的成长和完成,这个观念我们现代人已经不了解了。所以写《中国思想史》或《哲学史》容易出现"隔"的问题。

在中国传统中,为学与做人,做人比为学更重要。如果一个人品德差了的话,他的学问会被贬低。中国文化里面有这样的观念,西方没有,西方哲学家人格上可能有重大的缺点,但是在学术上我承认你的学术价值,把做人和学术分开看。中国传统是比较不分开看的。在中国,你要做一个大儒不是写一大堆的书啊!写一大堆的书,不能成为大儒,必须要建立人格的风范,要有道德的风范,这样才能受到尊重。我们当代的新儒家,受西方的影响,思想力求系统化、哲学化。这个也很重要,因为你受到西方文化的挑战,必须把中国哲学变成抽象的思考,也要变成系统化,要能翻译成英文给西方人看。但是新儒家把真正的儒家精神给丢了,丢在哪里?就是在道德修养上没有重视。儒家要在社会上产生影响。现在的新儒家影响在哪里?那就是影响在学院少数读书的人,而且对儒家有兴趣的人,影响是非常之有限,因为它是以知识为主的。一个儒家如要在社会上有影响力,他需要有淑世人格的感召力,这一代的新儒家是缺乏的。过去那些大儒,像王阳明,像朱熹,像程颐、程颢,像孟子、荀子,他们当时有很大的影响力,他们的影响力不是靠写书,而是靠对社会有种教化的责任。你要教化别人,首先自己要有一种人格的魅力,你道德人格的魅力无形中在社会上会产生一种教化的作用。所以在中国哲学里面最重要儒家、道家、佛教,都重视精神的修养。这一部分有永恒的价值,不管是哪个时代都有用,但是现在我们把这一部分丢掉了。因为这个时代是重视知识的时代。你现在来念学位,念学位学校不是来考你的道德,不会在你的人品上考虑的。考虑的是你的考卷考得好不好,有没有专门的知识,打分是这样打的,人格是不管的。我们现代的教育是这样的。可是传统的书院恰好相反。传统的书院,书念得差一点没有关系,但品德很重要。过去教育的要求和现在很不一样,过去的教师对社会很有影响力,他有一种人格的感召力,道德的魅力。现在我们非常缺乏,当然老师太多了,现在我们当老师都很平凡,我们哪有道德的魅力,能够有点知识的魅力就很不错了。但是,你要知道一个社会绝对不能缺少这种人,不可能多,但绝不能少,总是要有一些有道德魅力的人。台湾有一个佛教尼姑,你们也许听过,叫证严法师。这个人了得啊! 就是现代的活菩萨。所以宗教和道德要向下传,完全靠经典是传不下去的,靠人格的魅力,你看一个平凡尼姑,她人长得极其平凡,但她的人格魅力极其强大。在台湾总共的人口两千三百万,她有三百到五百万的信徒。她已经成为世界性的人物。她有一个救济中心,全世界任何一个地方有灾难,她的信徒就去了,因为她的信徒都是有钱而且有慈善心的人。像美国"9·11"发生的时候,就是证严法师下面一个叫"慈济功德会"的第一个到场救难。全世界任何地方有苦难,有水灾,有旱灾,她的人员马上到那里救灾,她几乎是现代的"活菩萨"。你信佛教,都相信拜菩萨,到底菩萨是个什么样? 那她就是一个活菩萨。这就是佛教产生巨大的力量。我们儒家在20世纪比较有点道德方面的魅力的,就是梁漱溟。美国有一个艾恺,他的博士论文写梁漱溟,称他"最后的儒家"。为什么称他是最后的儒家? 因为他有点道德修养,他能抗拒很多的压力,他一生当中最精彩的就是他跟毛主席两人对辩。经过这一幕;三十年"梁漱溟"这个名字在大陆不能再提,就不见了。到改革开放以后,他又出来了,所以称他为"出土人物"。

这就是中国的思想家。中国的思想家跟西方不同。所以同样写中国哲学史或思想史，按照西方的方式理解与按照中国传统的方式来体会，会写出相当不同的样子来。熊十力和冯友兰曾经有一次对话，熊十力批评冯友兰："你怎么把王阳明的'良知'讲成假设，怎么可以当做一个假设来讲？"冯友兰就反问："那你说该怎么讲呢？"熊先生说："良知不是假设是呈现。"其实这两种了解都对。王阳明悟良知，是在被贬贵州的时候，在艰难困苦中悟到的，可见这个"良知"不是一个"概念"。艰难困苦中悟出的那个道理叫做良知，那个良知就王阳明的本义来讲，就是"呈现"、"涌现"，他是从生命当中体验出来的。所以熊十力在传统的意义上，讲良知是一种"呈现"是合乎原来的本义的，是对的。但是冯友兰是一个受过西洋哲学训练的哲学家，他用西洋的方法讲中国哲学史，所以他是从抽象的层次上了解良知，说良知是一个假设，也对。一个从哲学的了解和一个从道德修养的了解，是不一样的。两个不矛盾，所以我们不要随便说这个矛盾，那个矛盾，其实你理解以后它们并不矛盾。两个人不要争的，因为冯友兰他讲的是一个西方哲学的讲法，良知不过是一个抽象的概念，讲哲学总要有假设和论证嘛，你不能讲个"呈现"就完了，你还要论证呀！王阳明哲学也有个论证问题呀！

所以往往一旦概念的理解不一样，整个哲学史的理解是很不一样的。现代人写的哲学史多半是抽象的，尤其是西式哲学史，讲观念不讲修养了，即修养的过程，修养的体验不讲了，所以人格这一方面也不管了。我的思想史里面比较注意这一方面。有书评觉得我的《思想史》不是每一个方面都很好，但是它比较贴近中国哲学原来的那个精神。原来的精神就是一种生命体验。中国人儒释道三教都很重视这个生命，生命是需要体验的，不只是理解。理解跟体验是两码事。我们现在求学问都是理解，但是缺少体验，一种生命的学问需要体验，你要了解宗教，你单单在文献上去理解那个是不够的，你必须要体验它那个修养的过程，修养功夫的过程，难就难在这。所以我们现代人写的哲学史，照我来看，像胡适之、冯友兰写的《中国哲学史》，因为他们都在美国受教育,学到西方哲学思考的方法,因此离开中国原来的那个精神距离比较远。你在他们的那个《哲学史》里面,体验不到中国哲学家伟大的一面,人格的光彩不见了,修养的艰苦不见了。在我的思想史里面比较注意这一部分。

理想的《中国哲学史》、理想的《中国思想史》必须要适应现代人阅读习惯,就是要有完整的架构,能做概念的分析,推理很清楚,而且写得还很有系统,这一部分要满足。但是满足这个还不行,还要把中国传统的那种精神修养的那个世界,用这种方法也能够表达出来,就是用我们现代哲学的语言,把老祖宗精神修养的那个过程也再现出来。要努力使体验和理解整合。我们要朝生命的体验和概念的理解能够合二为一那个理想去奋斗,一方面能做概念的分析,理论的推演,同时也要把我们对生命的体验,精神的体验也能够灌输进去,那才是一部好的《中国哲学史》,好的《中国思想史》。这个理想我想是应该要去努力的。我编"世界哲学家丛书",第一本写孔子,由我自己来写。我一生对孔子,不同的阶段有不同的了解,最后写这本《孔子》,我就是用这种方法去写,一方面非常注意系统,现代人阅读的习惯完全能满足,同时把孔子的精神世界也清楚地表达出来。当然我很难说完全达到了那个理想,但却是朝那个目标在努力的。我们老一代的人,很多是没有这一种自觉的。

五　思想史研究中的偏见、成见与创见

下面我们再谈一谈思想史、哲学史的写法。哲学家和历史学者写哲学史、思想史,有很多重叠的部分,但也有很重要的区别,这样的区别在中国到现在还没有很好的厘清。一个哲学家来写哲学史或思想史和一个思想史家来写哲学史或思想史是不一样的。

哲学家来写哲学史或思想史的话,主观性比较强,偏好也比较强,就是习惯做好呀坏呀这个判断。严格来讲写历史的东西,价值的判断

越少越好,必要的时候可以有所判断,但不可任意做判断。有人写历史上的哲学家,他非常不喜欢的他就贬,因为他不了解,他就贬他。你看最近大陆刚刚出版的劳思光的《中国哲学史》,因为他非常的讨厌阴阳家,就把阴阳五行大骂一顿,不喜欢法家,就把韩非贬得很厉害。但是你要知道韩非的思想非常重要,中国整个专制传统就是应用韩非的这套东西来统治的,作为历史的了解,韩非的这套思想非常非常重要;阴阳五行更重要,我们中国人脑子里的风俗习惯,整个人的生活,很少能摆脱阴阳五行的影响。严格来讲,哲学家并不适合写哲学史,他可以写他的哲学专著。英国的罗素也写了一本《西洋哲学史》,他讨厌黑格尔,因为黑格尔和他的思想是两个不同类型的思考方式,他就在书中大贬黑格尔。这都是哲学家的偏见,哲学家的主见非常强,好恶就比较强。冯友兰讲过"哲学就是偏见",这可以说是一句名言。这个话对不对?对!这个话是对的,哲学家往往充满偏见,充满独断,没有偏见没有独断不能成为一个哲学家。所以,我觉得写思想史、哲学史最好用历史学者的方法来做,可以比较客观。当然除了历史学者的方法,还要有哲学、思想方面的理解力。

在这个地方,我想讲三个观念,也许对你们比较有用,对我们每一个做研究工作的人都有点用。那就是"偏见"、"成见"和"主见"。偏见、成见、主见都是我们日常的语言中常常讲到的,在学术上分析一下是有意义的,因为每个人都可能碰到。我们做研究工作最容易牵涉到这种情况。什么叫偏见?什么叫成见?什么叫主见?我解释一下。这是我的解释,你不一定同意,你可以做个参考。

什么叫做偏见,我们每一个人,无论你如何的博学,你的认识都有可能是片面的。我们无法避免某种程度的偏见。这是因为我们永远不可能把我们想知道的东西都知道,我们没有这个能力,也没有这个机会,我们总有不知道的东西,哪怕在一个小的范围之内,总有一些例外的东西是我们不知道的,对不对?这是确定的。因此我们就可能产生偏见。偏见是不可避免的,但是我们做学问的人可以自觉地把它减少,如果我们自觉到我们有偏见，我们的偏见就会减少。有许多地方我们不随便下判断，我们明明没有把握的东西，我们不下判断，我们不固执自己的意见，我们的偏见就会减少。

什么叫做成见，我的解释就是老祖宗的想法，现成的见解嘛！根据老祖宗的讲法，根据我们传统的讲法的那些见解叫做成见。成见跟创见是相对的，我们老祖宗讲过的东西，你再不断地在讲，这就是一种成见。有的人就是坚持孔孟讲的对，例如新儒家，很少去挑剔儒家的毛病，这就是一种成见，没有这个成见他就不能成为新儒家。他称为新儒家，他一定跟传统儒家有很大的重叠的部分，他如果否定孔子孟子他就不能称为儒家了，批评孔子孟子多了，他也不能成为儒家了，所以成见就是我们根据过去圣贤，根据过去的祖宗，根据过去传统的一些见解。任何人都不可能没有成见，因为我们每一个人知识的累积和知识的出发点都是靠我们的老祖宗，靠我们传统开始的。我们读书一定是从传统开始，你不可能开天辟地创新，没有这回事。我们书本里面讲的很大一部分都是过去的东西，尤其是读历史的，都是过去人的见解啊，过去人的活动啊。成见一定不可避免，但是我们如果有新的创造，我们就应该可能把成见减少。为了有新的创见，我们并不认为我们老祖宗、我们传统里的伟大的人物讲的都对，他们也有问题，我们也能指出他们许多的问题，所以成见不可避免，但是同样可以减少。不要以为那些传统的伟大人物讲的话都对，不一定，没有一个人的语言都是正确的，任何的一本书里面都有一些问题。

"偏见"、"成见"之外，还有一个"主见"。主见有两种内涵，有一种主见是不好的，就是那种情绪化的主见，感性的主见。我们一般人常说"我"的想法，"我"怎么样，当你讲"我"怎么样"我"怎么样时，可能都是感性的，没有经过大脑思考的，这个主见里面有不好的一面。但是你要知道"创见"也是我的主见，这是"我"的"创见"，一种创新的意见，这也是一种主见。这个不是从老祖宗来的，这完全是我自己创造的一种新的思想，这也属于主见，"主"是指我嘛。主见有两种，有好有坏，我希望借这个机会，我们把这个观念自觉一下。

偏见一定有，绝对不可避免，但是如果自觉，我们就可以把它减少；成见也人人都有，如果你能充分自觉，我们也可以把它减少；主见里有好有坏，坏的主见尽量把它消除掉，好的主见要发扬。一个文明的成长发展，完全要靠好的主见，尤其是我们改革开放以后，到处都要求创新，这就是要求有好的主见。

根据我的体会，研究思想史，就要尽可能克服偏见，尽可能超越成见，尽可能发展作为创见的主见。像《哲学史》、《思想史》这种书，每一个时代都可以重写，都可以发展出一些新的见解。因为从不同的角度，不同的感受，他有不同的体会。没有一个人敢说我的《哲学史》、《思想史》写了就算数，没有这回事。到下一个时代，几十年以后，你写得再好的书，一定会有机会被超过，或者有更新的理解。我们理解传统是根据我们对现实对时代的感受，有的问题以前看不出意义，现在我们能看出意义。不同的时代有不同学养的训练，也有产生创见的可能。

六 创造性的满足

做思想史的大题目，必须要有坚强的毅力。学问本身产生的满足感，可以加强这种毅力。做学问的人，在年轻的时候，爱名爱利都不是病。但是你要知道，而且有一天你从事学术的研究或当学校的老师，你就会知道，名利不是我们最重要的。名利可以带给人很大的满足，但是名利也非常容易丧失，所以我常常跟年轻的朋友们讲，我们真正从事学术奋斗的人，真正追求的是什么？在这个过程中也可能带来一点名、一点利，但是从事学术工作最大的满足不在这里，而在"创造性的满足"上。从"无"到"有"是一种创造。你看你花几年功夫，从一个朦朦胧胧，到写成博士论文，这就是一个从无到有的创造过程，就像一个人建立一栋大楼，你是一个建筑设计师，又是木工，又是水泥工，什么都是你一个人做起来的。一部大的书，一部好的论文都是这样的。里面每一个细节都是你一个人在经营，这种过程完成以后，你会产生一种创造性的满足。

创造性的满足一旦出现，任何人拿不走的。你再多的财富，一夜之间可以完全丧失掉，但是你这种在学术上得到创造的成果，任何人拿不走，抢不走，永远属于你的。我们从事学问研究的人真正追求的是一种创造性的满足。你仔细想一想看，人都要追求不同层次的满足：恋爱是为了追求感情的满足，读博是为了追求知识的满足，出家是为了追求一种宗教情怀的满足，从事企业是追求财富的满足，人都在追求各式各样的满足，都没有问题。但是我们追求什么？从事学术工作的人终极的追求是创造性的满足。

如果你现在正在做学位论文，你千万不要去讨便宜，找个容易写的题目，去弄个学位，假如你以后要在学术上有所发展，那是对你不利的。真的想在学术上有所发展，你就把读博这个阶段当作自己一个很重要的考验，不怕难，不怕繁，怕难怕繁你走不下去。做学问永远有难题要你克服，永远都是很繁的，所以我们要克服这个心理障碍，把这个"难"这个"繁"当作正常现象。你把一个很复杂、很琐碎的东西，整理得有系统有条理，这个过程当然很繁、很难，但是完成以后你就有一种非常大的满足。

这种满足应该是人真正最重要的满足。学位、职业是解决生存问题，但是除了这之外还有理想、志业值得去追求。像你们都是这个国家里面精英之中的精英，很不容易受了这么高的教育，到了研究所，很希望这里面会产生一些对国家发展起到重要作用的人物。除了学位、职业以外，我们还要追求一种志业，一种理想，为国家做更大的贡献，希望如此。

【附】我怎样研究荀子①
——兼谈整理诸子的方法

我研究荀子,从开始阅读,到《荀子与古代哲学》一书的写成,首尾曾拖了七年。平日零碎的时间不算,我曾有三个暑假,两个寒假,集中全力在这一个工作上。这工作虽耗费我许多精力,事后回想,觉得除了写成一本书以外获益也真不少:(1)培养了我阅读古书的能力。(2)使我知道如何做注疏的工作,并真正了解注疏体的功能与缺陷。(3)使我注意近人整理诸子的方法。这个方法上的问题,曾引我有过长期的思索。(4)使我能以荀子为中心,去通读先秦各家的思想;并把荀子的思想和各家相关的部分一一较量。我的研究工作既曾使我得到这许多益处,如果把研究的经过,扼要地写出来,也许对想从事中国哲学研究的人,尤其是有志整理中国诸子学的,会有些参考的价值。

一

我开始读荀子,是 1956 年的冬天。当时我读书,还没有能具备一个客观的心态,对所接触的东西,做点如实的了解。多半是为了写文章才读书。读荀子,起初的目的,也只是想写篇文章。我那时,真是把读古书看得太容易,写文章也未免太随便了。当我读(事实上只是翻翻而已)孟子、墨子、韩非子,各写了一篇文章以后②,想就荀子也写一篇文章时,我受到了挫折。这是因为历来对孟、墨、韩诸子,讲说得较多,有不少观念可以借用,取来做篇文章并不难;而荀子向来是被忽视的。近世

① 编注:本文作于 1966 年 7 月 13 日,选自韦政通先生著《荀子与古代哲学》附录,该书 1966 年由台湾商务印书馆出版。
② 当时我的三篇文章的题目是:(1)"孟子贵民思想与民主政治";(2)"墨子思想检论";(3)"法家反人文思想的历史观"。都曾发表在台湾《民主潮》杂志上。

以来,在学术上虽逐渐引起一部分人对它的重视,但谈到它的文字,多嫌零星琐碎,可取用的就很少,我无法凭藉他人的理解,写成一篇完整的文章。就因为受了一点挫折,才使我游荡的心,暂时定下来,花了两个月的时间,参考注解把荀子读了一遍。对这个庞杂的系统,竟仍是一片茫然,虽勉强写成《荀子基本精神的解析》一文[①],在这篇文章写完之后,我企图广泛阅读先秦旧籍的信心顿失,也是我第一次真正感到读古书的困难了。

当然,我并没有知难而退,只停顿了一个短时期,经过一番考虑,就决定要以荀子这本书作为我纯学术性工作的首次磨炼。我选择荀子,是由于下面的几点认识:

(1)荀子这本书,份量够重,内容也够博杂,要理出一个系统,对我的耐心和能力,都可以做一次考验。

(2)荀书的内容,牵连甚广,和他以前的孔、孟、老、庄、墨,以及他以后的韩非,都有或浅或深的关系,要疏理这些关系中的是非得失,对各家的思想,都不能不有一步深入的探讨。这样,研究荀子,就无异是研究了先秦诸子。

(3)荀子是一个被埋没了两千多年的一个大思想家,从正统的偏见中跳出来,把他的思想价值予以彰显,并重新认识他对中国历史文化所产生的影响,这实在是我们应尽的责任。一直到现在,大学中文系的学生,常问我先秦诸子应选哪一家? 我回答总希望他们读庄子或荀子。读庄子可以使人开扩心胸,培养清灵妙悟,不拘束于一家之言。但读庄子也容易生弊。孔子尝言:"好智不好学,其弊也荡",也就正是读庄子最容易发生的弊病。读荀子可能不容易读通,但不会有甚么流弊。初学的青年,最忌封闭在一点上,应能由点成线,由线成面,这样为学才能有一个广博的基础。如想对古代的学术思想,有一广博的了解,荀子的确是一个好的入路。

①　此文曾发表于1957年6月1日出版的香港《人生》杂志上。

我第一次读荀子，读的是新兴书局出版的《荀子集解》。读后才知道，这个本子有"集解"之名，无"集解"之实。因为书中所收的注解除杨倞外，就只有卢文弨的补注，清末王先谦的《荀子集解》问世以后，这个本子就应淘汰了。不负责任的书商，竟仍冒"集解"之名，出版欺骗初学者，是很不应该的。当我沉下心来，再度研读荀子时，用的是王氏的集解。这个本子的前面，附有两万多字的考证，其中包括历代对荀子一书的考证，也有一部分是谈到荀学的，凡读荀子的人，都宜先读，对荀子其书其学其人，都可以得一概要。同时，我们看了这些文字以后，可以知道，自古以来，尤其是有清一代，虽有许多人读荀子，但没有一个人能了解荀子思想的特征何在！这或系因为荀子的思想内容，不是正统儒家的思路所能概括，而历代的士人，思想的标准，却限定在所谓正统的界域之内，界域以外的，他们是不加措思的。我最后完成的《荀子与古代哲学》一书中，曾特别着重他那些不合正统的部分，一一彰著其义，并很公平地衡断其间的得失。

我第二次细读荀子以后，发现王氏集解不能解决的问题还很多，我于是试着做一些补充的解释，日久也曾累积了四百多条。当时我颇有志，搜罗王先谦以后各家的注释，成一本新集解，后因我对训诂音韵之学缺乏训练，总不敢冒昧从事，以免徒劳。但我为要对荀书主要各篇的原文，有一透彻的了解，还是选了十篇（劝学、非十二子、儒效、天论、正论、礼论、乐论、解蔽、正名、性恶）做了一本选注[①]。当我在做选注的工作时，王引之的《经传释词》，和吴昌莹的《经词衍释》，是我经常翻阅的，对工作有很大的帮助。嗣后，我才注意到《经义述闻》、《读书杂志》和《古书疑义举例》等朴学类的书在学术上的价值。专谈义理的人，常觉这些文字上的工作实微细不足道。凡是做过古籍基层研究工作的，才能知道这一步工作，实是在思想上做高深探索时不可缺少的基础。

荀子选注的工作尚未完成，偶然发现世界书局新出版了一部梁叔

---

① 叶绍钧曾有过一本荀子选注，我也参考了他的解释。

任的《荀子约注》,初使我非常兴奋。"约注"是以王氏集解做底本,又增加了王懋竑、王绍兰、俞樾(《荀子诗说》)、孙诒让、陶鸿庆、刘师培、杨树达、高亨、刘念亲、钟泰、于省吾、日人久保爱、猪饲彦博、物茂卿、冈本保孝、兼山、冢田虎、古屋鬲、桃源藏、太宰纯共二十人的校释。采集不能说不丰富,读起来也较王氏集解简便许多。可惜撷取并不够精,许多读不通的章句,依旧轻轻放过。于是我开始搜寻梁氏采辑诸家的原著,先后只读到过孙诒让的《札迻》,刘师培的《荀子补释》,《荀子斠补》,和钟泰的《荀注订补》,其中以钟氏的"订补"工作做得最好,后来这本书曾被我的朋友李涤生教授借去,对他"荀子集解订补"的工作,曾有很大的帮助。

选注工作完成以后,我进一步对选出的十篇,就每篇的范围,对它的思想加以疏解,后来写成了十篇独立的论文,题名"荀学十论",约十二万字,其中有五篇(勤学、非十二子、天论、解蔽、性恶)曾陆续在香港的《人生》杂志发表过。我是一个兴趣颇广的人,对荀子做完了这两部分工作以后,再也无法继续下去,我的注意力开始转移到历史上的考据与义理之争。为了彻底明白这一宗公案,曾花了两年时间,把晚明到清末这一时期思想上的许多问题做了一番整理,这一步工作的结果,使我写成《中国近三百年思想研究》一书。这本书开始于1959年的寒假,完成于1961年的暑假。就在这同一个时期,我在天主教耶稣会主办的静山退省院,向修士和神父们讲易经、诗经、尚书,这使我课余的时间,自然会逐渐集中向经学方面。依据当时的情形看,我的工作,是不可能再回到荀子上去的。事情发生得很偶然,1961年的秋天,台中有位书商,突然问我有没有书要出版?我很想把"荀学十论"印出来,于是就把旧稿取出,自己再审阅一遍。不看也罢,一看之下,发现不妥的地方很多。两年的时光,我自己已有了不少进步。连自己看了都不满意的书,还有甚么值得出版的价值?一念之下,就决定了"十论"的命运。继想,"十论"只是十个分题,要对荀学的全貌有一认识,应通过一步综合性和系统性的整理。这个新的意念,使我对荀子研究的热情,重又燃烧起来。

　　把其他的工作都放下，下了决心，连续又把荀子全书仔细看了两遍，并把书中主要概念和要点一一归纳起来。要整理一家思想，必须通过详细的纲目法，把这一家思想中的要点巨细不遗地笼罩住，然后思想的骨干和脉络，才能朗现于目。我处理资料，不善用卡片，只是在读书时把文中要点随时记在天地的空白处，重要名词概念，用红蓝笔特别勾出，然后再分门别类抄到另一张白纸上去，每一条或每一概念之下，都注明原书的页数，以便写书时复查。我写一本书，对书中章节标题的构思，就是用已分别门类的资料做基础。章节决定以后，开始书写，每章每节所需要的资料，只要按类寻求，十分方便。用这个方法，书必须是自己的，书如果不是自己的，第一勾书不便，第二书还了以后，所整理的资料，失其所依，就全部没有用了。

　　全书的材料整理以后，用甚么方式来表现它？这个问题颇困扰过我。当时我想，如何才能使考据和义理两种方式熔冶于一炉？如完全不顾考据这方面的成果，单引原文，读者如何能懂？又想如吸收考据成果，随文加注，行文岂不太累赘？经过试验，才知道"熔冶一炉"的理想只是妄想。这是两种不同性质的工作，无法在一部书中同时包罗。所以我的《荀子与古代哲学》，还是沿用一般讲古典的方式，所引原文，一律不加注释，读者要懂原文，只好自己去参考集解。不过我仍有一点改进的地方，在原书中有些字虽经各家校注，证明确实是错了，但仍保持原样，我为了方便读者，多半都改正了。

　　当写这最后一稿的时候，我发现以前所做的"选注"和"十论"的工作，并没有白费。尤其是"十论"给予我许多的方便。"十论"中的精华，大部分也已采撷在现在这本书里。最后一稿的目的，是要把荀子的思想，做一个系统的整理。这个系统，只是根据我们对荀子思路的了解，并藉用他原有的观念，替他架设的。不这样做，就不合现代人理论表达的习惯；不合现代人理论表达的习惯，就不容易使具有现代头脑的人接受。但架设的这个系统，既是通过我们的思构完成的，我们谁也不敢说，这就是原作者思想的真面目。因此使我知道，一本古籍，凡是通过新方式整理过的,都必然包涵整理者带进去的若干新的成分。一本本整理古籍的新书,无论你对原书有多深的体会,仍只能算是一家之言。所以一本重要的古籍,有几本不同角度的研究报告,对读者是有益的。

当我为荀子的思想架构系统时,手前有两本同类的著作可供参考,一本是陈大齐先生的《荀子学说》①。一本是牟宗三先生的《荀学大略》②。前书对我在材料的分类和分配上,得到许多方便;后一书使我对原书作深一层的理解上,启发独多。《学说》一书,文字朴实,条理清晰,就荀子说荀子,对初学者,是一本很好的参考书。《大略》一书,在思想方面牵涉甚广,字数又过少,文约义丰,初学者恐不能消受。如要领会此书,必须先对荀子原书熟读。后来我又知道,近人用新方式整理荀子思想的还有两种:一是陈登元的《荀子哲学》,一是杨筠如的《荀子研究》③。都是数十年以前的作品,粗陋、芜杂、傅会之病,实不可免。惟杨著有前论一章,专考证荀子其人与其书,对专治子学考证的人,有参考价值。

提到考证,不禁使我想到荀子一书各篇的真伪问题。这方面我也做过一些工作。曾把韩诗外传、大小戴记和荀书重出的文字,一条条地找出来。后来读到杨筠如的《荀子研究》,才知道他已把这些重出之文一一表列过。他认为这些重出之文,都是后人羼入的,研究时只好割爱。我的看法是,究竟是后人羼入,抑是后人从荀书传抄,已是一个永远无法确定的问题。同样的,荀书中哪些是真,哪些是假,也是永远无法提出可靠证据的。荀子如此,其他各子书亦无不如此(甚至论、孟也不能例外)。我认为,现在我们研究某一家的思想,并不可能单指某一个人,实无异是在研究一个学派,其中究竟哪些思想是属某一个人的,已无法确知。明乎此,由于考证子书而引起的许多争论,实在是不必要的④。

----

① 台北"中华文化出版事业委员会",1954 年 7 月初版。
② 台北"中央文物供应社",1953 年 12 月初版。
③ 台湾商务印书馆于 1965 年 2 月已予重版。
④ 例如对老子《道德经》一书的考证,民国以来就这一问题发表的文字不下百余万字(参看《古史辨》),结果仍得不出一个真是非。这对从事学术的人,真是太大的浪费。

我对荀子系统整理的工作,开始于 1961 年的寒假,到 1963 年的暑假才完稿,今定名为《荀子与古代哲学》。它与陈大齐先生的书有很大不同。陈著的特色,一在就荀子本身了解荀子,二是作客观的叙述,避免对荀子的思想作评价。我这本书的特色是就整个先秦思潮了解荀子,并与先秦各家思想,互较其得失。尤其与孟子,我随处都在把他们的不同显示出来。

二

书成以后,才在友人处找到顾颉刚编著的全套《古史辨》,《古史辨》第四册是讲诸子的,由罗根泽主编,在自序里,他谈到整理诸子的方法:

(一)人的研究(评传)

(二)书的研究

　　(1)文字内容的研究:

　　　　a 校注

　　　　b 通释

　　　　c 标点

　　　　d 索引

　　(2)著作年代的研究——包括人物考

(三)学说的研究

　　(1)侧重人者:

　　　　a 个人的研究

　　　　b 派别的研究

　　　　c 历史的研究

　　　　d 比较的研究

　　(2)侧重学术者——即问题之研究

(四)佚子研究

（五）历代人研究诸子的总成绩

　　（1）子学考

　　（2）历代人眼光中的诸子

现在《古史辨》这套书已甚不易得，所以我把这个方法的纲要录出来。这个纲要，实在是把古今研究诸子的各种方式，都归纳在这里。为便初学，我把它简略说明一下。

（一）人的研究——评传。由于诸子个人的材料有限，这工作事实上恐不易着手。

（二）书的研究——（1）文字内容的研究：a 乾嘉以来，校注的工作，每本子书几乎都奠定了一个好的基础。民国以后，这方面的工作迄未中断①。具有训诂音韵训练的青年，如继续从事，当可使校注工作更致完美。b 通释的方式，我认为已太旧，似可放弃。c 我读到的子书，都已有了句点。商务版万有文库中的几本子书选注，且有了最详细的新式标点。d 有志于索引工作的，可以仿照十三经索引做一部诸子学索引，当有益于士林。（2）关于子书和诸子人物考，钱穆的《先秦诸子系年》，蒋伯潜的《诸子通考》，在这方面下的功夫都很深，要把这方面的工作再推进一步，因限于文献，恐已甚难。

（三）学说的研究——（1）侧重人者：a 个人的研究不易着手，理由同于（一）。b 派别的研究方面，《诸子通考》绪论第三节有"诸子的派别"，把先秦旧籍中关于诸子派别的叙述，大致已搜齐。c、d，历史的研究要靠材料，比较的研究要靠识见，以往还很少人在这方面下功夫。（2）问题之研究，亦就是思想方面的整理，整理诸子最后的目的，就在这一部分。这方面的工作，至今做得还十分不够，有志于中国哲学的青年，值得朝这方向下点苦功。

---

①　如陈启天的《韩非子校释》，尹仲容的《吕氏春秋校释》，钱穆的《庄子纂笺》，都有超过前人的成绩。

（四）佚子的研究——除非我们能发现新的材料，就现有的看，还没有甚么值得大做的工作。

（五）历代人研究诸子的总成绩——（1）罗氏定下的"子学考"一目，与前面"人物考"，"著作年代的研究"是重出。（2）至于历代人眼光中的诸子，这似可从辑录古人对诸子的评语下手，庄子《天下》篇，荀子《非十二子》篇，和司马谈的《论六家要旨》，都是这方面最重要的资料。1964年6月由艺文印书馆出版的《诸子十家平议述要》一书，所做的工作，就正是属于这一范围的。

依照罗氏的归纳来看《荀子与古代哲学》，它的工作自然是属于第三种。我对荀子思想产生的历史线索，没有放过；我对荀子与各家思想（尤其是孟子）的比较，更是用心。此外，凡是重要的问题，无不竭力彰显、疏导，对问题的看法，如有与时贤相左的，往往亦加以评述，绝不作模棱之语。至于这本书对诸子学究有何贡献？这要等待读者们去做批评了。

少小离家老大回

一九八八年大陆行①

一

在一年前,这还是一个梦想,今年(1988)五月,竟然能使梦成真!

四十年来,我很少有怀乡愁,由于个人的生活,经历太多的痛苦与挣扎,因此,世事之变,很少能引起感情的波动。但二月间,当我辗转由

---

① 编注:本文选自韦政通先生《立足台湾,关怀大陆》一书,台北,东大图书公司,1991年。该文收入自传集《人是可以这样活的》时,自传集序言曾述及少小离家的原委。他说:"像我这样一个喜欢读书,酷爱思考的人,竟生长在一个一本书也没有的家庭,这使我相信人的确有天生的倾向。我父亲没有受过什么教育,但在商业上却是一等干才,我是他的幼子,少年时我们家已是地方上的首富,他的愿望是希望三个儿子都能继承他的事业。我母亲是文盲,但十分能干且富有爱心,富裕以后,每逢过阴历年,就带着我到村子上的贫寒人家,一户户分送日用品。但我生活在这样的家庭,自幼便有一种窒息感,在十三四岁时,就兴起要到很远很远地方的念头,因此与父亲之间不断发生冲突。十六岁时,父亲送我到上海一家钱庄(小规模的银行)当学徒,一年后,在上海创业的长兄支持下,进了中学。1949年,我暗恋上常到我家送药打针的一位北方护士小姐,当我知道了她随军去了台湾,我也在上海加入即将开拔到台湾的青年军当小兵。就在那年的四月下旬,没有告别父母,仅从母亲那里偷了十块银元,就从军到了台湾。在新竹湖口军营呆了不到一个月,便开小差做了逃兵。就在我踏上台湾这块土地时,共产党的军队已渡过长江,想回也回不去了。在举目无亲的台湾,竟然活下来了,而且走上了一条相当难走的人生之路,这也算是一种生命奇迹吧!那位我暗恋的小姐,事后想来,她真是我'生命中的女神'!大作家海明威的一位朋友问他:'我的儿子梦想当作家,你看我要如何处理?'海明威回答:'给他一点钱,把他赶出家门。'我赞同这种做法。有梦想的青年,多半有雄厚的潜能,也比较能经得起生活上一切的磨难。"本书选录此篇时,删节了文章的第四部分。

同乡友人处,接到大哥的一封来信,仍使我激动得痛哭。大哥说,父母已亡故,他已年高七十,希望此生仍能见我一面,早日回乡与家人团聚。

我已无其他选择,当天下午就去旅行社托办探亲的一切手续。办理手续并不顺利,经过将近三个月的折腾,5月7日起程前一天下午三点,才把来回机票敲定,当我安排好行程,收拾完行李,已是次日清晨,起程前后一连四十多小时,兴奋得难以入眠。

我是1949年4月21日,由上海出发来到台湾,假如旅行社和我约定的日期能顺利起程,当我抵达上海时,正好是四十周年,这个愿望未能实现,也颇使家人失望。

5月7日上午八时我由台北家中出发,黄昏时人已在上海虹桥机场,没有想到此生仍能回到少年时代住过几年的上海。我的行李除送给家人的礼品之外,都是我自己写的书,机场检查员只问我录音带里是什么,他看到是流行歌曲便放行。在同一机场离境时,三件行李均未打开检查。

同行的二十多个归客中,也有几位老上海,在驰离机场的途中,大家都搜索着儿时的记忆,欢笑满车,靠近虹桥机场的那一段马路,在路灯下看来很像台北宽阔漂亮的仁爱路。当车驰入梧桐树荫遮天的马路,我立刻就辨认出这是位于当年法租界颇具法国风味的霞飞路,法国公园今已更名复兴公园,兆丰公园仍沿用战后改称的中山公园,外滩公园改名黄浦公园,大众娱乐场所大世界和大光明电影院依旧,南京路(现为南京东路)上的四大公司,历经四十年的风霜,外貌未变,只是南京路感觉很狭窄。

台北的旅行社原先为我们预订的是上海宾馆,到上海后因客满,又将我们一行换到外滩南京东路口的和平饭店,是英国人留下来已八十年的古典建筑,电梯、地板虽已老旧,其他设施可达四星观光饭店水平。和平饭店这一带,正是我少年时住过的地区,外滩公园几乎每天必到,夏季的上海,气温偏高,常常在公园玩到深夜才回家。这一天刚下过小雨,气候凉爽,在餐厅吃完丰富的晚餐,就迫不急待走向外滩,站在四十年前乘船去台湾的黄浦江边,感慨有之,并无哀伤。江边比从前多了一道水泥矮墙,沿墙而行,正是著名的情人道。今日上海并无夜市,也缺乏青年人的休闲场所。闲逛中遇一由扬州流落在上海的青年,纠缠不清,最后送一包 Kent 烟才离去,据说像这样的青年上海不少。

回到饭店,发现餐厅的一半变成舞池,歌声嘹亮,节拍缓慢,仅见两对情侣舞于其中,每晚营业到十一时,每对人民币九元八角,没有饮料。在大厅里有男服务生向我推销"101"(一种治秃头的药剂),索价一百六十元一瓶,据云此药已被一香港商人包售,市面上买不到,不知真假如何。

在香港启德机场,已和我的侄儿春生通了电话,告诉他我到上海的时间,原以为家人总要一二天才能赶到,谁知当晚我的大哥、妹妹、妹夫、侄儿春生,深夜便已从镇江坐特快火车到了上海,连夜赶到宾馆,却找不到我。我虽留了纸条,宾馆服务员可能因换班并未转达。好事多磨,第二天上午,我寻家人,家人找我,经过两个多小时的追踪,接近晌午时分,才在上海大姐家见面。大哥见了我,痛哭失声,性格爽朗的妹妹含着泪:今天是大喜日子,我们都不要再哭。

大哥本是老上海,自发生"文革",已十七年没有来过,所以决定多逗留一天,我招待家人宿和平饭店,当大哥知道一个双人套房,每天需人民币一百十元(饭店限付外汇券),连说太贵,因大哥退休时的工资,每月仅三十五元。

5月9日上午,我与家人一同挤入南京东路的人潮之中,这一带仍然是繁华商业区,车多人多,有点像台北的忠孝东路四段。解放前这条路上的有轨电车早已拆除,改成无轨电车。小汽车虽不少,然速度很慢,因开快车、闯红灯,会遭重罚,因马路狭窄,人车(汽车、脚踏车)争道的现象,随处可见。这一带的建筑,全是四十年前留下的,马路经过多次修补,今日上海仍是全国人口最多的城市(约一千二百万),但商业的繁盛据说已落后广州,都市的建设与北京更是相差甚远。上海于近代中国,本是引入西方资本主义最早的城市之一,也是帝国主义经济侵略的主要根据地，了解这个历史背景，就不难明白在长期反帝、反资的运动中，上海就必然成为受害最大的地方。

顾虑周全的妹妹，在人头攒动的百货商店选购礼品，准备让我回程时带往台湾，送给我的家人。一件童装要二三十元，女式丝料上衣四十多元，折算台币当然便宜，如依当地工资，已太昂贵，如付外汇券打七折。中午就在闹区找了一家餐馆用餐，四菜一汤，两罐啤酒，三十七元。早晨因大哥嫌饭店早餐太贵，就到附近弄堂里找个体户小食店，桌椅简陋，卫生条件极差，牛肉面端上来，我与妹妹都未下筷，还是折回饭店解决。那天我们找到的几家饭馆，不论规模大小，都挤满顾客。到过大陆的游客，都有共同的经验，他们各行各业因属公营，服务态度极差。但也有例外，我坐过的民航机上（北京到南京、上海到香港），女空服员的态度，倒是亲切和善，在北京琉璃厂的古董店，也曾受到老一辈店员彬彬有礼的招呼。

这两天在大姐家吃了三餐，我与赶到上海迎接我的家人，预定9日坐夜快车回镇江。刚完工启用不久的上海新站，就在共和路大姐家附近，他们全家送我们上车，到镇江已近午夜，大哥、妹妹两家的儿孙十多人，早已在车站等候多时。目前我们家有三代人共三十六口住在镇江市，他们把我安顿在大哥小女儿家，因他家的房子最大最新，也有卫生设备，厨房有桶装煤气。小女儿在附近一家公营的百货销售市场上班，是接替大哥退休后的位置，每月工资加上因物价上涨贴补的十元有七十五元，上下班制，中午休息两小时，下午六时休业。

10日这一天，住在镇江市的全体家人，陆续到来，热闹非凡，从此一连四天，中、晚两餐都大摆宴席，家人轮流陪我，我的侄儿、侄女、外甥、外甥女，从事的行业有工人、店员、银行行员、教员、医师、会计、生产事业小主管等。第二代中，大侄女、二侄女、大侄儿，他们童年时代我还抱过，其余都是第一次相见，对我的热情却相同。家人对我的款待，真是做到无微不至，到北京，友人问起我在家乡情形，我告诉他们：我简直是做了几天的"皇帝"。

　　我与家人已四十年不见，断绝音讯也已三十八年，他们对我这漫长岁月的种种，不但关心，而且好奇，为了省力并避免重复叙说，我把台湾广播电台"成功之路"节目，对我所做的八十分钟访问录音带回去，也带了一本《我的探索》给儿孙辈，书中有我一篇早年奋斗的自传。我父亲是个成功的商人，自小就决心把我们三兄弟训练成为他的继承人，这样的一个家庭，却出了一位好读书的儿子，真是异数。为了这点天生的志趣，少年时常与父亲闹别扭。小我三岁的妹妹也因我的影响，闹着要读书，我亲自把她送到县城去读初中，后来也和我一样，变成家庭的叛徒。事实证明我的选择是对的。

　　10日这一天，因天气和暖，又抽空重游故乡名胜金、焦二山，景物依旧，寺院多呈破旧相。金山寺的正殿，1949年前曾遭毁坏，现已重建，即将完工，寺中佛像"文革"时被破坏，亦已重塑。金山风景区有湖，有柳堤，有小河，有拱桥、凉亭，环境幽美，景色秀丽，湖边的"天下第一泉"为吸引观光客，也在整建中。

　　旧日江苏省会在镇江，现已迁往南京。少年时我在南京读过一年中学，11日坐着大侄儿厂里的汽车去南京，同行者除大哥、大侄、大侄女、堂姐、妹夫，还有一位年幼时的同窗好友韦静泉。他复旦大学毕业后，一直从事教育，目前担任一家专科学校的教务主任。阔别四十年，交谈之间居然毫无隔阂，夜间我们同榻而眠，促膝畅谈，在他想象中，我大概会走文学的路，没有想到我会搞哲学思想。妹妹未能同行，是因她健康不佳，多日来为我还乡的生活张罗，加上连日旅途劳顿，需要休息。我和她自小一起长大，感情最好，这一次我们也谈得最多。她本与做工程师的夫婿长住西北，为了想吃白米饭（西北只有面食）并照顾家人，二人提前退休回到江南，退休后二人仍可领工资约三百元，生活还不错。

　　镇江到南京，车程约二小时，一路有小雨。先参观长江大桥，桥长七公里多。桥上车双行，往来车辆不少，两旁有行人道，供步行游览，京（北京）沪火车通过桥下，大桥横跨于宽阔的江面之上，气势宏伟。我们坐在小汽车上，慢行一个来回，然后直驶新街口下车，这一带仍旧是南京市的闹区,行人拥挤,一如上海的南京东路,要找一家饭馆用餐,真不容易,因家家客满。马路上汽车秩序较佳,但喇叭声不断,行人过马路不见斑马线,随处可穿越,险象环生。新街口附近,有一家三十几层的金陵饭店,为华侨投资,公家提供建地,投资者享有五十年经营权,期满需无条件送给公家。

中山陵一带乃南京市郊主要风景线,气势开阔的中山陵,依然旧貌,两旁伞状的树林比前壮大苍翠,游客众多,衣着仍多蓝色(上海、北京少见),有少数外宾。我与大侄女携手拾级而上,在正门处,听到录音广播孙总理的生平与功绩,民国十八年所立"中国国民党葬总理孙先生于此"的金字巨碑,仍矗立于门内。大陆有一种传说,说孙总理的遗体已运到台湾,不知何以有此传闻?

我的童年是在镇江东门外与丹阳交界的一个农村中度过,现属镇江市丹徒县,12日下午决定回童年故居,最重要的是到父母坟前祭拜。我的双亲都活到八十几岁才去世,晚年因多次抄家,生活困顿,依赖妹妹接济,才勉强过活。据春生侄告诉我,母亲晚年最思念的就是我这个从小就不听话的幼子,常一人坐在大门外,呆望着大路,希望有一天能看到我突然走到她的身边,最后还是失望而死。

镇江的家人,除上学的孩子,多数都陪伴我下乡,分乘几辆汽车,浩浩荡荡,先在附近的新丰镇停下,这是父亲事业的发迹地。小镇本是沿着运河两岸而建,原先的石头拱桥已拆除,在另一处建了一座可以行车的水泥桥,记忆中的形貌完全不见,只有镇东孤立在农田中的观音庵,使我想起儿时曾在那里逃学。

我们终于到达我的出生地,我曾在此度过日本统治下的童年。下车步行,先到父母墓前磕头,跪下去感到四肢无力,头脑发晕,几乎爬不起来。大路上一波波的人潮向我走拢来,四十年,对故乡人来说,无异天外来客,自然惊动了全村。我含笑向他们打招呼,大半已不相识,有几位还认得我的老妇,大声叫着我的小名,亲我、抱我,有的激动得哭出声来。

大哥仍住在这里,"文革"后在老屋旁建了一栋小型新宅,七十二岁的大嫂见了我,紧紧抱着我痛哭。她的乡音我听起来感到吃力,但由衷觉得亲切,那本来就是我的母语啊！老屋是五间两厢的楼房,建于抗战初期,抗战前建的十间四厢两大庭院的楼房,在当时村子里是最出色的,民国二十六年冬南京大屠杀前数日,被日本兵一把火全烧了,现在老屋是由父亲一手重建,年久失修,除二嫂外,房间多半空着。二哥年轻时就健康不佳,"文革"初期,家遭巨变,便已病死,留下四个孩子,都在农村劳动。

我还记得的乡人,年纪大都在六七十以上,四十年,每个人虽都有他自己的沧桑史,大抵有一个规律:原来穷的,多半翻了身,或做了生产大队(每一个村子便是一个生产大队)的干部;原来生活好的、教育水准高的,后来过的日子普遍较差。"文革"后如在都市有工作,有都市户口(农民不能随便迁入都市),基本生活就比较有保障,生活改善的机会也较大。我的故里虽属江南,但生活水平远不及常州、无锡、苏州一带,1949 年前便是如此。

我在童年故居停留了两个多小时,在落日前回到镇江市,一路上大嫂紧握着我的手,叙说着我的童年趣事,引起家人一阵阵的欢笑。

二

5 月 13 日午夜,我由镇江坐长程火车的软卧北上,14 日晚上八时到达北京,比预定时间迟了一个多小时,中国文化书院副秘书长田志远、院长助理徐兰婷到月台来接,站前汽车拥挤不堪,花了二十多分钟才挤出车丛。晚饭后我被招待住入北大勺园(外宾招待所)五号楼四〇六室,室内除双人套房之外,还有一间宽敞的书房兼会客室,有书橱、书桌、彩视、冷气,每天收费九十元,比观光饭店便宜许多。

一下火车便知道林毓生今日中午刚由美国来,他是到北大哲学系做短程讲学,也住在勺园,十时我到达勺园,立即见面,不期而遇,特别高兴。是时北大教授、中国文化书院院长汤一介——他是接待我的主人，和他的夫人乐黛云（也是北大教授）已在林室。我与汤先生虽是第一次见面，但早已相知，乐女士也曾经由李泽厚的邀约，为《中国论坛》写过文章，因此大家一见如故。他们送我书院出版的《中国文化演讲录》及《北大校长与中国文化》二书。同时给我二只梨子，他说：北京气候干燥，要吃点水果。

由于事前联系不便，书院方面不知道我究竟能停留几天，所以初步为我安排的日程，除游览北京近郊名胜，只在北大做一场演讲，中国文化书院一次座谈，以及与书院的领导群，座谈今后在中国文化方面有什么可以合作的事宜，此外就是去拜访病中的梁漱溟先生。

15 日是星期天，天气晴朗炎热，上午由汤一介和他的助理陪同游八达岭一段长城，当年看美国前总统尼克松登长城的图片，心想此生不知尚有机缘一游否？从北大出发，小汽车约一小时到达，长城内外，车挤人多，所有停车场爆满，真是水泄不通。汤一介与司机在城下小街等候，我与徐兰婷同登城楼。长城远看真像一条巨龙，盘卧于京城北面群山之中，乃燕京八景之一，为游北京者必到之地。这一天男女老少的外宾真不少，我们休息了好几回，才爬到最高点。从深谷算起，这一段长城高达五百多米，城墙巍峨挺拔，地势险要，令人叹为观止。

长城下来，已过午时，我们必须赶到长陵午餐，宫殿式可容数百人的饭厅里，吵杂像闹市，排队买票抢座位，四人吃一餐花去近百元（教授工资在 150 元—200 元之间），以当地工资计算实在太贵了。在北京期间，学界朋友要请我吃饭，我一律婉拒，因北大的专家食堂，两菜一汤，一瓶啤酒，不超过十元（合台币八十元），早餐牛奶、花卷、稀饭、酱菜，再加一个煎蛋，只要二块多，何必出去浪费。

下午游明十三陵，是明代十三个皇帝的陵墓，位处北京昌平县境内的天寿山下，距京城约五十公里，南面有龙山、虎山分列左右，形成天然门户。据说这一带陵园的建筑，颇具唐代特色，各陵之间并有神路相通。我们只参观了建筑宏伟的长陵，和业已挖空的地下宫殿定陵。很难想象历史上的帝王,死了还要那么奢侈、豪华,吊诡的是,这些帝王除了遗留下这些硕大无朋的墓穴,还有什么值得后人凭吊、怀念的?

四时许回到北大,晚饭一人在食堂独享,因座位不够,与二位日本女留学生同桌,一学中文,一学历史。问及学费,他们说加宿费一学期约三千元,以日本的国民所得,当然太便宜。北大有一万二千学生,外籍学生约五百多,有专用食堂,供西式餐点,他人不得购买。

大陆改用夏令时间,晚饭后的时间很长,每天我都在校园散步,走遍了每一角落。今日北大乃燕大旧址,有多座宫殿式建筑,随处是茂密的树林、长廊、荷塘、蔡元培的铜像、景色极美的未名湖,都在勺园附近,湖畔有博雅塔,塔影倒映入湖中,傍晚时分曾见二车日本观光客,在湖边停留摄影。

5月16日上午,由中国文化书院学术委员会副主席、北大哲学系东方哲学教研室讲师魏常海陪同参观北大图书馆。我们先到哲学系图书室,藏书不多,新书更少,台、港出版的哲学著作约四五十种,置于柜中。新建的总图书馆规模很大,由左右两座八层和中间十层的楼房组成,总共藏书约四百万册,大小阅览室都坐满学生,部分图书开架,设有资料咨询服务中心,服务对象包括外地和国外的学者,借书服务柜台前可订阅美国出版的 Time 等杂志。图书太多,时间有限,我主要只看了中文当代著作的书库,特别是哲学和历史两部门,台、港二地唐君毅、牟宗三、徐复观、罗光诸先生的重要著作都有,我的《中国思想史》与《中国哲学辞典》书库备有二份。大陆进口海外学术性书没有困难,只因书价太贵,非个人经济能力所能负担。

下午书院提供车辆,由包遵信陪伴到琉璃厂逛书店。包先生是社会科学院历史研究所副研究员,曾主编过《中国哲学》和《走向未来丛书》,近年写过几篇批判儒家的文章,其中《儒家伦理与亚洲四龙——儒学复兴驳议》曾刊于《中国论坛》。他本来要去上海开会,听说我到北京,临时把车票退掉。琉璃厂的几家书店,与台北的比起来,规模不算大,但近年出版的新书很多,尤其是工具书,近代人物如曾国藩、李鸿章、章太炎等人都出了标点本新版全集,这些书部头太大,无法携带,我只买《伦理学辞典》、《吴虞集》、《明治维新史》和《存在与时间》的中译本。

晚上与包遵信、林毓生在汤一介家晚餐,乐黛云亲切招待,菜的色样多达十种以上,超出实际需要甚多。他们住的是北大公寓式宿舍,有总机转接的电话和现代盥洗设备,面积约三〇坪左右,因屋主夫妇俩都是教授,两间书房和小餐厅的壁头都排放着书,就更显得狭小。

每天清晨七时,便与林毓生相约共进早餐,然后在湖畔散步。17日在俄文馆前看到李大钊的铜像,所在位置远比蔡元培的显著而有气派,李于"五四"时代为北大图书馆主任,宣扬马克思主义,1927年为张作霖所杀,只活了三十八岁。以北大的历史而言,蔡的地位当然在李之上,可见,一个人的历史地位与历史上应有的位置并不一定相称。

17日下午,中国文化书院为我安排了一场学术座谈会,由我报告台湾近四十年中国文化研究的概况,出席者除汤一介、包遵信、田志远、徐兰婷之外,有朱晓康(美中学术交流委员会驻北京办公室主任)、张立文(人民大学哲学系教授)、方立天(同前)、孙长江(中国科技日报社副总编)、张岱年(北大哲学系教授)、季羡林(北大南亚、东南亚研究所所长)、林毓生(美国威斯康辛大学历史系教授)、张文定(北大比较文学研究所秘书长)、梁从诫(中国文化书院编译馆长)等。我的报告侧重在中国文化各种不同的研究取向,在一般泛论之外,有(1)以儒家为主体的中国文化研究;(2)由知识分类的观点探讨中国文化;(3)中国文化的小传统研究(民间宗教、民俗、社区、少数民族);(4)用科际整合的方法研究;(5)引用社会科学理论、观点探讨中国文化在近代的变迁;(6)探讨中国文化的现代意义。我报告一个多小时,然后由包遵信略述大陆这方面的情况,接着与会者一一发言,历三小时才结束。

这场座谈由汤院长主持,院方事前印了一份我的简介分发与会者,包括生平、现职和著作目录,其中有一节:"特别是由韦政通先生著的《中国哲学辞典》和由他主编的《中国哲学辞典大全》,在国际上享有盛誉,从而更加确立了韦政通先生在学术界的地位。"这一段文字,使我颇感意外,因在我的主观评价中,这两部书只占次要又次要的地位。

老友陈鼓应由美国赶回北京,九年不见,比以前清瘦,依然健谈。他在北大哲学系已三年,老、庄和尼采仍然是他的注册商标。他带林毓生和我去研究生宿舍参观,四人一间房,上下铺。与五位研究生聊天,话题突然转到"五四"前夕北大校园毛像被拆除这件事,请他们就此事分别发表意见,各人的看法相差不大,大抵认为毛是历史上的伟人,毛像乃历史遗迹,不必一定要拆掉。他们的看法与我在天安门看到民众排长龙进毛纪念堂的情景联想起来,的确出乎我的料想之外,我想中共当局既要开放,又承认"文革"十年是一场浩劫,毛的权威与崇毛的现象,应该普遍低落才对,依我有限接触的印象,事实似非如此,在上海有一位五十开外的知识分子,甚至为毛辩护,很使我不解。

北大为何要在此时拆除两座毛像?这个问题我没有找到答案,我特别提出问方励之,他也不知。这件事经外国通讯社报导,已传遍世界,但我在上海向人提起,他们竟然毫不知情,因为大陆的报纸、电视根本没有报导。既然公然拆除,又封锁消息,这究竟是怎么回事?在上海还听人说,他们的电视也有"历史上的今天",但"五四"那天,并没报导"五四"。在北京,不论是大街上或是书店,根本买不到报纸,今日大陆,基本没有所谓舆论,知道外面世界的资讯管道很少,仍是一个相当闭锁的社会。

18日,天晴,炎热,这一天由北大哲学系中国哲学史讲师、中国文化书院院务委员会副主席王守常陪同游故宫一带的名胜。在天安门下车,本想看历史博物馆,这天却不开放。天安门本是旧皇城的正门,始建于明代永乐十五年,门外挺立着汉白玉石狮,门前金水河上横跨七座白玉桥。今日天安门广场,据说南北长八百八十米,东西宽五百米,总面积达四十四万平方米,大陆是够大,除了大之外,还有哪些能骄傲于世的?我有一种强烈的感觉,他们上下都沉浸在一种形而上的满足中,这座广场似乎就象征着这种满足。"文革"时,毛号召几十万红卫兵在此集合,他想借青少年的热情和单纯,开创历史的新页,结果导致中国近代历史的大倒退,它的成因、影响与后遗症,必将成为今后研究中国现代史者一个极具挑战性的新课题。

故宫乃明、清两代的皇宫,占地七十二万平方米,建筑面积约十六万平方米,周边宫墙三千四百米,主要以太和、中和、保和三大殿为中心,两翼又有文华、武英二殿,建筑保存完整,它们曾是传统中国皇权的象征,议事厅上,决定了代代兴亡的命运。

穿过故宫,最后一座建筑就是故宫博物院,爬上对面的景山(明崇祯皇帝自缢之地),北海公园的湖光山色一览无遗。北海本是帝王宫苑,开始修建于辽、金,元朝忽必烈以此为中心建为大都,作为北海主要标记的白塔,建于清顺治八年,这里的亭、榭、楼、台、坛寺堂斋,美不胜收,其造园艺术具独特风格。

北海有一家仿膳饭庄,门前挂着"谢绝游客"的牌子,非预先订座不得入内,我们与侍者再三请商,勉强入座,十二道菜外加甜点,每盘皆工精而味美,据说乃慈禧太后所喜之食物,我们二人只花了六十元,是在北京最值得回味的一餐。

晚上偕包遵信、徐兰婷到王府井吉祥戏院听了一场京戏(平剧),主要戏码有王蓉蓉演"春秋配"。虽是老戏院,显然重新装潢过。是晚满座,有不少外籍人士。每句唱词,台旁映出大字幕,观赏者大都是中老年人,场内有冷气,禁止吸烟,却有人在"禁止摄影"的牌子前拍照,并无人干涉。据同行者告知,北京共有三家京剧院,常年演出,这是典型的"封建文化"啊! 我猜想在过去四十年中,必曾中断了许多年。

北大在西郊,因计程车少,要到市区很不方便,一天晚上与友人到香格里拉饭店喝咖啡,车夫硬要加一倍的车资才肯拉客。由于交通不便,因此黄昏、清晨,多半在北大校园散步。北大够大,每次都有新发现,距勺园不远处,有名"静园"者,园中长满苹果树,很幽静,连在北大三年的陈鼓应都感到惊讶。穿过哲学系的院落,有一家外型简陋的小书店,专卖知识性书籍,有不少是新版。校园南门,乃新建校舍区,这里有一家规模较大的新华书店,各种书籍分类陈列,《走向未来丛书》有专柜,这套丛书,很像二十多年前台湾的《文星丛刊》,颇为年轻学生所喜爱。在哲学部门,马、恩和列宁的全集,被称为经典著作。目前大学里,这方面的课程,仍为各系所必修,在上海一位教马、列课的教师说,现在受到重视的程度,已不如过去。

为了了解青年人的心态,散步时常找机会与学生谈谈。他们对外面的世界,兴趣很高,谈到留学,认为要缴两万元美金的保证金,绝不是一般家庭所能办到。大学毕业生到报社去工作,每月只有六十元工资,医学院和拿到博士学位的,也只有九十至一百一十元工资,我的大侄女已做了二十年的内科医生,每月工资是一百四十元,五十五岁可退休,工资照领。今后退休医师已可自己开诊所。

从表面上看,北大学生的衣着发型,与台湾没有什么差别,还看到一位嬉皮型的学生。北京当地的男女生,一般比较开朗、大方,也较亲切有礼貌。学生生活管理属于总务部门,各级学校的学生,上课都不穿制服,发型也无限制。我所接触过的学生,大都知道台湾经济搞得好,对近年来许多变化,则所知很少。听完我的演讲,有二位政治系三年级学生夜晚来敲门,其中一位说中国要搞民主,必须采由下而上的方式,因此他在研究民国史上的地方自治,他问我这方面的材料台湾多不多。我告诉他我不清楚。他知道梁漱溟的乡村改造,但没有听说过晏阳初的名字,我的《儒家与现代中国》里有两篇有关晏阳初的文章,他很感兴趣,我要求他影印后把书还我,因我随身携带的书数量少,不够分配。他读完我的书,又约了一位同学来看我,那晚正是我准备离开北京的前夕,有琐事料理,未能多谈。

北大哲学系与中国文化书院为我联合主办的演讲会,5月20日下午二时于北大三教大楼举行,仍由汤一介主持,他们要求讲:"台湾四十年来的学术界",如此广泛的题目,我只选择性地介绍了我知道的部分:(1)当代新儒家,说明了它的贡献和限制。(2)逻辑经验论和自由主义的发展。(3)现代化派与"社会科学中国化"的观念。最后讲到1980年代的最新情况,我以从西化到现代化到创造性的转化为线索,说明我们这一代如何克服西化与传统的对立,使这方面的工作已进入一新阶段。也介绍近年的民主运动,四十年来倡导自由民主的言论思想,业已开花。在演讲结束前,我特别提到民间学者的崛起,是发自台湾本土一股新生的学术力量,如能继长增高,有可能促使台湾学术界一个新的转变。

在递条的问题中,我保存了两张,一个问:您以为当今中国大陆政治生活中,儒家的政治化、法制化传统的影响最突出的有哪些? 一个问:您刚才提出传统文化的"创造性的转化",这个"创造性转化",究竟应从哪些方面入手? 从这些问题多少可看出知识青年的一点关怀。

是晚,汤一介请我与林毓生吃烤鸭,有书院的几位导师做陪,七个人竟花了五百多元,将近三位教授的工资,如此高消费,在号称社会主义的社会,实在惊人。

三

5月20日晚上八时,金观涛、刘青峰夫妇到北大勺园来看我。观涛刚由上海回来。在台北未动身前,我与傅伟勋在长途电话中相约,希望5月中能在上海见面。因伟勋将于4月底第三度到大陆讲学,也约好金观涛同时到上海,观涛是浙江杭州人,他准备招待我们一起去西湖。可惜伟勋从武汉大学发给我的电报晚了一天,汤一介的电报先到,我已回电月中到北京,也因此使我此行未能实现一游西湖的愿望。回台的行程中,虽然在上海又停留了三天,但华东师范大学已为我安排了一场演讲、一场座谈,再也抽不出时间。

观涛、青峰二人都很爽朗,青峰更是心直口快,一见面就问这问那。她说,他们二人的工作,都只是随着自己的意思在搞,不管别人怎样看、怎样批评。这一点和我一向的作风相同。因此我们很投缘,很谈得来。

前二年他们在美国宾夕法尼亚大学访问一年,经由傅伟勋,我们早已神交,伟勋把我送给他的书,全部转送给观涛夫妇,在 1987 年二人的来信说:"你的著作给我们留下很深的印象,尤其是在读了你写的《理想的火焰》的自传后,我们内心深处与你共鸣了。你说:'为了真理的健全,它需要完全地、不断地、无畏地被讨论,假如可能的话,反对的意见应该由一个曾经真正相信它的人说出来'(这是你引用的话),而你正是这样无畏的孤独而热情的思想探索者。你对新儒家的批评,你对进步理想的追求,以及思想责任感均溢于言词,有新鲜的思想,更有优美、清新、生动的文字,我们拟写文章向大陆学者,尤其是青年学界介绍你和你的著作。"以后他们的工作怎样进行,我不知道,这一次一见面,便交给我十本大陆版《伦理思想的突破》,的确给我一个意外的惊喜。

他们送我二本书:《问题与方法集》、《人的哲学》。前一本是他们二人和友人的论文集,主要讨论"中国封建社会长期延续的原因是什么",以及"近代科学为什么没有在中国发生"。十五篇论文涉及到历史、科学技术史、哲学等领域,他们用控制论、信息论、系统论的方法,希望以新的方法能对这些问题获得新的解答,不论读者同不同意,他们的工作的确富有探索和力求创新的精神,如《数学模型和中国封建王朝寿命研究》,据我所知,这样的题目,过去很少有人做过研究。

《人的哲学》是金观涛刚出版的新著,除序言《哲学家的内心独白》和结束语《展望人的哲学》,共分四章:(1)理性在困境中。(2)建构主义的尝试。(3)客观性和公共性。(4)近乎上帝的观察者。此书重点在以知识论或方法论,为"人的哲学"提供基础,针对的问题笼罩着人类近半个世纪的相对主义,是他企图重建理性哲学的初步成果。

20 世纪中国,并没有产生几个真正的哲学家,金观涛以研究科学而闯入历史与哲学的领域,在中国似乎很少有人经历过如此探索的历程,但愿他自强不息,不断从事思想的冒险,将来在世界上为中国哲学争一席之地。

22 日金观涛和《走向未来丛书》副主编陈越光,陪我游天坛、颐和园。天坛有二,一名圜丘、一名祈谷,乃明、清两朝帝王孟春祈谷、夏至祈雨、冬至祀天之所。圜丘为主建筑,第一重为方形,第二重为圆形,是依据古代"天圆地方"的传说而设计。圜丘北面是皇穹宇,四周围墙叫"回音壁",有游客在试验,好像并不灵。

颐和园拥山抱水,绮丽开阔,万寿山耸立在昆明湖北畔。正门进去,便是仁寿殿,殿前松柏苍翠,庭院宽敞。湖畔有长达七百米的长廊,真像挤满旅客的列车。它是北京最大的园林,金代即设为行宫,明、清不断改建,1860年毁于英法联军,慈禧太后挪用海军经费重建,始名为颐和园。园中知春亭、谐趣园、石舫、十七孔桥、玉带桥,无不设计精巧,风格独特。午间于听鹂馆用餐,菜色远不及北海那一家。

游览中,观涛告诉我,今年11月,四川有一"学者看二十一世纪"的研讨会,希望我能出席。这个会显然是他们编《未来丛书》,探讨人类未来这一宗旨的开展。这个题目很诱人,可惜时间已不允许我在同一年之内再游大陆。由这个会使我想起他主编的《走向未来》杂志,离京的前一天,他派专人送我三册,它是一本以人文、社会为主的综合性季刊,纸质、版式、编法为大陆杂志中所少见。我们互相约定,今后与《中国论坛》交换,并可互相转载其中的文章。

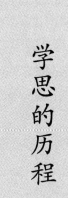

学思的历程

我的学思历程①
上篇　作为学者

前　言

> 在学术思想工作上，
> 诚如严耕望先生所说，
> 它是既不能、也不可能真正成功的。

　　十七年前我曾写过一篇《理想的火焰——我早期的学习生涯》②，文章里扼要叙说了我如何从浑浑噩噩的生活中力争上游，如何从困顿岁月中，忍饥挨饿，挣扎着走上学术思想的道路。文章发表后，感动过一

---

①　编按：本文韦政通先生曾出版单行本《思想的探险》，台北，正中书局，1994 年。本书选录时对下篇部分文字有所节略。在韦著《人是可以这样活的》之自序中，作者谈到这一学术自传，曾说这实际上是他一生著作的一个简要提纲，"这些著作在性质上虽不相同，内容可分为互有关联的三个领域，也反映出我这一生扮演过的三种角色：学者、思想家、知识分子。做一个学者，是我年轻时的愿望，其他两种角色，绝非当年所敢想像，而是由于不寻常的学思历程，和一些意外的人生机遇塑造而成。在个人的感受上，学者的工作，最为艰辛；创发性的思想工作，比较起来，最能使我满足；社会关怀的文章，六十年代是为生活所迫，八十年代则因台湾剧烈的社会变迁、政治运动所刺激，写这方面的文章，主动的意愿少，被动的成分多"。

②　此文原载《中国论坛》192—193 期，后收入 1985 年出版之"中国论坛丛书"《我的探索》，又收入韦政通先生《儒家与现代中国》，台北，东大图书公司，1984 年。

些读者,台北两家广播电台①,把我作为"自学成功"的例子做了专访。其实,在学术思想工作上,诚如严耕望先生所说,它是既不能、也不可能真正成功的②。我的大半生,可以说是相当勤奋的,但由于主客观条件的局限,根本没有达到自己的理想。只能说,我这一生所走的道路,乃出于自动自发的追求,虽不满意,也没有太多的遗憾。

以下各篇,是要说说个人的学思历程,是"我早期的学习生涯"那个阶段以后的发展。

1968年,殷海光先生在病中写信给我:"人海茫茫,智者沉销,何其苍凉!我想我是你的著作最知己的读者。在一切短长以外,你有颇为丰富的思想潜力。你可严重的工作二十五年。"③1960年代初,当我逐渐摆脱传统主义的桎梏,向一个陌生世界重新出发时,那是经历突破性阶段十年后,心灵中再次激起大的波澜,海光先生的真挚情意,有助于使我度过这段思想的困境。海光先生于1969年去世,当时我仅出版五本书,三十年后,书已增加到二十八种,已没有知心朋友对我做评价,只好趁这个机会对自己的学思历程,做一番自我检讨。

一 专题的研究

> 要想以学问进入学术圈,并立足社会,
>
> 首要的目标,是努力使自己成为一个学者。
>
> 我朝这个目标努力的下手处,
>
> 是苦读《荀子》,谈不上是做研究,
>
> 由《荀子》而涉猎先秦诸子,

---

① 1986年9月台湾广播电台何日生主持的"成功之路";1988年2月9日"中国广播公司"新闻部叶树珊主持的"人物专访"。
② 严耕望《治史经验谈》,台湾,商务印书馆,1981年,第31页。
③ 信见《殷海光书信集》,台北,桂冠图书公司,1990年,第46页。信的原件,1992年已由美国斯坦福大学胡佛研究所收藏。

由诸子而古老的经书。

（一）《荀子与古代哲学》

一个富有写作才华的青年，如要走文艺创作之路，纵然缺乏学院式的训练，只要不怕孤寂，不怕挫折，能锲而不舍，是可以有良好成就的。但要走学术思想的道路，在愈来愈讲求专业化、精密化的现代，如不经由学院式的磨炼，要想有相当成就，已愈来愈难。四十多年前，当我有这方面的向往时，对这一点并不了解。因此，我的工作愈往后，压力也愈大，求好心愈切，也愈难令自己满意。

要想以学问进入学术圈，并立足社会，首要的目标，是努力使自己成为一个学者。我朝这个目标努力的下手处，是苦读《荀子》，谈不上是做研究，由《荀子》而涉猎先秦诸子，由诸子而古老的经书。1950 年代初，因旁听方东美先生的哲学课，知道他有近人所撰《中国哲学史》都是"断头的"看法，大概是指先秦诸子以前的文化与思想皆语焉不详。因此，我曾花了不少时间，企图为中国哲学史加上一个"头"，看看能不能为中国哲学思想的起源，找到一些新的线索，于是由经书再向上追溯，阅读了李济、董作宾、陈梦家、胡厚宣、张光直、石璋如、黄文山诸先生有关考古之文，连杜而未先生根据月亮神话探讨《周易》的书也仔细看了，结果写成四篇文章，其中两篇：《从宗教看中国哲学的起源》和《从周易看中国哲学的起源》，曾收入《中国哲学思想批判》里，由神话和五行两条线索写成的两篇，因资料不足，勉强成文，后来只好废弃。这种功夫，文章虽不成熟，最初的企图当然也不算达成，但对后来写《中国思想史》中"孔子以前的文化与思想"一章，还是很有帮助的。

我对中国哲学思想起源的问题产生兴趣虽很早，写成文章已在十年之后，在这期间，我主要的工作之一，便在《荀子》。为何要说"苦读《荀子》"？因为我是从书中选了十篇（劝学、非十二子、儒效、天论、正论、礼论、乐论、解蔽、正名、性恶），一字一句做注释开始的。做完选注，又进一步，就每篇的范围，提升到思想的层次，尝试着疏解其中的理脉。

第三步才在上述的基础上,对荀学的全貌,做了综合性与系统性的阐述,遂完成《荀子与古代哲学》一书。断断续续的工作,费时竟长达七年①。

这本书的特色,是对荀子的思想,不仅是纳入周公、孔子、孟子的思想传统中去了解,且就其与先秦各家思想的相关处做比较,并评断其得失。此番最初的磨炼,对我至少有两点意义:(1)荀子学说的分量够重,内容够博,要理出一个头绪,并完成著作,对我的耐心与能力都是一种考验。(2)荀书的内容牵涉甚广,和他以前的孔、孟、老、庄、墨,以及他以后的韩非,都有或深或浅的关系,要疏理这些关系,并评判其间的得失,对各家的思想,都要有些了解。

治荀的经验,使我后来写《中国思想史》时,注意到北宋李觏的思想与荀子之间的关系。李觏以礼为万事万物的合理依据,以礼涵摄众德,尤其是以礼为中心的社会政治理论,无异是荀子这方面思想的重现。在书中,我也揭示了清中叶的戴东原、南宋的朱熹,在重知识的路向上与荀学的关系。

《荀子与古代哲学》于1963年完稿,1966年由当时尚在台湾商务印书馆兼职的金耀基兄,收入人人文库中出版。出版前应耀基的提议,写了一篇《我怎样研究荀子》,先发表在商务的《出版月刊》,再收入书中作为附录。到1983年,该书已卖到第九版,以后的销售情况,我不清楚。人人文库是四十开的小字袖珍本,到1992年又重新排版印刷成为设计精美的大字本,在今日淘汰率很高的书海中,眼看旧作新生,自然令人感到喜悦。最近读到作家兼出版人隐地先生一篇解读当前台湾书市的文章,指出1950年代到1970年代,百分之八十的书,都已在书店绝迹,那三十年中,许多著名作家的作品,都已销声匿迹,他认为在这"迈入新人类的年代","中国文字,只有横向的风光,缺乏纵向承续"②。如此缺

---

① 治荀的经过,详见韦政通《荀子与古代哲学》附录《我怎样研究荀子》。
② 隐地《版权页》,1993年3月10日《中国时报》"人间"副刊。

乏历史感的现象,究竟是市场型取向的社会不可避免的命运呢?抑或仅是短暂的病态?倒是很值得想想的问题。不过,与文艺作品相比,严谨的学术著作,虽不及其风光,在无情的时光中,似乎仍比较耐久。

荀书出版后,当我写《先秦七大哲学家》和《中国思想史》两书时,不可避免地要一再重复处理荀子,面对这种情况,我的办法是尽量"忘掉"已经写过的,就新书的性质和不同的要求,从头准备,重新思考。隔了一段时间,所知相关的材料,自然增加,因此可以有新的观点,并写出新的内容。

从事学术工作,如能在固定的对象或一定的范围之内勤耕深挖,比较容易产生经得起考验的学术成果,我除了先秦部分有一点这方面的经验,并没有认真朝这方面去发挥。杨国枢兄在《学院生活的追索》一文中,曾分析过学术研究的两种形态:一是"安土型";一是"游牧型"。安土型的学者,在研究课题的选择上所表现的特色是从一而终,他们往往选定一两个题目,从此便心无旁骛,专心研究下去。游牧型的学者,往往见异思迁,喜欢转换研究的课题,好比逐水草而居的游牧民族,不停地由一块牧地转徙到另一牧地①。我的性格是比较接近游牧型的,而且在童年这种性格便已显露,小时候就一直梦想着要到一个离家很远的地方去生活,直到现在,那些表现流浪者生涯的电影和小说,对我仍很有吸引力。1989 年去欧洲漫游,在荷兰阿姆斯特丹古老火车站附近的一个广场上,看到数以百计来自欧美各地的流浪者,我漫步人丛之中,简直如遇故人一般亲切。为了使自己能成为一个学者,几十年来,大部分的时间,都消磨于书斋之中,即使在学术思想的天地里,仍不能免于游牧型的倾向。因常常容易被新鲜的事物所吸引,在学术上自然就难以专精。在要求学术品质与自我满足二者之间,我往往宁愿牺牲前者而放任后者。性格决定人生,这话真有点道理。

关于荀子,除了前面已提到的,还写过一篇《荀学在思想史上的地

---

① 见《我的探索》,台湾《中国论坛》杂志社 1985 年版,第 94 页。

位及其影响》的文章,是应周何、田博元两位先生主编《国学导读丛编》而写的,文中分析了荀子与先秦诸子的关系、对后世的影响,以及荀学在近代中国所以能复兴的原因。在一般的中国哲学史或思想史的书中,可以很明显地看出孟子学说对后世的巨大影响,对荀子在战国以后虽偶有提到,根本看不出有何重大的影响。我写《中国思想史》与此文时,曾就我所知,将后世思想中与荀学可能有传承关系者,一一列举加以表扬,但毕竟是一些枝节性的观念。荀学中与孟子相异,而对先秦儒学却有重大意义的认知心态和重视经验之学的思路,在思想史中始终未能发展成一个独立的领域,这主要是受制于儒学的基本问题是在内圣与外王,在内圣与外王之学的传统里,知识论没有发展的空间。

(二)朱熹研究

1964 年 6 月,我开始有计划地阅读朱熹的书。那时期我正面临学问上的困境,一度几乎丧失了做学问的信心。这一困境是因强烈要求摆脱对儒家的信仰所造成。十三年后,我接受台湾师范大学王赞源教授的访问,曾谈到我当年如何处理困境和当时的心境:"就是在那灰心丧志的时候,我有一个工作的好习惯,每天辛辛苦苦地工作,而工作就是维系人生命活力的一种方法。在那三年的岁月里,我一个礼拜上三十多小时的课,回家每天工作五小时,睡眠五小时,为的是什么,完全不知道。每天读书、作笔记,做了以后,慢慢机会来了,你所做的工作就可以表现出来了。比如:有一本杂志发表你的文章,那你就有那么多的观念去表达,不做就没有了。'做'就是一种储备,储备,可以等待机会。虽然做的时候并没有想到什么机会,但是要做。有时候,学问的路途迷失了,迷失就迷失,我也暂时不去找,就是拼命地工作,现在还是这样子。你要问我今后二十年走什么路,我现在并不十分清楚,但是我天天在想、在谈,一个一个问题去了解,慢慢累积了,这个路子就走出来了。"这段话是相当贴切的回顾。我当时主要的工作之一,就是研读朱子。

我读古典,通常都会先读一些现代人的相关论文和书籍,假如是想做点研究,这一步预备工作更不会少。读古典前心中先有些观念,比较能读出其中的意义,当自己的理解与别人不同时,自然会引发思考,经反复思考后,一旦提出新的解释则较有信心。

三十年前,大概没有人会料到朱熹在今天会成为海峡两岸的显学,陈荣捷、牟宗三、钱穆三位大师级的前辈学者,都发表了有关朱子的巨著,是使他成为当代显学极重要的因素。从牟先生早年发表的《与姚汉源论朱子书》,可知他年轻时便已对朱子下功夫。在《心体与性体》中判朱子乃"别子为宗",在朱学史上将成为长远的话题。钱先生的《朱子新学案》,是他晚年最重要的著作,在撰述过程中,经由新闻媒体,就已喧腾一时。陈先生使朱子研究国际化,《朱学论集》讨论朱子及其学派;《朱子门人》为研究朱门,别开生面;《朱子新探索》使他成为朱子生平的万事通。我研读朱子之书的预备工作,是从牟先生《宋明理学综述》、钱先生《孔孟与程朱》以及唐君毅先生的《朱子理气问题疏释》开始的。朱子本身是先读王懋竑的《朱子年谱》,然后是《宋元学案》中的"晦翁学案",《濂洛关闽书》、《续近思录》中的朱子,和《朱子语类》的小部分。到写《中国思想史》时,又选读了部分的《朱文公文集》,主要还是借助于钱先生的《朱子新学案》。朱子材料太多,思想牵连之广,远甚于荀子,要想有所述作,谈何容易,在《中国思想史》里,仅略述其要点而已。

1984 年,我与傅伟勋兄应三民书局董事长刘振强先生之邀,合作主编《世界哲学家丛书》,其中朱熹一册,我们商请陈荣捷先生,希望在他一生钻研朱子的广阔基础上,再写一本综合性的朱子,以便广传。当时陈先生正忙于准备出版《朱子新探索》,并未首肯。失望之余,我觉得既有这个机会,一度曾发雄心,在写完《董仲舒》之后,再花数年功夫,全面研读朱子。过了一年,我们仍不死心,由伟勋在电话中再次敦请陈老,他却爽快地答应了,且在两年的约期内,准时交稿。

丧失这次机会,我并不懊恼,自知纵然再下数年工夫,也不可能超越前辈。到目前为止,对朱子仅写过两个单篇的论文,虽是单篇,确实下了点功夫,讨论的问题,在汗牛充栋的朱学文献中,算是新的论题。

 1982 年 7 月，"国际朱子学会议"在夏威夷东西文化中心举行，此前一年，会议主持人陈荣捷院士来函相邀，谓"近年美国学者研究宋、明理学，偏重日本材料，请兄必来改正"。我虽然很早就读朱子，但并非朱学的专家，在朱子浩瀚文献中，要找一个别人没有写过的题目，本不算难，要找一个自己感兴趣又能发挥的题目，则不容易。经数月阅读、思考，最后定题为《朱熹论"经"、"权"》①。我所以选这个题目，是基于：(1)是因这个论题迄未引起朱子学研究者的充分注意；(2)这个论题足以表现儒家伦理学的一个特色；(3)从这个论题足以发现传统儒家伦理思想的现代意义。文章写成，由美国在台研究的费茹安女士译成英文，又请郭博文教授修改英文定稿。论文在会中宣读后，果然引起与会学者很大兴趣，并热烈讨论，特别是哈佛大学的史华慈(Benjamin Schwartz)教授，私下曾一再加以称许，陈荣捷也认为此文可补以往朱学研究之不足。

 文章主要讨论三个问题：(1)汉儒有"反经合道为权"之说，宋儒程颐则反对此说，朱子如何解决此一矛盾？(2)朱子解决经权问题的核心理论如何形成？(3)从实践层次考验朱子伦理意义的经权理论的有效范围及其局限。我在结论中说："经权问题在伦理学中是一重要问题，由于人类的境遇变动不居，且日趋复杂，因此永远会有新的难题，伦理学在这方面有极大的发展潜力。朱子生于南宋，由于历史和文化背景的影响，他涉及的道德难题，在社会变迁中会自动消失，但他的理论和启示确已触及现代处境伦理中的若干核心问题。如何让朱子的理论接受现代的考验，并以新的经验、新的知识去充实或重建这方面的理论，是这时代的伦理学者面临的新挑战。"

 在这次朱子大会上，与傅伟勋兄相识，是一个意外的欣喜，因原先我只希望见到梁漱溟先生和史华慈教授，后来梁先生仅提书面发言《试论宋儒朱熹氏在儒家学术上的贡献及其理论思维上的疏失》，本人没有

---

① 此文发表于台湾《史学评论》第五期，后收入韦政通《儒家与现代中国》，台北，东大图书公司，1984 年。

到夏威夷。朱子会后,伟勋兄在《哲学探求的荆棘之路》长文中,叙说了我们的相遇与事后的感受:"去年(1982)七月初旬曾去母校夏威夷大学,参加陈荣捷教授所主持的国际朱子学会议,前后十天,将近百位学者来自世界各地,济济一堂。开会前夕,在东西文化中心餐厅得与闻名已久的韦政通兄初次见面,政通与我又在开会期间聚餐痛饮、促膝畅谈多次,结为良友,算是个人参加此次大会的最大收获之一。"①伟勋既无城府,又无世故,和任何人都能一见如故,真是人世间少有的性情中人,余英时兄说伟勋像 Open Book,他能很快进入你的心灵,并向你倾诉衷曲。在国际会议上认识几个新朋友,这很平常,但由相识而发展出有意义的工作,就不能不说是殊胜的因缘了。

1984 年孟春,三民书局董事长刘振强先生,到我新店家中,提出《世界哲学家丛书》的构想,并希望我与伟勋共同负责主编工作。恰好这一年 2 月底,伟勋应邀访问香港中文大学哲学系,3 月中旬顺道来台,经与刘先生会商后,我们决定接受委托,随即展开工作。这一出版计划,是中国早就该做,而却没有人肯做的工作。我们经年累月地分头约稿、催稿,到目前为止,已出版六十多种,与丛书签约的学者,超过二百人。1986 年丛书第一本问世,我们在总序中还说:"遗憾的是,此刻在政治上整个中国仍然处于'一分为二'的艰苦状态,加上马列教条的种种限制,我们不可能邀请大陆学者参与撰写工作。"世事变幻,真令人难以预料,不过一年,台湾便开放探亲,两岸文化交流迅即展开,我们不但约请了许多位大陆学者为丛书撰稿,且因此结交了分散于全国各地的学者,其中人民大学的张立文教授,在朱子大会上便已相识,那也是两岸学者首次在海外聚会。不久前刘述先兄为丛书中景海峰先生所撰《熊十力》写书评,他说:"1949 年国府迁台,……形成了两个完全隔绝的世界。一直到晚近,在"文革"以后的十年间,两岸学术交流逐渐打开,才可以有大

---

① 见《我的探索》,台湾《中国论坛》杂志社 1985 年版,第 103 页;又见傅伟勋《从西方哲学到禅佛教》,台北,东大图书公司,1986 年,第 1 页。

家携手合作,为丛书撰稿的盛事。"又因"这是一部高质素的著作",因此"深深觉得它是两岸学术交流的一个良性的例证"①。最初我们约请大陆学者,担心意识形态问题,事实上已出版的十几部稿子,不但丝毫没有马列教条的痕迹,且多佳作。

朱子会议后十年,1992 年 5 月,中研院中国文哲研究所也召开了一次规模更大的"国际朱子学会议",我应邀所提论文为《"庆元学禁"中的朱熹》。主办单位为尊重作者,可自提论文评论人,我提陈荣捷院士,因我的文字广征博引,我想只有陈老才比较能看出文中的问题或错误。没想到一年不见,一向健康的陈老,已要借轮椅代步,他坐在讲台上,已不能顺畅地表达,仅再三说我的文章对朱子讲得"很公平"。好在主办单位有先见之明,临时请台大教授黄俊杰做我的第二顺位评论人,俊杰兄可谓学界"高人",在约一小时的准备下,就能上台侃侃而谈,巧的是俊杰也是我夏威夷朱子会上的评论人。记得就在东西文化中心的会场中,我提议希望俊杰兄能设法将陈先生英文的《中国哲学资料书》译成中文,经多年的努力,他做到了,并由巨流图书公司出版。

所谓"庆元学禁","庆元"是南宋宁宗的年号,"学禁"是指政治迫害学术,我的文章是探讨庆元元年到六年(1195—1200)之间,这一牵连甚广,使儒学重挫事件的背景与经过,而"道学之魁"朱熹,在这一事件中所受的压迫和反应,则为文章的重点所在。这一惊天动地,使国家元气大伤的历史事件,既是知识分子的悲剧,也是政治的悲剧,它起因于帝王之家的伦理沦丧,和朝廷的权力斗争,而无辜受害者,多为知识分子的精英。由事件始末,不但可看清中国专制体制本质上的脆弱与反理性格,也可使我们了解,在这种体制下知识分子的历史命运。

值得一提的是,我写这篇文章时,参考了北大教授陈来送给我的《朱子书信编年考证》和厦门大学教授高令印寄赠的《福建朱子学》、《朱子事迹考》,这些工作过去很少人做过。这几本书,充实了我文章的内

---

① 书评见台北《中国论坛》33 卷 1 期(停刊号)。

容,也节省我一些精力,也算是"两岸学术交流的一个良性的例证"吧!

(三)《董仲舒》

荀子之外,我对中国传统哲学家做研究而成书者,是《董仲舒》。《中国思想史》中《董仲舒》一章,我虽很不满意,如果没有主编《世界哲学家丛书》这个机会,就不可能激起全面探讨董仲舒思想的愿望。1986年此书出版时,为丛书第一册,既可为其他作者提供一个样本,也可使丛书构想在形式上定型下来。

《董仲舒》一书共十章,前三章是从董氏生平与先秦各家思想上的关联,以及他的《春秋》学,了解他的思想资源、学术基础和智性发展的线索。四至八章包括:"天人感应的理论结构"、"人性论"、"伦理思想"、"政治思想"、"历史思想",乃董仲舒自创思想系统的重建。第九章对汉武帝时代尊儒运动的经过和独尊儒术的真相,做了一番澄清,第十章是董仲舒如何处理儒家与专制的关系。

《董仲舒》与《中国思想史》,都谈到尊儒运动的经过。前者是专门著作,所下的功夫比较充分,因此,对运动的演变,顺着时序一步一步都做了清楚的交待。大抵的情况是这样,"这个运动的'发之'者是卫绾,热心推动的人物,武帝之外,有窦婴、田蚡、赵绾、王臧,赵、王且因此牺牲性命。最后使这个运动成功的是田蚡(因其复出为丞相)。当然,田蚡是因受武帝重用,才有此机会。从运动的经过来看,仲舒《对策》最早也应在田蚡为丞相之后,因此在运动中扮演的角色,并不如后世想象的那样重要"[①]。假如我的结论不误,那么近代有人把仲舒看作"独尊儒术"的功臣,也有人把他看作"罢黜百家"的罪人,就都不免言过其实。可是我在《中国思想史》里,却以为尊儒运动是"由仲舒发动于前,而由田蚡等人继起于后"[②],显然是把事实搞颠倒了,应该改正。至于这一运

———————

① 韦政通《董仲舒》,台北,东大图书公司,1986年,第197页。
② 韦政通《中国思想史》上册,台北,大林出版社,1979年,第453页。

动的真相,简单地说,所谓"独尊",仲舒不过要求"六艺之科,孔子之术"立为官学,其他学术在民间照样流通;所谓"尊儒"也仅是表相,汉代帝王真正欣赏的,充其量是法家化的儒学。

此书出版后,曾寄赠一册给陈荣捷先生,他在1986年9月4日的来信中说:"看来《董仲舒》内容充实,持论公正,读《尊儒运动的经过》简而明,博而实,非周辅成之比。"可惜到现在我都没有能读到周氏有关董仲舒的著作。

先秦儒学,就主体而言,它的终极关怀是成圣成贤;就客体而言,它的终极关怀是社会政治的改造;合而言之,即内圣与外王,在理论上外王的理想又必建于内圣的基础之上。与先秦儒学相比,董仲舒的一套天人感应的思想系统,不仅思想的形貌有很大的改变,即连价值的根源也有所不同,仲舒把先儒决之人心性的,皆反转去决之于天,这使以先秦儒学为准据者,对他既不能同情,甚至表现排拒的态度,因此不能也不愿进一步了解他在西汉儒学史上所代表的意义。

董氏儒学与先秦儒学之所以不同,主要导因之一,是在大一统的专制体制下,儒家面临了必须解决的新课题:一是儒家在这个体制下如何生存如何适应的问题;一是如何在这个体制下仍保持儒家的立场,并对朝政发挥批判的精神。这两个问题不解决,改造社会政治的理想,就无法落实。但这两个要求基本上是互相冲突的,如何协调这两个互相冲突的因素,并发展出一套足以满足这双重要求的理论,就成为董仲舒开展儒学最重要的工作之一。

仲舒的儒学脱胎于《公羊春秋》,他自己发展出来的春秋学,是以"天"与"古"为其基本范畴,所谓《春秋》之道,奉天法古"。以天为例,仲舒认为天是"遍覆包函而无所殊"的,因此他希望汉武帝"法天而立道",也能"溥爱而亡私"地去布施仁政、推行教化,以达到儒家的要求。另一方面,天也有天子受命于天的涵义,这一意义的天,就成为天子权力合法性的信念,而满足了专制的要求。这两种要求本是互相排斥的,仲舒在"天"的范畴里予以统合,我称之为"同体异用"的理论模式,依据这个理论模式,他解决了汉代儒家面临的新课题。当我处理这部分问题时,曾苦思终日,无从下笔,在思索中突然想起宋儒胡宏(五峰)"同体异用"的观念,问题才迎刃而解。五峰用它来解天理与人欲的矛盾,我觉得用在这里,也同样合适。

(四)《孔子》

此书乃为《世界哲学家丛书》而作。最初原是约请加拿大华裔学者秦家懿负责撰写,当时我的想法是,以秦氏西方宗教的背景,应可为孔子研究拓出一新的视野,后因秦氏健康不佳而退约。

那已是1990年代中期,丛书已出版将近百册,如此一套大型丛书,若缺孔子,无论如何是说不过去的。在此期间曾征询过一些学者写此书的意愿,皆未能如愿,不得已,只好自己动手。

在经年的准备工作中,差不多有一半时间花在"传统与孔子"这个问题上,因为这是一般写孔子的人较少涉及的。在这个问题上,我是要进入孔子心目中的传统,去了解孔子思想的形成与开展,以及他如何温故知新? 如何转化传统? 又如何从返本的思考中,开出一片人文的新天地。

孔子思想最重要的部分,是他创建了成德之学,因此我这本书最用心之处,是为成德之学建立一套诠释系统。

孔子的成德之学包含三个部分而又密切相关:(1)成德的工夫(修身);(2)成德的理想(君子);(3)成德之教(以身作则)。其中修身是孔学的命脉,如缺乏精神修养这个基础,社会政治的道德理想的实践,无异空中楼阁。成德的理想,在为儒家塑造理想人格的同时,也赋予中国士人传统一种理想主义的精神。成德之教在激励士人们成德意愿,确立人生奋斗的方向,以及如何从事修身的工夫,以达到提升道德,创造理想人格的目的。

由成德之学,可明显地看出,孔子对道德问题,有一种非常独特的关怀,与西方道德哲学或伦理学所处理的问题,大异其趣。在终极的意义上,它属于宗教的范畴,但它是人本宗教,而非神本宗教,所谓"人能弘道,非道弘人"是也。

十八年前,我在一篇短文中说:"在过去三十年中,我曾有过传统主义者卫道的热情,也曾经历过反传统的激情;然后逐渐以理智平衡热情,以理性克制激情,使我发展出独立自主的精神,走向重建新传统之路。"《孔子》这本书已是我在重建新传统这一工作上最后的成果,也是一生钻研儒学的告别之作,从此以后,我的思想工作,将进入一个新的领域。

(五)《无限风光在险峰——毛泽东的性格与命运》

这个新的领域就是研究毛泽东。

1991年,我在《中国十九世纪思想史》的序文中,还希望在有生之年,也能把《中国二十世纪思想史》写出来,可使个人的著作,有个完整的连贯,并且预计在二十世纪终了时,这一工作应可完成,事实上,1999年我出版的却是《无限风光在险峰——毛泽东的性格与命运》这本书。

为什么有这样的改变? 主要是因1988年以来,多次在大陆各地所见所闻所思,诸种错综复杂经验的冲击。20世纪中国的革命运动,是世界史的大事,一个怀抱着崇高理想的革命运动,经历千辛万苦和内外的惨烈斗争,终于建立起令世人刮目相看的新政权,结果在毛泽东"不断革命"的号召下,到所谓的十年"文革"期间,几乎使中国面临毁灭性的巨大灾难,历史的诡谲,孰胜于此!

此书共分四部分:第一部分"性格的特征",是就毛泽东复杂性格的各层面,做了相当详尽的描述和分析。第二部分"性格的形成",是探讨毛泽东在性格塑造的历程中,与时代、环境互动的关系。第三部分"性格与权力",是以毛从黯淡到风光的一段岁月为主线,揭示他如何追求权力、巩固权力、运用权力的过程。第四部分"性格、权力、乌托邦",是借三者错综复杂的关系,讨论毛泽东生命中自始至终一个很重要的课题:乌托邦式的理想。

二　中国思想史研究

> 写不好下次再来。
> 同样的问题,同样的对象,
> 不同时间去接触,
> 会另有一番领悟,另一层境界,
> 这样使"博通"的要求与"专精"的要求之间,
> 多少能取得一点平衡。

(一)《中国思想史》

记得在 1950 年代中期,我就有一种狂想,希望在五年到十年之内,写出一部《中国思想史》的著作,在那年代,我还是一个充满浮夸习气的青年,根本不了解学问的艰难。事实上,使当初的狂想化为具体的行动,已在二十五年之后。

可能是受这种狂想的影响,因此在漫长的岁月中,无论是阅读或研究,从未把自己圈限于某一特定的范围,对中国思想传统可以说是上下古今、泛览百家。这样的搞法,不但不合适,而且很危险,因为很难取得较确定的学术成果。好在我是一个勤读勤写的人,在思想的长河里,常常会停下来,一边学、一边思,有兴趣的就写成文章或写成书,写不好下次再来。同样的问题,同样的对象,不同时间去接触,会另有一番领悟,另有一层境界,这样使"博通"的要求与"专精"的要求之间,多少能取得一点平衡。人要想在学术上有点成就,专精永远是根本。为了弥补自己专精之不足,只要有机会,或写本专书,或为国内外学术会议写论文,我无不全力以赴,希望借此证明自己也有专精的能力。

企图写一部贯通数千年,范围如此广泛的书,所有的阅读与研究,都可以说是为它做准备工作。在书的酝酿与构想逐渐成熟的过程中,我做了几项具体的预备工作:第一,1970 年我集中时间重读了几部近人中国思想史的作品,翌年春并写成一篇长文:《评几本中国思想史的著作》①,其中包括胡适的《中国哲学史大纲》上册及《中古思想小史》、冯友兰的《中国哲学史》、汤用彤的《汉魏两晋南北朝佛教史》、侯外庐的《中国古代思想学说史》、劳思光的《中国哲学史》第一卷。1970年代以前,独力完成较完整的中国思想史或哲学史的书,仍只有冯友兰先生于1930年代出版的那一部。这本书在学术史上的价值不可磨灭,至于体例与内容,可参考的地方已不多,它竟然风行了半世纪,这也说明从事这方面的工作,的确不容易。

第二,自研治荀子以后,对处理材料,我用自己的一套办法,即每读一部重要的典籍,便编制一册观念分类索引。如果是写一本专著,也是先把所有的材料编成分类索引,第一次编得详细,第二次可能修正类别,并将索引简化,下笔前看内容的需要,再简化一次,全书的架构就在此过程中形成。1975年前后,我就是依据多年来编制的索引,加上临时补读的材料,编了一部六十万字的《中国哲学辞典》②。原以为在写《中国思想史》时有按图索骥之便,事实上思想史的工作与辞书的性质完全不同,大部分的文献都必须重新阅读、重新组织,更重要的是,还要用自己的思想重新思考,才能使零星散见的传统思想成为一个新体系,使它有一个适合现代人阅读习惯的新形式呈现于读者之前。

第三,每一位从事学术工作的人,多少都会涉猎一点方法论的书,假以时日,也多少会有些治学经验,到我写《中国思想史》时,在这方面已耕耘了二十多年,但对如何处理这样一部范围广泛的书,仍感到相当困扰。就在这种情形下,我开始搜集并重读有关中国思想史方法的文章,遂编成一本《中国思想史方法论文选集》③出版,并写了一篇《中国思想史方

---

① 此文先发表于张曼涛主持的《天声》杂志创刊号(1971年3月1日),后又收入韦政通《传统的更新》,台北,大林出版社,1981年。

② 此书于1977年,由台北大林出版社出版。

③ 此书于1981年,由台北大林出版社出版。

法论的检讨》作为"代序"①。书中包括梁启超、胡适、冯友兰、傅斯年、罗根泽、萧公权、吴康、唐君毅、徐复观、余英时、劳思光、王尔敏、刘述先、傅伟勋、李弘祺、史华慈、韦政通等的文章共二十一篇。"代序"之文分五节：(1)思想史的目的与理想。(2)处理思想史的方法与态度。(3)思想史中的解释问题。(4)中国思想史的分期。(5)由中国思想特性带来的困难。我是针对这五个问题，将各家的见解稍加整理，并予检讨。

　　这些准备工作，看起来好像对撰写《中国思想史》，没有多大直接的用处，实际上还是有用的。编辞书大部分的工作虽然是有系统地整理资料，但在浩如烟海的文献中，你必须就每一篇章反复阅读、思考，才能选出所需要的。由于中国文字的特性，有些经典只有经过反复的阅读与思考，"浸润其中"，方能体会出其中的意义、精神及其风格。至于了解同代人的成果和相关的见解，已无关乎有用无用，而是在这一专业中，本来就应该具备的常识。事实上这方面蓄积越丰富，不但可增长识见，也比较能免于封闭与独断。

　　预备工作就像参赛马拉松的运动员的热身活动，热身后就要走上起跑点。我深知写一部思想史的大书，无论是学识、意志，甚至体能，都是一次严厉的考验。起跑后，什么时间才能到达终点，这是无法预料的，半途而废的恐惧，不能说一点没有。终于做下决断，开始工作，一是由于年轻时既有此狂想，并立为人生一大志趣，总要有勇气付诸行动。狂想进入实践，便不再是狂想。我当时已年逾半百，若再蹉跎、犹豫，很担心有一天会力不从心。

　　其次，当初还怀有一种如今看来未必切合实际的想法，在《中国思想史》自序中曾说过："我内心深处最大的热望是思想的探险，一个登世界高峰的冒险家，除了意志和充沛的体能之外，还必须有克服一切可能困难的装备，一个观念的冒险者，也同样需要一些必要的装备，其中重要的一件，就是思想的历史。尽管历史上的思想家，……他们的思想内

---

① 　此文于1980年12月曾发表于台湾《中国书目季刊》。

容,由于知识进步的原因,有些地方已不足成为我们的典范,但他们努力思考的真诚,尤其是把他们的思想贯彻于他们的行动的表现出来的勇气,将永远是激发人追求理想坚持理想的一股动力,从事思想的冒险,有必要把这股动力化为自己的,使历史成为我们思想上和心理上一个强而有力的支点。对个人来说,这是我从事这一工作一个重要的理由。"从1960年代起,学术研究的工作,与个人颇为自得的批判与探索的工作,便双向进行。这两种工作虽密切关联,但前者是希望成为一个学者,后者则是要扮演思想家的角色。当然,在历史上有些人在同一件工作上,可以表现出既是大学者,又是大思想家,但我的进路不同,在学术上尽量求其客观、平实,个人的意见则透过批判与探索来表现。前者毕竟有所依据,所以也比较有把握;后者有时候是四无依傍,所以说是"思想的探险"。前者仍属于"我注六经"的方式,后者则为"六经注我"。前者是要对历史负责,后者则是要向新时代挑战。为何说"如今看来未必切合实际"呢? 因为由后续的经验得知,思想的历史虽对成为思想家相当重要,但并非充足条件。

促使我开始写《中国思想史》,还有一个很实际的原因,即自从1965年我在《文星》杂志发表一系列批判儒家传统的文章之后,学校教书的工作,便不断遭到政治的干预,心里相当苦闷。1977年时,就准备结束教学生涯,因此必须写部大书,以维持数年的固定收入。我限定自己每月写四万字,正常的情况,每天工作十二小时,如达不到这个目标,就将每天的工作时间延长,有时候要工作十六小时。我过了两年"自囚"式的生活,很少与外界往来,那是我一生中生命力的巅峰期。因心智能高度集中,心无旁骛,才使这部近百万言的著作,如期完成。

此书完成后,恰好有本杂志邀我撰文,并指定要我写《中国人的思想》这个题目[①],我主要就是参考《中国思想史》,对中国人思想的精义及

---

① 此文发表于台湾《大同半月刊》62卷20期,后收入韦政通《传统的更新》,台北,大林出版社,1981年。

其流变的主要脉络，做个简要的提纲。这篇文章可当作此书的导言去读。

一部思想史，当然是以思想活动为主的历史。既然是思想活动的历史，就必有前后承续的关系，必有思想演变和发展的线索可寻，说明关系，发现线索，是我在书中很用心的工作。此外，为便初学，对个别思想家，尽可能地列举其思想特征，把握一个思想家的思想特征，对进一步了解其全盘思想，自然有些帮助。我不敢说我对中国历史上如此众多的思想家的思想，都能有相应的了解，当我写到与自己的气质以及知识背景距离较远的思想家时，总是尽量付出更大的耐心，把速度放慢下来，多看看别人的讲法。也许我还是不能充分了解他的意义和价值，但绝对避免以一己之偏见去故意曲解。

《中国思想史》比较薄弱的部分是隋、唐佛学。我与佛教结缘虽很早，但始终没有像对先秦诸子、宋明理学那样下过功夫。1950 年代中期，距今差不多四十年前，因立志向学，生活困顿，曾在南投一名叫碧山岩的寺庙中住过十五个月，教女尼们的文史课。其时，太虚一系、从学于印顺法师的仁俊法师，正在寺中禁足，我们生活在一起，每天晚饭后于园中散步，谈的话题都与佛学有关。在那暮鼓晨钟的气氛里，我从印顺法师的《佛法概论》读起，太虚大师的全集也看了不少，对佛学经典却读的很少[1]。有一天友人问我书中为何没有把三论宗的吉藏写进去，我听了连自己也感到惊讶和莫名其妙，因我从印顺法师的著作中，最早知道的便是这一系的思想，这真是不可原谅的遗漏与遗憾。傅伟勋兄是国际知名的佛学专家，近年不断读到他这方面的精彩论文，他希望我在晚年做点宗教方面的研究，以我的生命形态，相信能进得去的。可惜人生苦短、岁月悠悠，在晚年的工作计划中，除非有特殊的机缘，恐怕很难再回到年轻时有过"定性"作用的宗教领域中去了。

当初我写这本书时就曾想过，它的读者主要还不是那些以中国哲

---

[1]　我如何与佛教结缘，以及寺中生活，在《我与佛学大师印顺的对话》一文中曾谈到，此文发表于台湾《天声》杂志四、五期合刊，后收入《传统的更新》。

学思想为专业的人,因为既欲以此为专业,对中国思想演变的历程,必须亲自走一遍,才能形成自己的见解。我希望不以此为专业者,对我的书不但能读得进去,而且能培养他的阅读兴趣,因此在文字表达上力求清晰、条理、通俗。到1992年,此书已销售了十二版,我当初的想法已收到预期的效果。

有关此书的评价,1981年陈荣捷先生寄给我一份英文的同年秋季全美中国研究协会会讯,其中简介了我的《中国思想史》,开头两段是这样写的:

> 这是一部费了二十年功夫才完成的重要著作,它内容精博,令人敬重,是1919年胡适出版《中国哲学史》以来,真正有分量而又相称的著作。韦教授吸纳过去六十年学者们的成果,因此能体现出比以往许多同类著作都要强,同时也避免了它们的缺点。

> 自从五四运动介绍西方思想以来,学者们论及中国思想都感到十分困难,且充满偏见与成见,此不仅外国学者如此,中国学者也不例外。例如有西方训练的中国学者像胡适、冯友兰,他们的著作着重中国思想的逻辑和理性,远超过中国过去以直觉为主的特性。另一方面,缺乏西方训练的中国学者如钱穆、唐君毅,其着重于直觉经验又超过抽象的逻辑和理性。韦教授则尝试结合二者之长,而不偏好于任何一方。(后来知道简介文乃李绍昆教授所撰)

这当然不算严格的书评,仅是一般的印象。不过,毫无疑问的,我的书对中国思想传统的了解,比胡适、冯友兰要相应。我的学术造诣,无论是广博与精深,都不能与钱、唐两位先生相比,但钱先生是史学家,唐先生所撰《中国哲学原论》七巨册,已非一般意义的哲学史或思想史。唐先生无论是学力与才能,都是现代中国最具资格写出一部超水准《中国哲学史》的学者,我年轻时从他丰富又极具感染力的著作中,获得无数的启发与恩惠。遗憾的是,他那浓得化不开的思想,以及一般读者难

以消受的表达方式,使一个深具时代感的哲人,反而与现实世界有了
距离。

1988 年 8 月,在新加坡东亚哲学研究所召开的"儒学发展的问题及
前景"学术会议上,北京中国科学院科学哲学研究室主任教授金观涛先
生,交给我一篇文章①,是评论我的《中国思想史》及《伦理思想的突破》,
有关前一书,他说:

> 我不是中国哲学史的专家,没有太多的发言权来评论这本专
> 著的分量,但是作为一个哲学研究者,一个对中国文化深深关切的
> 读者,韦政通先生这本书曾如同很多西方名著一样吸引了我,使我
> 第一次从中感到了中国传统哲学的美和它整体的魅力。当然,由
> 此我再一次体会到韦政通先生从传统走出来的勇气,以及追求新
> 文化的真诚。
>
> 过去,我也读过不少有关中国哲学史的专著和教科书,有的过
> 于冗长,读起来十分凌乱,不得要领。有的虽然简明,但却把活生
> 生的中国思想史削足就履,硬纳入辩证唯物论的框框,显得空洞。
> 冯友兰先生是中国哲学史的权威学者,他的书我也读过好几遍,读
> 后总觉得中国古代思想深奥得不可捉摸,看书的时候似乎懂了,但
> 一放下书,自己去想,一切都变得模糊不清。
>
> 读了韦政通先生的《中国思想史》,我心里才豁然开朗,知道了
> 为何我读了那么多大陆学者的书,都难以获得中国哲学之精髓。
> 原来,中国古代哲学和西方哲学有一个极大的不同,它的核心属于
> "体验",如果作者本身不去"体验"这种哲学,或者虽然有体验,但
> 没有能力去表达作为一个现代人对这种文化真诚的体验,那么,是
> 不可能写出中国文化传神之作的。当一个哲学家缺乏真诚的体

---

① 文章题目是:"孤独而热情的探索者——评《中国思想史》及《伦理思想的突破》",曾发表于
　台湾《中国论坛》324 期(1989 年 3 月 25 日)。

验,仅仅从概念本身的阐述,甚至硬把它纳入一般哲学逻辑构架的做法,搞不好都是画虎不成反类犬,会造成现代读者和中国传统文化沟通的困难。而韦政通先生正是用自己的整个心灵的体验来表达中国哲学,而不仅仅是用知识和功力来写书。正如他自己所说,当时他每天连续工作十六小时,甚至到达"非我作诗,乃诗作我"的境界。正是通过这一行行文字,我看到韦政通先生和中国文化的血肉联系。他对中国文化无限的热爱,带着眼泪的倾诉,对其崇高境界的神往,以及经常如电光在黑暗中爆发出来般的真知灼见。在某些部分,我同样看到了那陷于哲学丛林的迷惘和困惑,以至于企图冲破传统的呐喊和搏斗。这部书是如此地真诚,我想,对于他个人这无疑是想写成一部传统哲学之史诗。

金教授的评论或不免溢美之词,但他的确窥探到我写此书时心灵深处的愿望:我希望尽量祛除与读者之间沟通的困难,我希望读者能从中体会到中国思想传统的特性,我也希望借此能激发非以此为专业的广大读者对传统思想了解的兴趣。由上文似已印证我的愿望并未落空。观涛与我于1988年5月在北京大学勺园首次相会,嗣后在北京、新加坡、夏威夷、香港,我们共同参加会议,畅谈多次。十二年来我与他和他的夫人刘青峰教授,时常通信,互相切磋、互相勉励,成为思想上的知己。

(二)《中国十九世纪思想史》

我在思想史方面的著作,除了《中国思想史》之外,还有《中国十九世纪思想史》。前书写到十八世纪的戴东原为止,是因为从19世纪开始,中国已面临一个全新的局面,中国思想与世界潮流息息相关,由于新成分的注入,也使中国思想史进入一个新的阶段。

我写《中国十九世纪思想史》,其动机虽是要为研究20世纪的思想史,多一些背景上的了解,今日仔细想想,我选这个题目来做,在我过去的学思历程中,早就播下种子。

　　早在 1950 年代后期,便因与香港《人生》杂志负责人王贯之先生,为了宋明理学与颜习斋之间的异同问题发生争辩,又因徐复观先生与毛子水先生为义理与考据问题不断笔战,因而引发我对顾亭林到康有为的清代思想,做了初步的了解,并写成一系列长文,集成《中国近三百年思想研究》一书。其中《颜、李学研究》曾在《人生》杂志连载四期①,《戴东原思想中的一个基本观念:"血气心知"之解析》和《戴东原"训诂明则义理明"一主断之意义及其限制》两文,以及《评章太炎对中国文化的认识》,都先后发表于徐复观先生主持的《民主评论》②。此书当时没有机会出版,后来觉其内容粗疏,已不值得出版。

　　1965 年 5 月,殷海光先生因看到我在《文星》杂志上发表的几篇批判儒家的文章,便邀请我到台湾大学演讲,我准备的讲稿题目是:《西潮冲击下的中国思想》③,内容分两个线索来探讨:一是 19 世纪中叶兴起的洋务运动与变法思想运动;一是在西潮冲击下而起来反抗的复古运动。当时我对中国近代思想所知甚浅,在鸟瞰式的叙述和论断中,有些是不正确的,例如说梁启超的事业在变法运动以后才开始;同时把清末从佛学的研究中转导出来的新儒家思想,视为反抗西潮的复古运动,也非持平之论。但这的确代表我当时所理解的水平。值得一提的是,我根据洋务、变法、五四,近代几个以西化为主的运动中,看出其中保守与传统的成分,仍占有相当比重,特别是五四运动与旧传统的关系,是很值得进一步探讨的问题④。

　　1973 年,我写了一本《现代化与中国的适应——近百年来思想问题

---

① 1961 年《人生》266 期至 269 期。
② 三文依序见香港《民主评论》12 卷第 4 期、14 期(1961 年 2 月、7 月),11 卷第 9、第 10 期(1960 年 5 月)。
③ 1965 年,《文星》杂志因"中西文化论战",兴起一阵挞伐中国传统文化的风潮,批判传统者,皆被视为异端,我的演讲就因有人要闹场而未讲成,讲稿收入《传统的透视》,台北,太平洋文化公司,1965 年。
④ 1979 年,五四运动六十周年时,余英时《五四运动与中国传统》一文,探讨了这个问题。见汪荣祖编《五四研究论文集》,台北,联经出版公司,1979 年。

的剖析》小书,对中国近代思想的理解,有了新的进展,在最后一章我说:"西方近代文明,像一个强烈台风一样,从十九世纪以来,就向世界各地吹袭。这个新的文明,与任何一个非西方地区的传统相比,都含有过多的异质成分,它挟着工业革命的无比威力,胁迫每一个古老的文明向它臣服。中国从十九世纪中叶,就开始接近西方文明的暴风圈,于是,带来'三千年来一大变局',使几千年的传统,面临前所未有的新处境,要求适应,产生了复杂的涵化问题。本书第一章至第六章,就是把涵化过程中引起的种种反应,做了选择性的而又扼要的展示"①。

第一章是选择科学主义与伦理之间的冲突,作为中国传统在适应西方过程中的一个突出的例子。我除了展示争论的要点,并对如何解消这一冲突提出个人的看法。第二章说明了由西方文化影响所产生的新处境的若干特征,及其中蕴藏着许多严重的问题。此外,也讨论了传统与现代生活之间要如何调适。第三章"科学万能的梦",揭示了科学在近代中国所经历的希望与幻灭,同时对科学与进步,及科学带来的新问题,一并加以探讨,希望剔除科学主义在中国的残余势力。第四章"冲决网罗的自由",是透过近代中国自由主义的几个选样,检讨其得失。第五章"到民主之路",是经由民主奋斗的历程,探讨中国在这方面所以未能顺利发展的原因,以及中国要实现民主已具备和尚未具备的种种条件。第六章讨论西化式教育与民族复兴运动之间不协调的现象。

第七章有如下的结语:"根据以上的了解,我们已足够认清一项事实:中国传统在适应西方文化的过程中,历时虽已逾百年,但西方文化的主要部分,没有一项能在中国顺利地发育滋长,不但没有能顺利成长,且导发许多矛盾与冲突,引起无数大大小小的悲剧,真是历经沧桑与浩劫。"②中国传统文化在适应的过程中,为何如此艰困? 我在全书结

---

① 韦政通《现代化与中国的适应——近百年来思想问题的剖析》,台北,牧童出版社,1976年,第117—118页。

② 韦政通《现代化与中国的适应——近百年来思想问题的剖析》,台北,牧童出版社,1976年,第120页。

论的这一章里,用文化人类学的"涵化"概念,由涵化基线、涵化过程、涵化过程中的两种适应方式,对这个问题加以探讨。

从以上的学思历程看来,我写《中国十九世纪思想史》,已非出于单一的因素。人的意识活动,有时候真微妙,二十多年前摸索过的领域,二十多年后又回到原点。当然,前后针对相同的历史对象,不但切入的角度不同,全盘的认识也有很大的改变:当初是为考据与义理之争所引发,后来却是为了研究现代中国的思想,而向后追溯其背景;前者讨论现代化与中国的适应,中国在西方文化冲击下,全是被动的,后者已更深一层地了解到,中国近代思想之变,除西方的影响之外,还有赖于中国思想传统内部变革的要求所促成。经过漫长的岁月,工作重又回到原点,这的确足以说明我一生苦学深思,所关注的焦点是在中国文化的新生或重建。一生中大半的时间都花在中国思想史上,其真正用心,不仅仅是为了认识过去,同时也要借过去了解现在,借现在考问过去,打破时光的隔阂,促使现在与过去之间的对话。林毓生兄曾说,要维持社会与文化的稳定而又同时促进社会与文化的进步,最重要的条件之一是一个丰富而有生机的传统①。我想,这也正是我工作的理想。

近二三十年来,从事近代中国思想史研究,卓然有成的中外学者已经不少,我所以再敢闯入这个领域,难免是受我"游牧型"的性格所驱使,因而不自量力。但也有理智上的考虑。我在《中国思想史》的自序中说:"训练和努力,总不能完全克服一个人气质上和心理上的一些限制,每一个人能充分把握的问题,总有其限度,在这个意义上,思想史之类的书,需要不同训练、不同观点、不同知识背景的人,从不同的角度去写。"几十年来,我主要的工作,是在中国的大传统,同时我也一直对传统与现代化之间的问题感兴趣,我凭恃的资源与思想的进路,和许多研究近代中国思想史者大不一样,个人知识与思想上的背景,相当明显地反映在我的书中,因而使此书具备一些特色。

---

① 林毓生《思想与人物》,台北,联经出版公司,1983 年,自序第6页。

　　研究中国十九世纪思想史，公羊思想、先秦诸子、程朱理学、佛学，都是很有用的线索，这些古老的思想，在新时代里都有变化，都值得研究。我之所以未采取作为主要的研究取向，而是以与新时代的脉动最相关的洋务思想、维新思想作为探讨的线索，并以"巨变与传统"、"巨变与新潮"作为全书的主轴，显然与长期关注传统与现代化的问题有关。由于这样的设计，取材方面也受其影响，因以"巨变与传统"为思考的主轴之一，思想本身并不突出的刘蓉和倭仁，也成为不可忽视的角色。此外，像张之洞这样重要的人物，就因为他与传统与新潮都有深密的关系，而且他这方面的代表作《劝学篇》发表于 1898 年，在我的书中就因为无法为其定位，而未能纳入。

　　基于个人大传统的思想背景，很自然的就能看出，像在洋务思想中扮演导师角色的郭嵩焘，他的洋务理论虽是以革新的姿态提出，而它所依据的资源，几乎全是来自旧的传统。而那些反对洋务之士，更不用说也是依据传统。从此一现象可使我们了解到，传统对近代中国的革新，究竟是"有助"或是"有违"，实在不是单纯的问题。像郭嵩焘那样善于运用旧资源发为新思想，简直可以说，是中国近代以来许多新派思想人物思想上的共同秘诀。这是那些视传统与现代化为对立者，所看不到的一面，我自己在 1960 年代也不免有此偏面之见。

　　1960 年代以后，我对传统的理解逐渐深化，到 1980 年代中期写《中国十九世纪思想史》，不但以较大篇幅追溯作为十九世纪思想史源头的经世思想与公羊思想的历史根源，对以曾国藩为主的湘军集团，也完全跳出左右两派政治上的偏见，对它的精神与事功，做了多角度与多层面的展示，尤其对湘军集团中，彼此急难相救、生死不渝的友谊，十分心仪。

　　湘军集团内部，当然也有许多矛盾，但它确实表现出一股不寻常的精神，这股精神除了湖南人独特的性格因素之外，还有由儒家传统陶养出来的一种具有经世倾向的道德力量。这种力量，不但使湘军领导群志同道合，也使他们情谊相联。就"情联志通"而言，这种精神可以说是发自超乎手足、父子之情的友谊，而友道正是中国文化中儒学所重视和强调的。

儒学中五伦之道，"三纲"意义的君臣、父子、夫妇，已被时代所淘汰，长幼以尊卑为序，亦大有可议之处，惟朋友一伦中的友道，的确留下许多万古长新的道理。友道在儒学中除了伦理学的意义之外，更重要的是身体力行的实践。你可以站在农民革命的立场，否定曾国藩的功业，但无法抹煞他领导的集团中所表现的传统友道，尤其是他与刘蓉、郭嵩焘之间长达三四十年"情联志通"的友谊，更是将此一传统发挥得淋漓尽致。须知湘军集团乃功名利禄之场，要维持友谊，比一般情况下要艰难得多。我觉得将湘军精神和他们之间的友谊加以阐扬，正是中国思想史的一大特色。

此外，早于曾国藩的龚定庵与魏默深，除了生死相许的友谊之外，他们都是从考证学的基础上开辟了新的学风，所谓"以经术作政论"，这种新学风深刻地影响了梁启超那一代的知识分子。龚、魏并世而生，又能同声相应、同明相照，在当时便已齐名，他们的友谊早成为历史的美谈。他们的思想中所表现的时代危机感，贯串着整个的十九世纪。

我写此书时，已年近六十，不能像写《中国思想史》时好像有用不完的精力。古代思想因浸润已久，所以写来相当顺手。近代思想资料浩如烟海，阅读费时，消化不易，大半仍在陌生的天地中摸索，时时感到窒碍难行。这时期我正在担任《中国论坛》半月刊编委会召集人，为杂志的策划工作花了不少时间。又值台湾解严前后，政局动荡、社会脱序、人心浮动，基于关切，不免要为杂志、报纸写点时论。同时在写作过程中，又到国外开会、旅游多次。1987年开放到大陆探亲后，五年中去了四次。由于多种因素的干扰，不但使工作时作时辍，几乎使整个的计划胎死腹中。多年来凡是有计划的书，我会与出版社或书局订约，一则可使自己有固定收入，再则借外在压力可使工作如期完成。这一次却爽约了，预定三年半的期限，结果却拖延近六年。工作一旦陷入这种情况，是否能继续向前，最重要的因素决定于人的意志和毅力。

开放大陆探亲后,每次到北京,必定抽空到琉璃厂一带书店走走,每次都满载而归。大陆学者在前几年,有关近代中国思想的著作并不多,但对整理史料和编制工具书,贡献很大。十九世纪外国在华活动的人士很多,一部《近代来华外国人名辞典》①在手,对查究他们的身份、底细,提供了很大的帮助。王韬的《漫游随录》、《扶桑游记》亦在北京购得②,由前一书,可使我们知道于19世纪60年代,一位典型的中国士子,怎样看西方英、法这些工业先进国家;由后一书,可使我们认识日本明治维新初期的风土人情,与士人的一般生活。王韬对自己不拘形迹的浪漫生活,有极为生动而又多变化的素描。这二本游记,增强我对他了解的兴味。当然,在北京各书店,也有我亟需的资料却遍寻不着的苦恼,其中最感遗憾的,是长沙岳麓书社出版的《郭嵩焘日记》,它是研究郭氏思想非常重要的材料。

其实,我在尚未开放探亲之前,便因文献的真伪问题,经由香港大学的陈耀南教授,与上海华东师范大学的黄丽镛教授通信讨论,陈、黄二氏皆魏源专家,陈氏著《魏源研究》③,对这位19世纪的大思想家,做了全面的探讨;黄氏早年即与吴泽合撰《魏源〈海国图志〉研究》长文④,又成《魏源年谱》⑤,并与杨慎之合编《魏源思想研究》⑥,他们的书对我写魏源一章,颇多助益。我为了不能断定大陆中华书局出版的《魏源集》中《公羊春秋论》上下两篇的真伪,写信向黄教授讨教,他答复的要点是:

> 窃以为《公羊春秋论》实是《春秋论》,非魏源所作,乃出之刘逢禄之手。《魏源集》收入此文,误将此文认定是魏氏所作,与事实不

① 此书北京中国社会科学出版社于1981年出版。
② 两书均见《走向世界丛书》第一辑,长沙市岳麓书社1985年出版。
③ 陈氏此书乃自印本。
④ 文见《中国近三百年学术思想论集》二编,崇文书店1971年印行。
⑤ 此书湖南人民出版社1985年出版。
⑥ 此书湖南人民出版社1987年出版。

符,理由详述如下:

（一）魏氏生前虽自订文集,但未见传本。我们今日所能见到的魏氏文集有两:一是光绪四年(1878)淮南书局刊行《古微堂集》(即古微堂内外集)十卷;一是宣统元年(1909)由黄象离增补重编的《魏默深文集》十卷,由国学扶教社刊行。台北文海出版社影印本据淮南书局本。在这两个集子中均未见有《公羊春秋论》上下篇。中华书局《魏源集》收《公羊春秋论》,文末注明据《古微堂文稿》。所谓《古微堂文稿》,系北京图书馆善本室所藏抄本,原为一册,1965年该馆将其改装成四册,封面上有魏源手写"旧稿"两字。该抄本收有文章三十九篇(内中一篇残缺不全),有十二篇为上述两个集子所无,《公羊春秋论》则为其中之一。该抄本,我曾去北京仔细校读过,《魏源集》编者正是据此收入,认定为魏氏所作,其实非也。

（二）刘逢禄著有《春秋论》上下两篇,不仅如先生所说,在徐世昌所编《清儒学案》庄方耕学案中,将此文列于刘逢禄名下,更重要的是道光十年刊印的《刘礼部集》卷三,第16至22页收有此文。《刘礼部集》乃魏源编定,道光十年商横摄提格之岁,既论定武进礼部刘君遗书若干篇为若干卷(《刘礼部集序》,见《魏源集》243页),既然《刘礼部集》是魏源编定,他当然不会把自己所写文字充作刘氏所作,这条证据应是充分的。

（三）两篇文字,虽有些不同(据校读有二十二处相异,长则二十五言,短则一字),但基本上是一样的,完全可以肯定两篇文字虽异名而实一也。

黄教授来信中,在第三点里,还就《公羊春秋论》的文字与刘逢禄其他文字列表加以对照,以证明《公羊春秋论》与《春秋论》皆为刘氏所作。此外,还有两点旁证,因以上三点已可证明《魏源集》中《公羊春秋论》非魏氏作品,故从略。1988年5月,我还乡探亲,路过上海,曾到华师大探望他,其人文质彬彬、诚恳、热情,回程中他安排我做一场演讲,并与历史系、哲学系师生座谈。1989 年再去上海,他到机场接我,这次姜义华教授邀我住复旦大学专家楼,仍到华师大与教师们座谈。如今已十一年未去上海,由陈耀南兄处得知九年前他曾因重病住院,经过长期治疗,因调养得宜,业已康复。

《中国十九世纪思想史》加上年表,已超过六十万字,本来预定要写一篇《十九世纪的意义》作全书结论,试了几次,终究未能成文。记得刚开始写此书时,友人姜允明教授要我一定要把美国的中国近代史研究,好好批评一番,我当然没有这个能力。我仔细读过柯保安(Paul A. Cohen,大陆译为柯文)《美国的中国近代史研究——回顾与前瞻》(大陆译本为《在中国发现历史——中国中心观在美国的兴起》)的中译本[①],针对 1970 年代以前"西方冲击观"、"中国中心观"的研究取向,的确做了很重要的修正。但要对近代中国思想史有比较完整的认识,二者实不可偏废。治思想史与其他的研究一样,最基本的工作,是对原始文献的理解和分析,心中不能无观点,但不可有成见。从我的书中不难看出,"西方的冲击"对这一阶段的中国思想,确实起了巨大的作用,虽然这种影响对整个学术而言,并非全面,甚至也不深入。在西方冲击之外,我也特别注重传统在不同人物的思想活动中的角色,希望借此"二面观"反映出新时代思想脉动的真相。

整体地看,尽管十九世纪的知识分子,在吸收西方文明方面做了许多努力,思想方面的变化仍很有限,但毕竟是中国思想传统迈向新世纪的起点。从此以后,中国文化思想的普遍性与特殊性,都将受到严厉的挑战,在吸收西学的过程中,如何发扬普遍性、保存特殊性,是十九世纪思想家们,对二十世纪提出的最重大的文化课题。

---

① 台湾译本,1991 年由联经出版;大陆译本台湾版,1991 年由稻乡出版社出版。

三　学术通俗化

　　任何学科总要有一部分工作，

　　尽量用通俗的文字，

　　向一般读者传播，

　　使学术的成果，

　　经由学术通俗化的步骤，

　　逐渐成为大众文化的一部分。

引　言

　　1965 年，我在《传统的透视》序文中说："文字方面我尽量求其浅显，理论也避免深奥，希望高中以上的青年就能读它。"①其实这本小书，多半取自日记与读书札记，谈不上什么"理论"。当年我所以会有这种想法，还没有"学术通俗化"的观念，而是因为我所敬重的前辈所写的书，不要说知识青年读不懂，即连饱学之士也常抱怨。他们并不缺乏文字表达的才能，而是忽略了文字的功能主要是在与读者之间的沟通，对那些具备相当程度的读者，如仍有沟通上的困难，便是作者没有尽到写书的责任。讲求表达的技巧，提高沟通的效果，并不是为了要迁就读者，而是作者应尽的本分。

　　我之有"学术通俗化"的观念，最早得之于李亦园教授之书，他在1966 年出版的《文化与行为》的自序中，谈到民间和政府对"人类学"和"学人类学的人"的误解，他说："对这些现象，我个人觉得社会和主管机构虽然有误解和偏见，但是造成这种误解的原因大半还是我们自己，因为我们实在很少（甚至不屑）愿意用通俗的文字介绍我们所研究的是什么，一般人对我们所作的研究报告和论文不但看不懂而且也不易买到，

---

① 韦政通《传统的透视》，台北，自由太平洋文化公司，1965 年，自序第 4 页。

那么我们有什么理由要求他们对我们有所了解和看重呢？所以，我深深地觉得把我们的科学通俗化是非常必要的。"①各种学科的学术性论文，只要学者之间能沟通就可以，在这方面无所谓通俗不通俗。但任何学科总要有一部分工作，尽量用通俗的文字，向一般读者传播，使学术的成果，经由学术通俗化的步骤，逐渐成为大众文化的一部分。因此，要提升国民知识的水平，学术通俗化是必要的工作。在这个意义上，我完全同意李教授的看法，二三十年来也一直是我工作的理想之一。

时论文字不必说，在我的作品中，除了学术性的著作之外，包括数量可观的批判与探索的思想性文字，无不尽量求其通俗，下面举三本较具代表性的例子。

(一)《中国文化概论》

引起我写这本书的动机，原先只是为了写一本教科书，以便于教学。1968 年出版以来②，不仅许多学校在用，据出版社告知，直接函购者包括各行各业的人士和社会科学与人文学科的学者。同名称的书在台湾有十几种，我的书和它们不同，是因具备下列几个特色：

(1)本书共分十一章，外加一篇附录。首章绪论讨论文化定义、文化与文明、精神文化与物质文化、了解文化的态度、中西文化的差异等。第二章论中国文化的十大特征。三至十章，分论宗教、哲学、艺术、语文、文学、政治、经济、社会。十一章论中国文化发展的方向。附录《中国文化对世界文化的影响》，包括日本、韩国、东南亚、英国、法国、德国。对中国文化的了解，大抵已面面俱到，内容比同类的书任何一本都要完整。

(2)从分论的各章来看，本书采用了颇为新颖的体例，使内容能和现代教育制度中各科知识分类的方式互相衔接。由于采用新体例，使

① 李亦园《文化与行为》，台北，商务出版社"人人文库"，1966 年，自序第 1 页。
② 此书由台北水牛出版社出版。

本书与《中国文化史》、《国学概论》等书,无论是形式与内容都迥然不同。

(3)此书最大的特色,是对中国文化特征的描述,除了总摄性的《论中国文化的十大特征》之外,分论各章也必先列举其特征。中国文化源远流长,内容复杂,要从各方面一一列举其特征,必然很难尽如人意。我的用心是觉得在这中国传统文化与现实生活渐行渐远的现时代,知识青年和一般社会人士,如想认识中国文化,除有一清晰的轮廓之外,还需要一些能引发思考的焦点。《论中国文化的十大特征》这个题目,1967年12月11日,曾在台北台湾师范大学乐群堂,做过一次演讲,学生的现场记录,初刊于次年该校《昆仑》杂志的元旦特刊,2月《幼狮月刊》和稍后的《中国文摘》均予转载,同年2月《现代学苑》月刊,也刊出我自撰的全文。在北京的书店里,我至少看到两本文集选刊了这篇文章。由此可见,这种表达的方式,相当能受到读者的喜爱和认同。

(4)由于我研究中国文化,自始就不是学究式的,因此对中国文化在近代所引起的各种问题,一向关心。在这本书里相关的部分,我对这些问题做了简明扼要的讨论,例如:中西文化的差异、儒家是不是宗教、佛教为何能在中国文化中生根、知识之学在中国为什么不发达、差等与博爱、近代科学未能产生于中国的原因、中国语文的优点与缺陷及其对思想方法的影响、建设性的文学思想与破坏性的文学思想、政治的根本问题、匮乏经济、中国商业未能发达的原因、传统社会的解体、从人文主义看中国文化发展的方向以及中国人文主义重建之道等。我提出这些问题来讨论,主要是希望能激发有心的读者做进一步的思考。

我写《中国文化概论》时,精力旺盛,为了赶上开学应用,二十万字花了四个多月就完成。王尔敏兄于1990年3月15日来信说:"兄善于综合,精擅会通,久契于心,被目为学术通俗化高手。"此书是这方面最早的尝试,"高手"我不敢当,但的确是我认真从事的一个方向。1982年在夏威夷朱熹会议上,学中国哲学的美籍教授田浩(Hoyt Cleverland Tillman)告诉我,他在台北斯坦福中心学中文时,就学习过我这本《中国

文化概论》，这是我以前不知道的。1992 年，香港教育署为高级中学增
设"中国文化"课程，由多位学者与教师，在众多文章中，投票选出六篇
文章作为教材，作者是唐君毅、吴森、毛子水、金耀基、殷海光和我。这
本教材我见到两个版本，由启思出版公司印行的一册，引论与篇章导
读，为香港大学陈耀南教授所撰，内容设计，颇富创意。在"深究"部分，
陈氏指出我书中转引黄君璧文所引桑戴克论中国艺术之文，与译文不
合，又指出我"根据黄氏转译而且未必确当文字而引申发挥"之不当。
我非常感谢陈氏的纠正。我对中国艺术是外行，这篇文字所以被推荐
为教材，恐必是因内容有"综合"、"会通"之长，而文字的表达又容易被
青年人接受吧！

（二）《先秦七大哲学家》

我写这本书里的七篇文字，乃出之于偶然的机会。文星书店因政
治因素被迫关闭后，水牛出版社的业务一度蒸蒸日上，1969 年 2 月遂创
办《水牛》杂志，刘福增兄建议我用活泼通俗的笔调，将中国古老的思
想，介绍给新一代的读者。我接受他的建议，杂志仅出版五期，刊登了
孔、孟、荀三篇。我仍继续写，墨子一篇曾刊于《自立晚报》的《新思潮》
专刊，其余老、庄、韩非三篇先后发表于《现代学苑》。写完七篇，主持
《现代学苑》编务的项退结兄提议出书，1972 年初版的书名是《开创性的
先秦思想家》，《现代学苑》结束后，1974 年改由牧童出版社出版，并更名
为《先秦七大哲学家》，牧童停业后，1986 年再转至水牛出版社，又印刷
多次。

这本书所以比较能广为流传，我想主要的原因之一，是在写作方式
上和内容处理上，做了一些新的尝试：

（1）对一般的读者，现代学者写中国古代思想的书，往往因堆砌过
多的古语，打断文气，因而丧失了读者阅读的兴趣。此书引用原典已约
减到最低限度，是用自己的思想将史料中所涵的哲理表现出来。

（2）除了在历史层次上，尽可能对古人的思想予以同情的理解之

外,在思想层次上也以现代人的观点予以检讨,希望经由检讨,使古人的思想重新放出新光彩,成为创造新思想的酵素。

(3)这些文字因都要在杂志发表,所以每篇都是独立的。每篇内容都有三点共同的项目:时代与环境、生活阅历、不朽的智慧。时代与环境,是把哲学家们的思想,纳入社会文化与时代的背景中去看。因中国哲人多强调实践,经世的要求很强,因此,不但与现实环境多矛盾,对时代的感受也特深,此在先秦各家尤其突出,要了解他们的思想,认识他们的时代与环境,就有其必要。生活阅历,除了透过哲人一生的重要活动,了解其性格之外,还可以从他们的行为中获得启示。以孔子为例,从他几度危难遭遇中,可以使我们知道:a)一个人要伟大,必须坚持理想,还要具备知其不可而为之的积极精神。b)一个伟大的人格,往往不可避免地要遭遇到一些不寻常的苦难。苦难不是获取人生智慧的唯一方式,但苦难有助于伟大人格的成长和完成。c)孔子说:"用之则行,舍之则藏","危邦不入,乱邦不居","天下有道则见,无道则隐","邦有道危言危行,邦无道危行言孙",如果把这些明哲保身的教言孤立起来看,好像孔子教人世故,如果我们清楚孔子的生活阅历,就不难了解他这种想法,和他的特殊际遇有关。不朽的智慧,是列举出古哲思想中对现代人仍有意义、仍具有丰富启示的一些道理,像孔子所表现的认知态度与开放心灵,岂不仍是现代人追求的理想?孔子对爱能的体现与阐扬,以及人本主义的精神和信念,只要人类文明不毁,就有存在的价值。

(4)在诸多新尝试中,比较突出的,是我借用了一点人格心理学的观念,来探讨诸如孟子、墨子的人格,又用社会学的次级团体来诠释墨者团体与兼爱思想的关系,是否得当,自然可以商榷,但在我的尝试中,的确可使读者对这些古老而重要的问题,有耳目一新的了解。

(三)《中国的智慧》

1974年,我读到阿德勒博士的《西方的智慧》[①],书中讨论的问题和

---

①　此书由周勋男中译,1974年台北幼狮文化公司出版。

写作的方式，都使我感到兴趣。许多年来，我教书每一学期都会向学生开列一份课外阅读书目，要他们写报告，并在上讨论课时提出讨论。我觉得阿德勒的书，很适合我们的需要，学生读了，也有很好的反应。在一次讨论课上，有学生提议，希望我能针对书中的问题，谈谈中国历代思想家们对这些问题的思考和看法，以资比较。就这样，引起我写一本《中国的智慧》①的动机。

《西方的智慧》分十大类：哲学科学与宗教、政治、道德、教育、神学与形上学、社会、经济、美与艺术、爱情与友谊、人与世界，一共讨论了107个问题。阿氏是根据两千多年的西方思想，对这些问题提出简明的解答，我的书等于是由别人出题由我来答，透过这一方式，的确可以使中国古老的思想，在现代人普遍关心的问题上，更新颖而生动地表达出来。我想借此也多少有助于缩短现代好学深思的青年们与传统之间的距离，并增加进一步追求传统思想家们的理想与智慧的机会。

在107个问题中，有些问题如有关基督教义和希腊诸神之类，是西方传统所独有的，因此，在我所讨论的90个问题中，只有70个问题和阿氏的全相同，其余的则是我根据中国文化传统及其背景所设计的，如哲学类的"知与行"，政治类的"从贵民到民主"、"法治与礼治"，道德类的"中庸"，教育类的"变化气质"，形上学类的"天道存在的证明"，经济类的"藏富于民"，美与艺术类的"生活的艺术"，爱情与友谊类的"观人的艺术"等，其中有些问题是中国所独有的。从各自独有的问题，不难看出中西文化之间的某些差异；从共同的问题，则正好提示了我们从事中西文化比较的一些线索。

为了方便读者，本书最后特编制了长达五十多页的《中西智慧对照表》，是对70个共同问题所做的提要。1976年4月，《哲学与文化》月刊的《书刊评价》对此书的评论是："……而本书作者也自认每一问题的讨论过分简略，但把每一问题的西方及中国的解答逐条比较，实在非常有

---

①　此书1975年由牧童出版社初版，1986年由水牛出版社再版。

用。就这一观点来说,本书占五十页的《中西智慧对照表》可谓最有意义。"这一看法,使我感到遗憾,因该书最有意义的部分,当然是在对中国智慧的阐述,中西对照不过是一附带的部分。书评最后一段:"无论如何,本书以新的方法讨论中国思想,实在功不可没。书评执笔人对本书的若干观点之正确性提出异议,但就中西文化思想的比较来说,本书实提供了宝贵贡献。""异议"有两点:一是关于科学伦理学的:"作者似乎受实证主义及科学主义的影响,以为可以建立一种完全放弃形上观点的伦理学。其实,最基本的伦理思想是无法完全与形上思想分离的。"这一点批评得很对,二十多年前的想法,我早已扬弃。另一点是关于西方宗教的:"本书对宗教的观点,始终不脱我国知识分子的'样版',例如宗教由恐惧而来,上帝残酷暴虐,神愈尊而人愈卑。这些想法一方面有些接近柏格森所云的低级宗教,而'神愈尊而人愈卑'的说法完全不符历史事实。事实上,西方世界对人之尊严的信念植基于'神爱所有的人'的信心,换句话说,西洋史所昭示的事实是人因神而尊。"西方的宗教思想很复杂,也并非一成不变,就以色列的传统而言,说宗教由"恐惧而来,上帝残酷暴虐",是有根据的。我承认,"神愈尊而人愈卑",是受制于中国人文思想传统的看法,因而忽视了"人因神而尊"在西洋史上的事实。不过,这也仅是事实的一面,而且西方人权观念的产生也并非宗教一个来源。

《中国的智慧》于1975年出版后,在台湾曾由教育当局选为优良读物,向高中以上学校推荐。在大陆,据我所知,1988年发行了两个版本,一是长春市的吉林文史出版社,事前我不知道,还是由新加坡的友人郭润先生寄我一本①,这个版本删除了《中西智慧对照表》。一是北京的中国和平出版社,纳入《台湾学者文化研究丛书》,事前由汤一介教授征得我的同意,这个版本照原书印行。

---

① 吉林文史出版社曾于1987年托在大陆开会的汪荣祖教授转信给我,汪教授把信寄到我的旧址,大半年后才到我手中。

吉林版的前面,加了篇由吴枫先生执笔的《中华民族创造力与凝聚力的源泉——〈中国的智慧〉序言》,对本书有如下的评语:

> 中国台湾学者韦政通先生选择了颇有社会价值的"中国智慧"题目,以其渊博的学识、清晰的思路、充满民族感情,从十个方面论述了有关中国的人性、灵魂、伦理、才能、自由、民主、平等、信仰、金钱、法制、战争、爱情、婚姻、家庭、艺术、审美以及人生观、社会观、自然观、道德观、价值观等人们普遍关注的九十个问题。对一些问题的论述,往往是旁征博引,纵横联系,中外对比,立论扎实,言简意赅,给人以深思探索的启迪。
>
> 《中国的智慧》一书,从对中华民族的历史回顾,总结论证了中国古代、近代人们的聪明才智,这对探求真理的读者来说,可从中吸收教益,增加知识,开阔思路,借以深入研究思考人生的真谛,加强当今中国社会主义精神文明的建设。

此外,吴枫先生认为本书"对'五四'运动一类历史问题的看法失之偏颇,对'战争'一类社会问题的论述也有商榷余地"。中国大陆一向把"五四"的性质定调为反帝、反封建,这才真正是"失之偏颇"。1989年,在北京中国社会科学院主办的纪念"五四"七十周年研讨会上,大陆学者对此已提出纠正,认为"五四"研究必须突破,不可再以毛泽东所说为方针。有的学者并指出:"五四"的本质是思想启蒙,即主张民主、科学、自由、人权,这与我们的了解已相当一致。关于"战争"的论述,如是指我所说"战争是历史的常态,和平只是战疲以后的短暂休息",尽管我有中外的数据作为依据,确应加以改正,应该说"尽管人类历史上战争频仍,毕竟不是历史的常态"才对。

我的学思历程
中篇　批判与探索

一　儒家批判

所谓"走出传统"，

其真实的意义是，与传统主义告别，

放弃了对儒家的信仰。

不过，经过一番转折，

我继续耕耘的田地，还是原来的，

只是将信仰换成为批判，

希望能播下一点新的种子。

引　言

　　相对于上篇作为学者的工作，中篇将展示我另一个心路历程，在这过程中，已不只是扮演学者的角色，而是要扮演思想探索者的角色，更恰当地说，是要从事思想的冒险。我在这条道路上所做的工作，可概括为三个范畴：(1)儒家批判。(2)传统与现代。(3)伦理、道德问题的新探索。这方面的工作与作为学者的工作，在比重上可谓旗鼓相当，在个人的感受上，我比较热爱对传统的批判，以及新思路、新方向的探索，但也感到更加艰难。

一个人如立志做学者，只要用功得当，肯下功夫，是比较有把握的，如有良师引导，就更容易上路。要从事思想冒险，情况就很不一样，首先，它几无前例可援，而必须在陌生的道路上摸索，有成无成根本没有把握。其次，学术工作只要能持之以恒，总会获得一些成果。思想冒险则难免向古今思想上的某些权威，以及成规成矩挑战，因此，你的工作不仅不被同情与肯定，甚至因干犯禁忌，成为众矢之的，使你已有的都会失去。

这两种工作性质虽不同，在我的学思历程中却是息息相关，且相辅相成的：因具有批判的眼光和不断探索的精神，使我对传统思想有了新的体会和认识；对传统思想不断加强其广度与深度的研究，也使我的批判工作逐渐深化。这两种工作都不是阶段性的，三十多年来一直是齐头并进，批判工作的终极目标，是希望把现代中国的传统主义与自由主义，这两种对立的思想形成统一的理论。

三十多年前我为什么会从事思想的冒险，又如何渡过这次的危机，我在《传统与我》一篇短文中①，曾有简单的描述：

> 当我的心智在探索中渐渐成长，由于新知的诱惑和外来种种的刺激，终于逼迫我要求一次心灵的跳跃。面临思想转进的关头，内心激起了前所未有的骚动、彷徨、痛苦和焦虑，原有的安稳、平静搅乱了，原有的自我认同、文化的认同破裂了，原有的信念、理想动摇了，支持生活意义的一切，几皆失其所依。这时刻我的抉择是：用自责自欺的方式重新回头恢复原来的理想和信念，或者从事观念的冒险。我不是很容易就选择后面一条路的，其间我曾丧失过对思想工作的信心，也曾有过逃避现实的念头，因与原先曾付出过

---

① 此文是 1983 年为吴荣斌主编的《八〇〇字小语》一书而写，主要是根据《儒家与现代化》的自序。此文又收入 1985 年由东大图书公司出版的《思想的贫困》文集中。

热情的理想距离化，不可避免地要过一段文化的流浪生活，从传统主义知识分子的角色转换为边际人知识分子，前途一片茫然。在这冒险的过程中，没有人同情，没有人了解，也无法和任何人去沟通。我孤独地在寂天寞地中工作了许多年，为的是什么？我不知道，就是一股冲创的意志力使我接受人生无情的试炼。毅力与耐心，终于使我走出思想的困境，获得新生的喜悦。

从以上这段回忆，大抵可看出我当年"走出传统"时的心境与挣扎。所谓"走出传统"，其真实的意义是，与传统主义告别，放弃了对儒家的信仰。不过，经过一番转折，我继续耕耘的田地，还是原来的，只是将信仰换成为批判，希望能播下一点新的种子。

（一）《传统的透视》

关于儒家批判，我一共出版过四本集子：《传统的透视》、《儒家与现代化》、《中国哲学思想批判》、《儒家与现代中国》。其他的书中，批判儒学的地方当然还有很多，但主要的观点和一些有代表性的文章，大都已收在这四本集子里。

《传统的透视》因多半录自日记和读书札记，态度既不谨严，说理也未必妥当。但因它是我"走出传统"的第一本书，相当程度地反映了我在那年代激荡心情的真实写照，在个人的学思历程中，仍具有不寻常的意义。正因这些文字本不打算公之于世，仅是私下的独白，因此在思想的表达比较大胆放任，百无禁忌，今日看来，此书的珍贵处，也正在此。这些文字，与1950年代初，为了挣脱浑浑噩噩的现实生活，渴望走上学术道路，留下的充满自省、自责的独白相比，真是一强烈的对照。

这些文字的产生与当时台湾的文化背景、气氛也有一定的关系。这方面，用当年流行的一句话来形容，即仍弥漫着"守旧浮夸的大雾"。所以《自序》一开头便慨叹地说："这是一本批判传统文化的小书，20世纪60年代的中国社会，竟能产生这样一本书，甚至这类批判，竟被人认为是空谷足音,真是太大的不幸!"另一方面,正有一些激情的青年,乘着中西文化论战,在与旧势力奋战,做着"扫雾"的工作,因此我说:"即使从甲午中日战争算起,中国人奋发图强的历史,也已有整整七十年了,为什么我们的思想,总是在拥护传统与反传统的一条狭巷子里混战?"由于一开始我便有此觉悟,所以在告别传统主义后,反传统的激情是有过,但从未走向另一极端,成为一个西化主义者。

书中《闭锁的道德》,是本于开放社会和多元文化的观点,指陈儒家道德思想的局限;《退化的历史观》,是在检讨我国复古思想的历史根源;《玄学的特质》,论证了传统玄学之所以与现代化思潮相左;《孔子思想与自由民主》,讨论了二者之间相容与不相容的问题;《理想与空幻》,是探讨儒家的理想为何在历史上未能实现。这些文章的内容,今日看来有不少是不成熟不妥当的看法,但由此可看出我当时关心的几个主要问题。

此外,《学徒制的师生关系》反映我当时心里的挣扎;《讨论传统文化的两封信》和《我对中西文化论战的感想》描述了我"走出传统"时的心境与想法;《创造性思想的培养》和《论近代精神》表达了我当时思想上的渴望。书的最后,《评梁漱溟"中国文化早热"说》、《梁漱溟的一生和他文化理论》,是我最早讨论梁先生思想的文字,1977年又为《现代中国思想家》系列编写一册《梁漱溟》[1],在两岸隔阂的环境下,此书材料仍限于1949年之前。1987年5月,《文星》以梁氏为封面人物,我写了一篇《"文化中国"的象征——梁漱溟的生平与思想》,文中已讨论到1983年出版的《人心与人生》。1988年5月中旬我到北京,21日由中国文化书院派雷音女士陪同,到协和医院探望因尿毒症住院的梁先生,他的身体已十分虚弱,不能多谈话,望着我,连说三声"对不起",我们仅在病床边合影而别。别后不久,梁氏便于6月23日逝世,为了悼念他,我写了一篇《中共统治下的梁漱溟先生》[2]。

---

[1] 此书于1978年,由台北巨人出版社出版。

[2] 此文原载1988年7月10日《中国论坛》,后又收入1989年由东大图书公司出版的《历史转捩点上的反思》文集中。

(二)《儒家与现代化》

《儒家与现代化》一共收入十篇文章,其中五篇在中西文化论战后期(1965 年元月起),曾连续刊登于《文星》杂志。如果说,思想冒险的冲动,是产生这系列文章的内因,那么文化论战中对传统文化肆无忌惮的抨击,以及《文星》以紧迫盯人的方式刊登我的文章,便是催生的外缘。回想写这些文章的那段日子,生活过得既紧张又兴奋。那时我还在台湾南部乡间一省立高中教毕业班,正课加辅导,一星期有三十小时的课,只有晚上和假日,才有时间写文章,有时为了赶上截稿时间,会通宵达旦地工作,然后在清晨骑脚踏车把稿子送到邮局前的邮筒中。那时年轻,好像有永远用不完的精力,一个晚上只要能熟睡三四个小时,便能应付日常工作。就是从那个年代开始,我严格要求自己,逐渐养成在书斋中工作的习惯,每天读书、思考、写作,就如同吃饭、睡眠一样自然,四十年如一日,从不敢懈怠。这种生活习惯,渐渐使我把教书变成副业,终则放弃教学生涯。这种习惯,自诩为"学人的生活方式"。

文章在《文星》发表后,据说殷海光先生为了读这些文章,曾一改他午睡的习惯。就在那年(1965)5 月中旬,他邀请我到台湾大学来演讲,5 月 20 日下午四时,在他温州街的寓所,我们首次见面。那年暑假,我在内子的怂恿下全家迁居台北,开始我们之间的交往,直到 1969 年 9 月 16 日他去世为止①。在那四年中,我们经常一星期见一次,每次谈约两小时,有时谈得兴起,他会送我出门,到台湾大学大门旁才分手。这段患难中的友谊,建立于"白色恐怖"之中,除彼此相勉相惜之外,对我最重要的意义,是从他那里认识了我自己,使我往后在思想探索上更有信心。

发生于 1960 年代初的中西文化论战,是传统主义与西化主义两种意识形态之争,《两个人和两条路——为"传统"与"西化"之争提供一页

---

① 殷先生去世后,我有一篇《我所知道的殷海光先生》长文,细叙我们交往的情形,原载 1970 年 6 月《大学杂志》,已分别收入我的《传统的更新》(大林出版社,1981 年),和《殷海光纪念集》(桂冠图书公司,1990 年)中。

历史教训》是我发表在《文星》的第一篇文章,文章的题目是因读劳榦先生《追悼胡适之先生并论"全盘西化"问题》之文而触动的。劳先生以梁漱溟和蒋梦麟这两位著名的农村工作者为例,认为"梁先生失败了,蒋先生成功了。假若'不论东西,惟长是取',凭着当前的借鉴,那就最好走蒋先生的路,千万不可走梁先生的路"①。我的文章是根据梁漱溟先生推动的乡治运动,与蒋梦麟主持的农复会工作做对比,来说明为什么梁先生失败了,蒋先生成功了。如就成败而言,当时我忽略了二三十年代的中国与1950年代的台湾,其外在环境与客观条件是大不相同的,台湾农复会的工作所以能比较成功,是因有美援、有应用新技术的人才、且经过土改,还有日治时期留下的基础,而这些在二三十年代的中国是完全没有的。所以就意识形态之争,这两条路有其参考的价值,若言成败,实无法相提并论。

在《泛道德主义影响下的传统文化》一文中,我对"泛道德主义"的界定是:"所谓'泛道德主义',就是将道德意识越位扩张,侵犯到其他文化领域(如文学、政治、经济),去做它们的主人,而强迫其他文化领域的本性,降于次要又次要的地位;最终的目的是要把各种文化的表现,统变为服役于道德,和表达道德的工具。"1967年,张灏兄由美来台,送我一本郭颖颐(D. W. Y. Kwok)的《中国思想中的科学主义(1900—1950)》,书中对科学主义的定义与我对泛道德主义的界定有相似之处,这使我想到1923年的科学与玄学的论战。这场论战,表面上好像是科学主义者占了上风,但深一层看,科学主义者不仅没有能打倒道德主义,可能反而从侧面助长了道德主义的延续。道德主义不论古今,它的问题都在以道德价值去主宰文化的其他领域。科学主义者不察,在基本精神上竟和他们是一丘之貉,企图以科学的意理去代替道德的意理,以科学的新宗教替换伦理的旧宗教,名词变了而精神不变②。

---

① 《胡适与中西文化》,台北,水牛出版社,1968年,第280页。
② 见韦政通《现代化与中国的适应——近百年来思想问题的剖析》,台北,牧童出版社,1976年,第5页。

此文是透过"文以载道"、"德治主义"、"谋道不谋食"等观念,说明儒家泛道德主义影响下的文学、政治和经济,其中一些情绪性的文字,乃出于三十多年前反传统的激情,但指出文学应保有其本性与独立的领域,德治主义乃是一种政治神话,以及某些经济思想的荒谬与虚饰,至今仍觉得很有道理。问题是缺乏平衡性的分析,因文以载道、德治主义,在思想上并不纯是负面的。

《儒家道德思想的根本缺陷》是我在《文星》所发表的文章中,较有深度的一篇。所谓"根本缺陷",我从四方面加以探究:

第一是"对生命体会肤浅",是就基督教的原罪,佛教的无明,与对近代人病痛有深刻诊断的存在主义,和儒家由仁与性善发展出的一套生命的学问做对比。在学术讨论上,以"肤浅"作为论断并不妥,但从坚实的论证来看,说儒家对生命体会肤浅,似亦并不为过,理由是它既不如基督教能切入人类罪恶的渊源,使我们可以认识人类罪恶的真相;也不如佛教能由生、老、病、死的习见现象,掘发出人生一切烦恼的根源——人生命中与生俱来的无明。因此,儒家生命的学问,对生活变动幅度大,且有深刻痛苦经验的人,就显得无力,也很不容易与这一代人的破碎心灵起共鸣。从前顾亭林曾慨叹"南方士大夫,晚年多好学佛;北方士大夫,晚年多好学仙",多不肯"进德修业",而"流于异端"①。照上述观点来了解,中国士大夫晚年所以学佛学仙,是因年轻时学到的那套儒家教义,拿到现实上多半行不通,宦海浮沉数十年,良知如还没有被污秽的现实磨光,在失望痛苦之余,晚年皈依于比较能切合身心需要的释、道,这毋宁是很自然的现象。

第二,"道德功夫流于虚玄"。儒家的道德思想,最重要的目的,不只是在建立一套道德理论,而是要发展出一套有效的成德工夫。此文这一部分扼要地检讨了先秦到宋、明儒者们的工夫论,不仅指出其局限,同时也说明儒者们的工夫论,何以越到后来越流于清谈,流入光景,

———————————

① 见《日知录》卷十三,"士大夫晚年之学"条。

并与广大的现实人生脱节。

第三,"泛孝的流弊"。所谓"泛孝",是将孝扩张到使人世间一切事务、一切德行,莫不以孝为中心,它是儒家泛道德主义最突出的表现。从孟子的"尧、舜之道,孝悌而已矣",已有泛孝的倾向。《孝经》提出"以孝事君则忠","臣事君,犹子事父"的主张,于是有忠孝混同的问题,由于忠孝混同,才使孝道成为维护专制的工具,所谓"流弊"即指此而言。

由于忠孝混同的问题,是判定儒家是否助长专制的症结之一,所以我在《中国孝道思想的演变及其问题》一文中①,对这个问题,做了进一步的研究。我除了对忠孝混同的思想所以形成的原因,提出三点解释之外,也反驳了徐复观先生的有关见解。徐先生曾认为这一思想的形成,是经过法家有意的安排,到了汉人伪造的《孝经》,遂在文献中取得了崇高的地位,因而才使儒家的孝道蒙上了千古不白之冤②。但根据我的研究,忠孝混同的思想,实是孝道思想的演变和政治制度的演变,二者之间交互影响所产生。这种思想在《大学》已出现,在《礼记》(《大学》本也是《礼记》中一篇)、《大戴礼记》、《吕氏春秋》里更多,《孝经》不过是把当时已流行的思想,做了更有系统的整理和发挥而已。

第四,"外王的消除"。内圣外王原本是先秦儒家最基本的理想,但从历史的演变来看,内圣方面有充分的发展,外王的理想不但难以落实,且愈到后来连外王的理论都越来越显得空疏。至于外王消除的原因,此文的解释是:"治国平天下的外王理想,首先要从修身做起,可是修身功夫即成德功夫,这方面真是性海无边,有无穷的复杂性。所以一个人的成德功夫,在时间上是一无限,永无完成之日,儒者们一旦踏入这圈子,这牛角尖就够钻的了,转来转去,总在个体的成德上兜圈子,久而久之,外王纯粹只剩下一层虚影。"这也说明,欲以个体的道德修养,

① 此文最早发表于《现代学苑》月刊6卷5期,现已收入韦政通《中国思想传统的现代反思》作为附录。

② 见徐复观《中国思想史论集》一书中的《中国孝道思想的形成、演变、及其在历史中的诸问题》一文。

作为理想政治和人间秩序的基础之设想，问题上是根本不相应的。不过此文将宋、明儒学竟演变至消除外王的大部分原因归咎于佛、道两家的影响，并不正确，真正的原因，仍在儒学本身的结构，佛、道的影响只不过是强化这种倾向而已。

后来我写《传统中国理想人格的分析》一文，由秦、汉统一后，理想人格特质的转变，又使我了解到，在大一统局面下的儒者，能自作主宰的工作，主要是在修身和教化这两项上，治国平天下之事，要让给像秦皇、汉武这类人物去干了。从此以后，儒学的外王问题变成了出仕问题，知识分子所能为者，只是培养自己，等待举用。专制帝王成了现实上的"圣王"。

《儒家道德思想与自由》是 1966 年 5 月 23 日由台湾大学哲学会主小的演讲的讲稿。前文说过，我的"批判工作的终极目标，是希望把现代中国的传统主义与自由主义，这两种对立的思想形成统一的理论"，这篇讲稿所讨论的问题，便是相应着这个目标，所做的初步思考。当然，在当初我对这个目标还缺乏清晰的意识，但在我的学思历程中，朝这个目标去发展，是极其自然的。

问题是由近代自由主义者与传统主义者对儒家道德与自由两极端的看法所引发。自由主义者从传统礼教造成的种种不人道的桎梏，遂认为儒家道德与自由不相容；传统主义者则认为自由主义者所倡言的自由，在理论上缺乏深厚的基础，在理性上也没有必然的保证，而孔、孟思想中具有最根本意义的自由，如不先讲求这种自由，就倡言人权，便是舍本逐末。

针对此一问题，我分别说明了儒家思想中所说的自由是什么意义，和儒家思想中所不具备的自由，又是什么意义。儒家所说的自由，是道德意志的自由，我称之为"内在自由"，它主要的功能在成就人格。儒家所不具备的自由，是中国近代史上所追求的如宗教、言论、出版、集会等自由，我称之为"外在自由"。"外在自由"的要求，消极面是要消除外加于人身的种种限制，积极面则是要取得对各种自由的保证。就自由的保证制度而言,即自由的器用化。

观念上厘清之后,进一步要讨论的是,这两种自由要如何调和、如何衔接?我当时是由"内在自由"在现实历史中表现的局限,来说明"外在自由"的必要。也就是说,"内在自由"要有健全的发展,必须有"外在自由"为其条件,并以儒家所强调的"人的尊严"和"自我主宰"为例加以说明。

这本文集,原本由文星书店收入《文星丛刊》出版,后因书店被迫关闭而未果。此书初版改由水牛出版社于1968年出版,书名是《传统与现代化》。1970年9月2日,出版社负责人彭诚晃先生告诉我,此书已被警备总部查禁,罪名是"反传统"。1987年解严后,书换成大字本重新问世,并更名为《儒家与现代化》。

1968年此书刚出版时,殷海光先生曾撰专文加以评论[①],因书名是"传统与现代化",可是书中对此二者都缺乏明确的概念,因此书评大半内容是表达殷氏对"传统"、"现代化"的见解。与本书直接有关的评论有两点:其一:"就本书所展现的而言,著者对于中国的传统,尤其是传统主义之妨害现代化的许多层面,有较五四运动以来深进的论评。不过,这些论评,在基本上仍限于马丁路德式的格局里。"这是就整体的内容,指出本书的优缺点,所谓"马丁路德式的格局"盖是指激情多于理性,独断而又少分析吧。

其二:殷氏将现代化分作三个相度:(1)器用层次。(2)制度层次。(3)道德、伦范及基本观念与思想模态层次。"著者对于第一层次的兴趣似乎不大。关于第二层次,著者的兴趣在民主和自由。但是,这在目前的中国,真是'兹事体大'。著者的中心兴趣在第三层次。我们如要道德、伦范、基本观念及思想模态现代化,那么就是进攻一个社会文化的最里层,也就是核心价值和原始精神层。这一层内卫体制如被攻破,即是该一社会文化解体,而从事一个新的转变。这是一件痛苦的事,所

---

① 这篇书评,已收入1990年由桂冠图书公司出版的《殷海光全集》之《书评与书序》(下)。

以,通常一个社会文化在这一层上抵抗最烈。由以上的解析可以推知,著者所从事的工作,实是最艰难而伟大的工作,他必须和原始的氏族精神、世界观、神话、禁忌、玄谈、权威作战,扫清一条大路,为开放的社会培育开放的心灵,追求科学的真知,建立适合现代人的生活原理,致人类于和安与太平。"

殷氏的书评,作于1968年4月,很明显地仍未摆脱1960年代中西文化论战中,西化派认为"传统"与"现代化"对立的思考模式。在台湾的中青年知识分子,这方面的对立,要到1970年代经济加速发展,社会稳定发展,同时把意识形态的问题转变为学术思想的问题来讨论,才渐次克服。现在看来,殷氏的评论,不免高估了此书的价值,但对思想路向尚未定型的我,的确是一大鼓励,他使我对自己的工作更有信心。

(三)《中国哲学思想批判》

1965年暑假,我全家从台南移居台北,因受《文星》发表文章的影响,找工作不顺利,失业一年。这一年靠文星书店每月预支固定稿费维持生活,同时也为立法委员齐世英先生主持的《时与潮》半月刊写社论。收入《中国哲学思想批判》中的十一篇文章:《墨子非儒思想平议》、《韩非子对儒家的批判》、《王充的批判哲学》、《阮籍的时代和他的思想》、《宋朝思想家李觏的思想》、《颜习斋思想述评》、《戴东原对宋儒的批判》、《谭嗣同的思想》、《梁启超的早期思想》、《胡适的思想》、《吴稚晖的思想》,本是文星书店的预约稿,书店结束营业,稿子发还给我,1968年由水牛出版社出版。

此书写作的方式,是透过古今十一位带批判性的思想家对儒家思想的批判,借以了解儒家思想的缺陷。例如韩非一篇,列举韩非对儒家的批判为:(1)反尊古。(2)力与德之争。(3)仁与法之争。(4)斥文学之士。(5)忠与孝的冲突。(6)儒者无用。(7)反"得民心可以为治"说。然后从韩非的批判,再进一步看儒家思想的缺陷:(1)缺乏进化思想。(2)缺乏法治观念。(3)缺乏功用观念。又如王充一篇,王充对儒家的批判为:(1)疑古。(2)疑道统。(3)疑天。(4)人性论之争。(5)问孔。(6)刺孟。由王充的批判再看儒家思想的缺陷:(1)缺乏效用与实证观念。(2)缺乏批判的态度。(3)缺乏怀疑精神。

写作这一系列的文字,距今三十五年了,现在看来,当然不能满意。首先是内容过分简化,前面三篇处理的方式也很僵化,所以阮籍以下各篇已改观。其次,"缺乏"某种思想未必就是"缺陷",假如"缺乏"就是"缺陷",岂不要假定儒家为思想的百货商店? 儒家虽然不是一般的学派,但不论它多么复杂,它必有一些与其他学派不同的基本特性,针对这些基本特性及其衍生的思想加以批判,才能说是相应的批判,也可以说是一种"内在的批判"。说儒家思想不具备什么,已不属于"内在的批判",而是"外在的批判",这是站在中国未来思想发展的立场而言的。"内在的批判"要向历史负责,"外在的批判"则富有开创的意义。

殷海光先生对此书也有一篇书评[1],他说:"本书大部分是借反正统及反儒家之思想来批评中国的正统思想与儒家观念,在台港从事中国思想研究的界域里,本书所表现的是一种新动向。……思想和文笔清新,但理论的根基尚未扎稳。作者是从经验论、功利伦理出发,运用解析方法来对治先验论、非利伦理,以及直观心证法。……问题的中心在攻某种玄学或先验主义。"在殷先生给我的一封信中曾说过:"我想我是你的著作之最知己的读者"[2],由上述两篇书评,可知此言非虚。这篇书评,相当正确地点出我"走出传统"初期的心态。可惜那年代我还没有足够的功力,将此一中国思想研究的新动向,做更完整、更深入的探讨,甚至为了顾及这些文字能顺利出版,像李贽(卓吾)这样重要的批判性思想家,都没有能写进来。

(四)《儒家与现代中国》

收在这本集子里的十篇文章,有几篇在前文相关的部分已谈过。

---

[1] 此文也已收入 1990 年由桂冠图书公司出版的《殷海光全集》之《书评与书序》(下)中。
[2] 这封信收入《殷海光全集》中之《殷海光书信集》,桂冠图书公司,1990 年。

这些文章,最早的作于 1970 年,最晚的是 1983 年。在这段岁月中,因我正值盛年,大部分的时间都是照着自己的计划在工作,假如没有外缘,没有友人的顿促、甚至逼迫,这些文章是不会产生的。

《传统中国理想人格的分析——崇古价值取向的研究》,是书中最早的一篇,乃李亦园、杨国枢兄共同召集的《中国人的性格——科际综合性的讨论》会上所提的论文,距今已三十年。回想当年的讨论会,与现在一般学术性的研讨会很不一样。讨论会分两个阶段进行,第一阶段讨论论文大纲,第二阶段讨论论文内容,前后共举行十四次会议,每次差不多三小时,历时十五个月。应邀参加的学者,既没有车马费,也没有稿费,但每次聚会,很少有人缺席。因开会多在夜晚,结束后肚子饿了,有时候便各自掏腰包到东门去喝豆浆。三十年来,台湾经济突飞猛进,使社会各方面都起了变化,学人们的生活比从前改善许多,但纯学术的兴趣,尤其是对学术的认真态度,似乎反而不如从前。因此,昔日讨论会上心智交流的经验,格外令人怀念。

此文有两个重点:(1)从历史的观点探讨理想人格的形成和演变。(2)讨论崇古的价值取向与中国国民性之间的关系。与儒学批判有关的,是后面一点,因我是从儒家将尧、舜、禹、汤、文、武、周公等古帝理想化的过程,来看理想人格的形成,在这过程中,遂导出崇古的价值取向,而崇古也正是儒家的"核心价值和原始精神层"。我根据儿童养育、变化的期望、人生观、仪式改革等四方面的观察,可以很清楚地看出,崇古的价值取向,实是形成中国国民性中如权威人格、保守或拒变、要求悠久等最基本的文化因素,而这些性格对中国的现代化是不利的,因此要改造国民性,就必须先改变这种价值取向。

这次讨论会的论文集,于 1972 年由中研院民族学研究所出版,出版后颇为海内外学界所关注,连印三版之后,竟遭人向国民党中央党部检举,并由一位以国学闻名的院士,提出一份与学术无关的报告,后经协调以不再版不发行结案,据说这是中研院院史上破天荒的一次。解严后,1988 年此书由桂冠图书公司纳入《中国人丛书》印了新版。

　　就在论文集出版的同一年,基于前次合作愉快的经验,原讨论会的
部分成员,再加上新邀的十多位学者,又组成"中国的现代化"研讨会,
仍旧分两阶段进行,《现代中国儒家的挫折与复兴》这篇近五万字的长
文,就是在这个会上提出的。

　　所谓"挫折",是指 1915 年以后《新青年》对儒家传统的攻击和破
坏;"复兴"则是指当代新儒家在民间对儒家传统的维护,以及重整的努
力。关于"儒家的挫折"部分,文中分三点来探讨:(1)《新青年》反儒家
运动的起因。(2)攻击儒家的主要言论。(3)反儒家运动的历史意义及
其影响。与儒家批判直接相关的是第二点,我除了展示《新青年》反儒
家的言论之外,同时也对这些言论予以再批判。

　　我把《新青年》的反儒家言论,提出四个论题来讨论:(1)儒家传统
与民主科学。(2)家族主义与个人。(3)礼教与法治。(4)定于一尊与
多元主义。且以(1)为例,《新青年》创刊号上汪叔潜谈《新旧问题》:"所
谓新者无他,即外来之西洋文化也;所谓旧者无他,即中国固有文化
也。……二者根本相违,绝无调和折冲之余地。"吴虞《儒家主张阶级制
度之害》:"儒教不革命,儒学不转轮,吾国遂无新思想、新学术,何以造
新国民?"①《新青年》的领导人陈独秀,也持同样的论调:"欧洲输入之文
化,与吾华固有之文化,其根本性质极端相反。"②所以他坚决主张:"吾
人倘以新输入之欧化为是,则不得不以旧有之孔教为非;倘以旧有之孔
教为是,则不得不以新输入之欧化为非;新旧之间绝无调和两存之余
地。"③根据他们的逻辑,要在中国实现民主、成就科学,就非要打倒儒家
的旧传统不可。

　　我在文章里对上述言论再批判的要点是:

　　第一,在追求中国现代化的过程中,引起传统与现代之间的紧张关
系,甚至新旧对立,都是不可避免的现象。但对立并不表示绝无折冲的

① 《新青年》3 卷 4 期。
② 陈独秀《吾人最后之觉悟》,《新青年》1 卷 6 期。
③ 陈独秀《答佩剑青年》,《新青年》3 卷 1 期。

余地,文化可以创新,价值也能转换,但新旧文化之间,不可能劈成两半,舍其旧而取其新。

第二,陈独秀主张"吾人倘以新输入之欧化为是,则不得不以旧有之孔教为非"云云,是由二元价值观而来的独断论式,根本不是对中西文化的客观认知。根据语言学家的了解,人们使用二元价值观点,主要在表现强有力的感情,以增进战斗精神。这一点有助于我们了解《新青年》的反儒家言论,为什么那样猛烈又富有情绪上的感染力。

第三,《新青年》的作者们,在思想上所表现出来的缺点,最严重的是,他们提倡民主、科学,可是在他们的思想和性格上,却具有反民主、反科学的倾向。

当然,我们不能因为他们思想上的缺点,就抹煞他们提倡民主、科学、法治、多元主义,以及促成个人解放等方面的贡献。自五四新文化运动以来,这些不仅是知识分子一直在讨论的课题,也是我们一直在努力的目标。

关于"儒家的复兴"部分,文中分两点来探讨:(1)儒家复兴的历史背景及其先驱。(2)儒家复兴的主要理论。关于主要理论,又分三点逐步予以展现,同时也逐点予以批判性的检讨。

1. 对反儒家言论的抨击。我将新儒家人物抨击反儒家的言论选择性地列了一个表,从这个表可以看出,他们反击的论点有:(1)以辨真伪之考据代善恶之标准。(2)悍于求变,忍于谋安。(3)偏激的意见和态度。(4)丧失自信。(5)导向马、列主义。(6)重功利轻理想。(7)情感的气机之鼓荡。(8)科学主义。(9)非孝者全无心肝。(10)主张激烈、过于共党。针对新儒家对五四人物反儒家言论的反击,我提出六点检讨,有批评也有肯定,但总的印象是:"由上表所列的言论,很少能算是对问题经过冷静思考的反应,依然只代表另一股'情感的气机之鼓荡'。假如有人接受这些言论,除了激发怀恨的情绪外,对新文化运动这幕历史,又能得到几分正确的认识呢?"

2. 对传统文化的认同。这方面我提出三点:(1)历史文化精神的肯定。(2)孔子的人格及儒家人文精神的肯定。(3)心性之学。

关于(1),新儒家论历史文化,是依据他们的文化哲学和历史观,中心观念是:历史文化乃精神实体的表现。抱如此历史文化观的人,自然会觉得"此精神从未衰微,亦永不会衰微",因为这种精神只存在于形上的信念之中。

关于(2),新儒家认为孔子的人格精神"是超一切对待的","乃上帝之精光毕露之所在",若与释迦、耶稣、穆罕默德其他圣贤相比,他们皆"偏至的圣贤型",唯有孔子代表"圆满的圣贤型"。又认为只有儒家的人文精神,方"足以成为文化生命前进之最高原则",如能把西方文化中之民主、科学融摄于中国文化之中,那么儒家的发扬,"岂徒创造自己而已哉,亦所以救西方之自毁也"。诸如此类的言论,我的看法是:"可能产自由自我膨胀而来的'高度的统摄感'、'自我伟大感'和一种自得的'在世界的巅峰感'。这些都是精神分析学所说的'自我迷恋'的精神现象。"

关于(3),新儒家对传统心性论的诠释与问题的疏导,有很大贡献,然因仍坚持孟子为心性之学的正统,制造了儒学内部的纷争,"继往"已有所不足,更不用说"开来"了。

3. 对西方文化的适应。这方面也分三点:(1)对民主的态度。(2)对科学的态度。(3)中西文化观。

关于(1),新儒家对民主的肯定是一致的,但对民主与中国文化传统关系的思考,则缺乏共识。唐君毅先生认为"儒家思想有最高的民主精神"①,因此,"从中国历史文化之重道德主体之树立,即必当发展为政治上之民主制度"②。梁漱溟先生则认为中国文化根本是"另走一路","不是同西方人走一条路线"③,所以中国文化若顺着自己的路线走,永

---

① 唐君毅《人文精神之重建》,香港,新亚研究所,1955 年,第 413 页。
② 见由唐氏执笔的《为中国文化敬告世界人士宣言》。
③ 《东西文化及其哲学》,香港,自由学人出版社,1960 年,第 84 页;《中国文化要义》,台北,正中书局,1963 年,第 283 页。

远也不会有民主和科学的成就出来。张君劢先生的看法与唐、梁二氏又不同,他告诫国人:"若谓今后全部文化之基础,可取之于古昔典籍之中,则吾人期期以为不可。自孔、孟以至宋、明儒者之所提倡者,皆偏于道德论,言乎今日之政治,以民主为精神,非可求之古代典籍中也。……与其今后徘徊于古人之墓前,反不如坦白承认今后文化之应出于新创。"①我比较同意张氏的看法。

关于(2),新儒家对中国需要科学亦从无异词,他们对科学可能给予中国文化的贡献,也有深切的认识。惟因新儒家坚守道德理想主义的立场,所以思及科学与中国文化传统的关系,仍无法摆脱"中体西用"的窠臼。

关于(3),新儒家的中西文化观,是以儒家思想之根本信念,作为评判中西文化的标准。这样的论法,第一是预设了中国文化优于西方文化。第二,他们的基本态度,是在对中西文化做价值判断。根据他们的判断,西方"近代精神,乃步步下降",西方近代文明正"日趋于自毁"。基于此一认识,他们认为西方要有前途,必须学习以儒家为代表的东方的智慧,并由此导出世界文化的未来,将是"儒学第三期之发扬"。这种论调,已越出学术的范围,新儒家是在向世人做一种宗教预言式的宣示。

《当代新儒家的心态》作于 1982 年,与《现代中国儒家的挫折与复兴》相距十年,文中对新儒家的看法,如今又过了十七年,并没有多大改变。这篇文章是为了配合《联合报》与《中国论坛》合办"当代新儒家与中国的现代化"座谈会而写。我在《中国论坛》编委会上提议办这次座谈的用心,在此书的序文中曾提过:"座谈会的主讲人中,余英时教授曾是钱穆先生的弟子,林毓生、张灏两位教授曾是殷海光先生的门人,刘述先教授熟悉新儒家的发展,金耀基教授虽是社会学家,但对自由主义与新儒家的思想一向关心,作为主持人之一(另一主持人为李亦园教

---

① 《明日之中国文化》,上海,商务印书馆,1936 年,第 132 页。

授),并代拟讨论提纲的我,曾长期从学于牟宗三先生,所以我认为这次座谈会具有象征的意义,象征着上一代思想上对立与争论的结束,超越了派系的立场,大家可以坐下来开放地对谈一番,究竟谈了些什么已属次要。"想不到这个座谈会的记录全文和我的文章发表①后,竟然仍引起误解和责难!

此文分四部分:(1)新儒家的共性与殊性。(2)历史文化观。(3)民主之根与民主之花。(4)批判地继承及创造地发展。关于新儒家的共性,我尝试性地列举了七项:

(1)以儒家为中国文化的正统和主干,在儒家传统里又特重其心性之学。

(2)以中国历史文化为一精神实体,历史文化之流程即此精神实体之展现。

(3)肯定道统,以道统为立国之本,文化创造之源。

(4)强调对历史文化的了解应有敬意和同情。

(5)富根源感,因此强调中国文化的独创性与一本性。

(6)有很深的文化危机意识,但认为危机的造成主要在国人丧失自信。

(7)富宗教情绪,对复兴中国文化有使命感。

所谓"共性",应该是就新儒家一群代表性人物的思想综括而成。事实上以上七项,我所根据的仅是港、台两地新儒家主要代表唐君毅与牟宗三两位先生的思想,而我当时在文章里列举的新儒家人物,却包括梁漱溟、张君劢、熊十力、钱穆、牟宗三、唐君毅、徐复观等七人。不久前,余英时兄在《钱穆与新儒家》长文中②,经详细分析,证明钱先生绝非"新儒家","所以严格言之,'新儒家'主要即是指熊十力的哲学流派"。英时的分析是对的,根据他的分析,不仅钱穆不是,在严格定义下,梁漱

---

① 文见 1982 年 10 月 10 日《中国论坛》。
② 此文见《犹记风吹水上鳞——钱穆与现代中国学术》,台北,三民书局,1991 年。

溟、张君劢、徐复观都不能算是新儒家。因此,当年所谓"新儒家的共性",应修正为以熊、唐、牟三位先生所代表的"新儒家思想的特征"。

关于历史文化观,在前面那篇文章里虽已讨论过,毕竟时隔十七年,在这十七年中,我很少阅读新儒家的书,而自己的学识多少有些长进,因此,再回过头来看这个问题,也有了一些新的了解。例如文中以"对精神宇宙的真实也有牢不可破的信仰"的卡莱尔的英雄史观,比拟新儒家的历史文化观;又指出这种历史文化观,是在中国文化挫败,大帝国"天朝型世界观"崩溃后,企图建立一"文化中的天朝",以弥补意识上的空缺和失落,并唤起某些人乌托邦式的希望;同时我也检讨了新儒家所说中国历史文化是仁心或圣贤豪杰的表现,与朱熹所说"而尧、舜、三王、周公、孔子所传之道,未尝一日得行于天地之间"这两个相反的论断。由此就不难理解新儒家之所以不能以朱子为儒学正宗的部分原因。

新儒家在宣扬他们的历史文化观时,坚决反对用客观冷静的态度以及科学方法去研究,他们主张对历史文化要抱"同情",尤其要存有"敬意"。这里所说的"同情"、"敬意"与他们认为中国历史文化乃精神实体的展现是密不可分的,因此有其特别的涵义,也就是要求国人对历史文化要有宗教性的虔诚。我当时并不了解这一点,所以仍本于理智性的批判态度,讨论在一般研究历史文化过程中,"同情"与"敬意"所扮演的角色;甚至天真地以为,"这样的历史文化观,不仅无助于对历史文化真相的了解,且可能产生反面的效果,即妨碍对历史文化从事客观的认知"。他们主要的目的根本不在这里,新儒家心目中的历史文化,与现代一般人文、社会学科中所理解的,是全然不同的。

当我再一次有机会检讨新儒家有关民主问题时,我思考的重点是如何摆脱"纵贯性联想式的思想方式",因为从晚清的"中体西用",以及以民本附会民主,到新儒家的由道统"开出"政统等,都是扣紧在民主与中国传统文化的关系上思考,这一取向所产生的种种说词,不仅在理论上有极大的困难,在现实上对中国实现民主,也根本没有实质的意义。

因此我主张在思想上要讨论中国的民主，应从检讨近百年来追求民主失败的经验下手。"与其恋恋不忘中国传统中那些从未发芽的民主种子，何不多多发掘近百年来中国人民追求民主的痛苦经验！中国的民主前途，毋须再等待中国传统中的民主种子培育成芽，因为近百年来的中国人民为民主奋斗所流的泪与血，早已使民主在中国现代史中生根发芽，只是尚未开花结果。"

此文最后一部分"批判地继承及创造地发展"，是在揭示这一代海内外对中国文化与中国思想，逐渐获得共识的研究态度与方法，这种态度和方法，与新儒家要由中国的道统"开出"政统（民主）与学统（科学）的态度和方法，是大不相同的。新儒家的"开出"说，是要将民主和科学纳入中国原有的价值系统之中，而不是调整与转化中国原有的价值系统，以利于民主与科学的发展，所以"开出"云云，形式上好像开放，实质上仍是封闭的。

在文章里我承认"新儒家在当代中国学界，是比较能沉潜而真诚的，他超名利、耐寂寞，力图延续儒家薪火。如果说在心态和观念上表现出一些限制，一部分的原因是由于历史的条件造成，另外则当归咎于新儒家在发展过程中与现代学术思想潮流隔阂，因而内部不易培养自我检讨自我批判的风气"。所谓"历史的条件"，是指在西方文化冲击下，因中国文化严重受挫，而产生心理上的反弹。所谓"与现代学术思想潮流隔阂"，其实，不只是"隔阂"，新儒家认为近代西方文明正走向堕落与自毁，心态上是反现代的。就这些方面来看，他们在心态和观念上所表现的，实不只是"一些限制"而已。

此外，我也指出"新儒家最大的愿望之一，是希望现实政权能由儒家的思想和精神来领导，这是过去两千多年都没有能达到的理想，现在可能更难"。在传统中国，至少教育是为儒家传统所主宰，可是到了现代，整个中国的传统文化，都面临一前所未有的新处境，因"现代教育里，凡是专业性的课程，大部分的知识不是固有的，这个事实说明在现代社会里，传统文化不可能再像过去那样居于绝对主宰的地位"。

　　《两种心态·一个目标——新儒家与自由主义观念冲突的检讨》，是应《思与言》杂志，为了纪念创刊二十周年(1983)，所编的《三十年来我国人文及社会科学之回顾与展望》文集而写。我所以会选这样的题目来写，是因在过去几十年中，我与台湾的新儒家和自由主义者，都有较深的关系，这是一种特殊的因缘，也是难得的际遇。但我始终无法认同任何特定的思想立场及学术门派，我把自己定位于"一个自由独立的思想工作者"，因此在文中对二者都同样以批判的态度加以检讨，针对把"这两种对立的思想形成统一的理论"那个目标，也有了一些新的进展。

　　文章内容分四个部分：第一部分简要地展示两种心态的对立以及主要观念的冲突。第二、三两部分分别陈述它们在思想不同的路向上各自的表现及其问题。第四部分则说明两派在经历长期纷争之后，如何做自我调适，甚至有消除对立的意向。

　　两派对立，在学术层次上，主要来自观念论与经验主义哲学立场的不同。新儒家的理论骨架系得自德国观念中康德与黑格尔的哲学，于是先验、理想、精神、意识、主体等成为这一派表达思想的主要符号；自由主义者则以英美经验主义和逻辑分析作为发展其思想的工具。

　　两派的冲突点，文中曾以科学主义为例。新儒家很强烈地抨击对方为"科学一层论"或"理智一元论"，这正是自由主义思想上的基本信念：科学主义。科学主义不同于科学，科学是关于自然宇宙的客观真实的知识系统，科学主义则是一信仰系统。自由主义者企图以此打倒并取代中国传统的价值系统，于是与新儒家产生尖锐的冲突。其实，这方面的冲突是表面的，依照前文所说，科学主义与新儒家的道德主义，"名词变了而精神不变"，所以两派在这方面实质上是异曲同工。

　　当然，这仅是一个特例。尽管自由主义者后来已肯定道德理想，对传统也不再采取整体性反对的态度；新儒家也针对中体西用与全盘西化之二极，"与以一在哲学理念上之真实的会通"。然如此相互调适，尚不足以化除双方的歧见，例如在自由民主的问题上，自由主义者显然不能同意把道德理想与自由民主做价值层次上的划分，也不会赞成自由民主须以道德主体为其超越依据之说。

对这两派思想，要如何各自赋予其意义并超越其对立呢？我引介了贺麟教授于 1941 年发表的《儒家思想的新开展》一文的要点。我觉得贺氏的构想，对我们的问题很有启发性，因他站在弘扬儒家的立场，对新文化运动的反儒家思想，能超越敌对意识，了解其限制，并发现其对儒家思想新开展的积极贡献。

《儒家与现代中国》这本集子，是 1984 年由台北东大图书公司出版。1988 年大陆学者包遵信先生为我编了一本同名的书，除了原书几篇有关儒学批判的文章之外，另外七篇乃取之于《儒家与现代化》。包先生编此书时我并不知情，否则我会建议他这七篇文章大半都不必收入。此外还收了一篇早年发表于《现代学苑》的《中国孝道思想的演变及其问题》，和《传统的更新》中的一篇《思想的探险者——韦政通教授访问录》。大陆版的《儒家与现代中国》，1990 年由上海人民出版社出版。

(五)儒家在"台湾经验"中的角色

《儒家与现代中国》出版后，与"儒家批判"有关的，除了一些短文之外，长文有两篇：(1)《儒家与台湾的民主运动》，是 1988 年 8 月，在新加坡东亚哲学研究所主办的"儒学发展的问题及前景"会议上所提论文。(2)《儒家伦理在"台湾经验"中的角色》，是 1990 年 7 月应中国大陆、台湾、香港、新加坡四地中华书局庆祝八十周年而作①。在过去三十多年中，我在儒家批判这个论题上，曾采取过多层的方式：(1)针对传统儒家的核心思想。(2)中国思想史上对儒家的批判与再批判。(3)民初新文化运动对儒家的批判与再批判。(4)儒家与现代中国的乡村建设。

---

① 这本题名为"中华文化的过去、现在和未来"的纪念论文集，已于 1992 年在中国大陆、台湾、香港和新加坡四地同时出版。

(5)针对当代新儒家的核心思想。以上两篇所采取的方式,与这五种方式又不同,是要探讨儒家思想在所谓"台湾经验"中的角色。

《儒家与台湾的民主运动》一文,首先以一位既是儒家学者,又对现代中国宪政制度的缔造有过贡献的张君劢先生的言论为楔子,来说明"儒家"与"民主"的关系。张氏在人生不同的阶段中,对二者的关系,曾提出两种截然不同的看法,他的调和论,是属于思想史的探讨,与民主的实践没有直接的关系。当他早年扮演政治运动家角色时,他很坚决地表示,儒家的思想传统,并不能提供民主的精神基础,今后中国要建立民主的文化,应出于新创。证之于台湾实践民主的经验,他这个看法显然比较正确。

其次是探讨在传统政治文化的制约下,"国府"在台湾的民主实验。文中指出,儒家的思想传统里,虽有重视民意、主张言论自由、天下为公等思想,但始终未能制度化,制度化的是一套专制的政治文化,它以朱熹所说以"尊君卑臣之事"为其精髓,它所塑造的政权,不容许对权力挑战的势力存在,儒家在这种体制里,只有"缘饰"的作用,做做门面的招牌,士人若非"曲学阿世",很难飞黄腾达。1980年代以前的三十年,台湾的政治文化,基本上是上述传统政治文化的延续。所不同者,它不仅"缘饰以儒术",为了维护法统,为了反共,所以还要"缘饰以民主"。毕竟时代不同了,"缘饰以民主"不仅为台湾的民主运动提供了活动的空间,到了最近的1980年代,且已逐渐发展出对"政府"权力挑战的反对势力,使传统儒者所想的重视民意与言论自由,已渐趋向制度化,这在中国,不只是新的经验,也是新的成就。

在《儒家伦理在"台湾经验"中的角色》一文中,一开始我分三个阶段陈述了"儒家传统与现代化"这个论题,在台湾过去四十年中的变化。到1980年代的第三阶段,与此一论题最为贴近的,是由"韦伯理论"、"儒家伦理"、"东亚经济发展"三者交织而成的热门话题。事实上,"儒家伦理与东亚经济发展"这个话题,它的声势远大于实质的意义,因为至今这方面还很少实证性的研究,即使在少数相关的实证性研究中,可以知道一些确凿的证据，能证明儒家伦理有助于东亚经济发展，我们也应知道它只不过是促成东亚经济发展的众多因素之一。本文主要的目的，是希望透过包括经济、政治、家庭、社会在内的"台湾经验"，看看作为经济发展众多因素之一的儒家伦理，在其中究竟扮演何种角色，以及在不同的领域中，它的角色又有何不同。

主要内容我分儒家伦理与经济、与政治、与家庭社会三部分进行讨论，讨论的结果，可获得以下几点认识：

1. 影响台湾经济发展的因素，是多方面的，本文在伦理因素之外，提到新经济政策、地理环境和人才等因素。我们虽无法确知这些因素与儒家伦理相比，孰轻孰重，但有经济学家认为，相对于人才的积极因素，儒家伦理不过是消极因素。

本文所讨论的经济，重点是放在儒家伦理所运作的中小型家族企业，而儒家伦理则是指三纲伦理意识形态化之后，经由制度化、社会化而形成的"小传统"。"小传统"的儒家伦理，对台湾经济发展颇有贡献的家族企业，有很大影响，不过家族企业在产业转型、技术升级的趋势下，已面临困境，一旦台湾经济走向高科技之路，儒家伦理的角色可能也将随之式微。

2. 本文讨论儒家伦理在政治方面的角色，是从官方的意识形态和政治体制去看问题。为回应中国大陆的"文化大革命"而推行的"中华文化复兴运动"，充分表现官方意识形态的作用：对外可显示中共在破坏中国文化，而台湾则代表中国文化的正统；对内则透过教育政策，强化权威主义的伦理教育，以达到领袖崇拜的目的。台湾官方所以特别青睐于儒家传统中意识形态化的绝对伦理，和它人治的专权统治的政治体制是分不开的，菁英分子想进入这个体制中的较高职位，对领袖的绝对忠贞，是不可或缺的条件。因无意使政治形态由"人治"转向"法治"，使台湾的政治文化始终无法顺利地朝民主方向发展。

3. 儒家伦理在台湾家庭中的角色，因受工业化、都市化的影响，已起了很大的变化，夫妇关系越来越不稳定，在传统社会视为天经地义的上下尊卑的伦理,已日渐被平权的观念所代替。比较特殊的,是孝之伦理,在学青少年,在理智上大都认为孝有其必要,可是实行起来感到困难的程度,却与年龄成正比。大抵看来,孝道在台湾,不论是在一般民众还是知识分子的意识中,仍具有相当的生命力,新孝道的主张,多少也说明了这一点。

儒家伦理中的礼,由于受到新文化运动以来打倒旧礼教,加上经济挂帅所导致的社会变迁的双重影响,旧礼教固然已荡然无存,一般日常生活中的礼节与礼貌,也若存若亡。"政府"虽力图重整传统礼的伦理、礼的文化,因昧于文化的真义,故其效不彰。

4. 总的来说,儒家伦理对台湾的经济有局部但属于正面的影响,对政治的影响是负面的。在家庭方面,负面影响已渐消失,正面的影响虽存在,但影响的程度,还不清楚。社会方面,正面与负面的影响,似都在消逝之中。

二　传统与现代

在台湾,

1970 年代现代化理论最为盛行,

到 1980 年代初,

原先传播现代化理论最力的学者们,

经由自我检讨与反省提出"中国化"的问题,

希望能在问题、理论与方法等方面有所创新与突破。

引　言

我自从于 1960 年代初"走出传统"之后,传统与现代或现代化,就一直成为我思考的重点之一。在初期,虽不免把现代化过分理想化,但因这方面的工作,与我以批判的态度重新阐扬传统文化以及思想的探索,同时不断在进行,因此,我的思想从未像新文化运动时期的学人那样,走向反传统主义。

虽未走向反传统主义,但从"把现代化过分理想化",到反思现代化,并对现代化加以批判,还是经历了一段相当长的路程。1964年我对"现代化"的看法是:"现代化的一套内容,就是代表逼近人类理想的运作程序的建构,这是无疑问的。这一建构是否能建立、做有效的运作,是中国的真正生死关头。现代化的路,已成为全人类文化共同的跑道,谁不能跑上这一轨道向前追赶,谁就必然遭到淘汰。"①这在1960年代的台湾,恐怕是许多知识青年共有的想法和信念,因为那正是根据西方中心思想发展出来的现代化理论的巅峰期。自从依赖理论对现代化的一套说词,提出严厉批判后,到最近几年,因冷战时代的结束,西方学者已预感到我们将面临全球文化冲突的新时代,使世人对所谓现代化的看法,已大为改观②。在台湾,1970年代现代化理论最为盛行,到1980年代初,原先传播现代化理论最力的学者们,经由自我检讨与反省提出"中国化"的问题,希望能在问题、理论与方法等方面有所创新与突破③。

我自己在1974年,对现代化的了解是:(1)现代化是人类以混乱及痛苦的代价,来换取新机会及新希望的过程,此过程同时具有创造性和毁灭性。(2)现代化是旧传统适应新处境的过程。④ 当时我用"适应"一词,纯是描述的意义,是用来描述晚清以来中国在西潮下的反应。

到1977年,我写《巨变与传统——中国传统思想现代意义的追寻》一书时,比较详细地讨论了"什么叫现代化"、"现代化的特征",以及中国近代在"器用"、"政治"、"社会"、"知识"等层面"现代化的过程"。这本书也对现代化提出系统性的批判(详见下文)。

① 韦政通《传统的透视》,台北,自由太平洋文化事业公司,1965年,第48页。
② 参考亨廷顿《全球文化冲突的时代来临了?》,台北《中国时报》1993年6月22日至25日。
③ 参考李亦园、杨国枢、文崇一等编著《现代化与中国化论集》,台北,桂冠图书公司,1985年,序言。
④ 韦政通《现代化与中国的适应》,台北,庐山出版社,1974年,自序。

(一)以传统批判现代化

1981 年,张灏兄发表《传统与现代化——以传统批判现代化,以现代化批判传统》[①],他指出,百年来中国知识分子,对"传统与现代化"这个问题的讨论,在内容上不知变了多少,但讨论的大方向却很少改变,都主要是以现代化为标准、为尺度,来对传统作检讨、作批判。但从今天看,现代化的成就固是有目共睹,现代化的弊病也在逐渐显露。因此他认为我们不但要以现代化为基点去批判传统,同时也需要借助传统去检讨现代化,这样可以提供一些新的思考角度和方向。

对我个人而言,前文一层层的"儒家批判",基本上都是在从事"以现代化批判传统"的工作。至于"以传统批判现代化",因我的思想资源主要皆获自中国的"人传统",所以当我对现代化有了一些了解以后,大约在张文发表之前十年,便已采取这个"新的思考角度"来思考问题,下面举两篇长文为例。

第一,《中国哲学史上四种不同的人格》[②]一文的导言中,我首先说明此文所要探讨的问题的背景:20 世纪由于科学迅速的发展,不但提高了人类的生活水平,也确实解放了人类的智能,为人类潜力的发挥,提供了良好的环境和崭新的天地。但丰硕的科学成果,由人的智能创造以后,渐如脱羁之马,人自己却无法对这些成果做有效的控制。因为科技造成的 20 世纪新文明,带来的是人类前所未有富庶丰盛的景象,这景象吸引了全人类的注意力,这景象迫使人类向前奔跑,虽经过第一第二两次毁灭性的大战,曾使人感到短暂的幻灭,但它的引诱力,仍然有增无减,人类对科技文明的迷执,暴露了人类自身的大问题——物质生活与精神生活失调的问题。因此,我想探讨的问题是:"面对人类由于

① 此文原发表于 1981 年 5 月 4 日台北《中国时报》副刊,后又收入 1989 年由台北联经公司出版的《幽暗意识与民主传统》中。
② 此文原为 1971 年 3 月,在高雄文藻外语专科学校一次演讲的讲稿,修正后发表于《现代学苑》8 卷 5 期,现收入韦政通《中国思想传统的现代反思》的附录中。

科技文明日益加深的疏离感,而产生的心灵空虚、苦闷和孤独,中国几千年的传统文化,能不能提供一些克服这问题的智慧呢?"针对这个问题,我认为中国文化的重大成就之一,是塑造了一些相当独特的人物风范和人格典型,而这些对科技文明宰制下的当代人苏醒灵魂和恢复自我,可以提供一份丰富的滋养。

我以孟子、庄子、阮籍、王船山代表中国哲学史上四种不同的人格典型。孟子的人格特征是"刚健",我除由坚强的自信心、永不衰竭的救世热情、为知识分子争尊严三点说明其特征之外,还特别强调,孟子的思想虽有其局限,可是他的人格光彩,却不会因时代的久远而稍逊色。读《孟子》一书,不难感受到一股逼人的光焰,这种光焰,是由他刚健的人格放射出来的。

庄子人格的特征是"透脱",这可以从生死问题、冲决网罗、人生境界三方面来透视。庄子是中国哲学史上最具有天才的哲学家之一,别具一格而又潇洒的文字,弥漫着混沌之美,对人性深刻的悟解,更充分表现出透脱的哲学智慧。他那追求自由、追求超越的思想,将永远发出扣人心弦的力量。

阮籍人格的特征是"狂放",此一特性一方面表现于放浪形骸、任性不羁的行为,一方面以《大人先生传》中的"大人先生"为其理想的化身。与"大人先生"对显的是"域中君子",阮籍把"域中君子"的崇礼守法、远祸近福,喻之为"虱之处于裤中",这则妙喻实是将"利禄之徒"的儒生的处境、心境和他的命运,都生动地刻划出来,短短文字,写尽了那些崇尚礼教的伪君子丧失独立自尊的悲哀。

王船山人格的特征是"贞固","贞"是指他威武不屈、贫贱不移、大节不亏,"固"是指他能"守死善道"。满清入关,他参与抗清运动失败后,在四十年的流离隐遁生活中著书立说,晚年自题:"把镜相看认不来,问人云此是姜斋。"盖由于长期忍受着贫穷与饥饿,连自己的相貌已无从辨识,自称"姜斋",因生姜皮色黄又多皱纹,很像他的脸,如此枯槁的外表,竟裹藏着一个孤高耿介的灵魂。

　　此文的结论是:这四种人格典型,可以给生活在所有苦难时代的人一个伟大的启示:孟轲和庄周生于战国乱世,阮籍生于魏、晋衰世,船山身受亡国之痛,这一事实说明,不朽人格的出现,伟大哲学智慧的产生,皆与动乱的环境有密切的关系。历史的前例,足以使生活在如庄子所说"与物相刃相靡,其行尽如驰,而莫之能止"的时代里的人们,激发生之勇气和信心,为重建"自我"而努力。

　　第二,《从"疏离"问题看中国哲人的智慧》一文,作于 1975 年初,原是为杨国枢兄所编《青年与人生远景》一书而写,后又收入《传统的更新》。此文从题目可知是就前一篇文章的问题,再做进一步的探索。内容除引言之外,共分四部分:(1)人,生而疏离。(2)传统哲学中的疏离问题。(3)疏离问题为什么在现代爆发? (4)疏离问题如何克服? 与"以传统批判现代化"直接相关的是第四部分。我仍以庄子的哲学,作为掘发疏离问题的一个线索,看看庄子的智慧对我们面临的这个时代性的问题,可能富有怎样的启示?

　　吴经熊先生在《禅学的黄金时代》一书中,引述美国一位大学生,在墨芬蒂教授为探寻目前大学青年紧张心理的因素而召开的会议上,发表他的感受:"在我们的心灵中,总觉得欠缺空间,使我们透不过气来。"接着吴先生指出,目前东方的禅和道家,之所以如此吸引西方青年,是因为他们希望从禅和道家去寻求那个使他们烦恼的东西。照吴先生的看法,"禅和道家并不是真能传达那个不能传达的东西,而是他们有方法把它引托出来,使我们的心境开阔,有更多呼吸的空间"。

　　这位美国大学生"欠缺空间"的感受,和我们透过庄子所了解的时代,而领略到的那股令人郁闷的窒息感,颇为类同,只是促使他们窒息的原因,古今有所不同。促使庄子窒息的,是时代的大动乱,和列国无休止的争战。促使当前美国大学生窒息的则是繁富的物质文明,和快速的社会变迁。不论窒息感形成的原因是什么,只要人一旦有此强烈的感受,就必然要求从自我的世界,敲开一扇心灵之窗,由窗外呼吸一点自由而新鲜的空气。庄子对中国哲学的重要贡献之一,就是为中国历代的士人,开拓了广阔的心灵世界,使士人在动乱中走投无路时,仍有一条心灵的出路,在这世界里,可以独往独来,可以获得精神的自由,可以不受权力的侵扰。我虽不相信,现代人在物质文明的巨大冲击之下,弄得惶惶不可终日、无所适从时,庄子的哲学,仍能为我们铺设一条康庄大道,但至少他的智慧,可以使我们的问题得到一个转机,因为一个充满"近死之心"的时代,总必须先使自己"活"过来,才有解决问题的契机。庄子的哲学,就是能使麻痹的人心,获得苏醒的哲学;庄子的智慧,就是能使僵化的心灵,重现生机的智慧。

庄学最与现代人息息相关的,是他对人与自我疏离的描述,是他对人生的芒昧,以及"与物相刃相靡"现象的指控,尤其是由于他对人类"其形化,其心与之然"的现象的深透观察,而不断发出的悲痛呼声,这呼声深深地振动着现代人的心灵。庄子的呼声,是诗人的呼声,诗人在任何时代扮演的角色,不是问题的解决者,他的贡献在预见问题,照亮问题,他像一个警钟,惊醒人类的迷梦。

(二)《中国文化与现代生活》

此书写作于1973年冬到1974年的夏季,是为我在中国文化学院开设一门新课:"中国文化与现代生活",所做的准备工作。我尝试以社会科学的方法和知识,探讨中国文化与现代生活之间的若干问题,希望有助于中国人生活方式的重建,以促进中国的现代化。

写这本书,因无前例可援,在独立思考中备尝艰辛。1973年暑假,当我开始思考这个问题时,简直不知从何处着手,经过一阵困惑,决定先听听朋友们和有关专家的意见,于是建议《现代学苑》月刊的负责人项退结教授,能以刊物的名义,就此一问题举行一次座谈会,会议的记录曾发表于1973年9月该刊。这次会议并未能解除我的困惑。

在构思和写作的过程中,最困扰我的问题,是一直把不稳"现代生活"的重心,写了几个月,才发现所写的大部分是"现代思想",不是"现代生活",只好停下来重新思考,在许多彻夜难眠的困思中,终于寻找到

新的起点,才知道引起困扰的主因,是出在处理问题的方法上,不同性
质的书,需要不同的方法,方法不适当,就做不出你所要求的东西。

许多年来我思考问题是习惯性地接近历史的方法,这种方法用来
写此书是不相应的,相应于此书的性质,需要社会科学的方法和知识,
这对我来说相当困难,因为这不是我的专长。在这种困难下,我仍有勇
气决心一试,是因在此之前的数年间,经常有机会与心理学、社会学、人
类学、精神医学等学科的学者,从事深细的讨论,因而也涉猎了一点这
方面的知识,假如没有这个研习的机缘,我不可能写出这本书来。

我找到的新起点,是以"现代生活"为一动态坐标,将传统文化投射
到坐标上来思考,看它在这一动态过程中的影响、反应以及出现的种种
问题。当我重新开始写此书时,遂将前面写成的大部分属于"现代思
想"的稿子,冠以另一个书名《现代化与中国的适应》出版。

"现代生活"范围极广,本书仅就与传统文化关系较密的几点加以
探讨:

(1)文化冲突与生活失调。文化冲突以晚清的"教案"、"维新变法"
和民初的"反儒家运动"为例。冲突的原因是在于:a)西方文化的侵略
特质。b)中西文化差异。c)中国人的世界观。冲突引起的问题有认同
问题、适应问题,和社会不安。生活失调以知识分子的边际人格为例。
失调的原因,有来自心理方面的,有来自观念方面的,也有来自制度方
面的。持久性的文化冲突,导致生活失调,生活失调表示原有生活方式
和观念,难以适应新处境,这种现象如果严重的话,遂造成个人解组。

原则上要解决文化冲突的问题,只有寄望中国文化的振兴运动或
创新运动,才能逐渐缓和甚至消失;要解决生活失调的问题,只有寄望
于个人人格的重组,才能重新获得调和的生活。此二者之间是互动互
助的关系,将经由创新的过程一齐完成,到那时候,中国文化与中国人
的生活,将出现再度整合的新阶段。

(2)家庭与个人。现代中国人的家庭,不但"代沟"问题日渐严重,
家庭本身也已解组,这里要探讨的是:家庭与个人的关系如何才能重

组？针对此一问题，分五部分进行，第一部分传统家庭的特质：a)强烈的一体感。b)嗣续繁衍。c)恪遵祖训。d)家庭财物公有。e)重视家庭荣誉。第二部分家庭主义与个人。为什么传统的家庭特质，虽经历两千多年的变乱，仍能相当稳固地维系着？为什么个人对家庭的认同如此深切？主要是因它对人的一些基本需要，已给予相当的满足，这些基本需要包括：a)取得他人情感反应的需要。b)长远安全的需要。c)追求新奇经验的需要。第三部分传统家庭的解组。解组的原因有经济方面的，有思想观念方面的，也有由于家庭本身的。第四部分认识"个人"。从家庭解组到家庭重组，如用两极化的概念来表达，也就是从"家庭主义父权的"家庭方式，演变到"个人中心平权的"家庭方式，因此，对"个人"的概念，有重新认识的必要：一方面个人是生活的独特表现，它本身就是目的；另一方面，个人也是团体一分子的身份。如此，个人才不是脱离团体的寡头个人，团体也不是要求放弃个人意志的集体。第五部分现代家庭与个人关系的重组。个体性的尊重，只是现代家庭与个人关系重组的一个重点，单靠这一点自然还不够。现代家庭要使它的成员之间获得稳定的关系，同样要去努力满足前述心理的基本需要。此外，为了适应新处境，现代家庭还必须发挥一些新的功能：a)养成社会责任感。b)培养对人类的爱。

(3)儿童养育。首先经由社会化的功能，认识儿童养育对一个人的一生所占的重要地位。其次，检讨传统的养育方式，以及它在中国人性格塑造上的影响。最后一部分是讨论转变中的儿童教养，分三点：a)传统教养方式必须转变的理由。b)转变的现象。c)转变的目标。转变的目标是指：当父母们准备改变教养方式时，究竟应该注意哪些事，以及怎样着手去做，我建议的要点是：a)只能要求子女有限度的顺从。b)不要干涉儿童的兴趣。c)重视情绪教育。d)容忍并辅导超越规范的儿童。e)调整旧有的价值观念，以适应现代社会。

(4)权威性格。讨论权威性格，是基于如下的假设：中国传统文化培育的国民性，有显著的权威性格倾向，百年来的现代化运动，所以遭到许多困难,或多或少与这种性格有关,如果我们能够对这种性格多加了解,并能进一步促其转变或减弱,将有助于中国的现代化。

第一步从概念上厘清"权威"的种种涵义。第二步从儿童行为的训练和孝道的制度化,来看中国人权威性格形成的文化动因。第三步列举权威性格的六个特征,并予说明。第四步以上述权威性格为参考点,就中国人一般生活中权威性格的表现,提出改进之道。

(5)妇女生活的变迁。中国近代妇女生活的变迁,与中国近代社会文化的变迁息息相关。这方面的变迁大抵是顺着三个步骤在演进:a)物质文化层次。b)制度层次。c)价值层次。这三层的演进,形成妇女生活变迁的基本动因:物质文化提供了经济的动因,经济动因破坏了原有的家族组织,增加了妇女社会就业的机会。制度改革提供了政治的动因,政治动因引发政治运动,为妇女带来社会和政治参与的机会。价值观的改变,提供了思想和观念的动因,思想和观念的动因,激起妇女对自由、平等的强烈要求。

引言之外,先由男尊女卑、两性关系、贞节问题探讨传统中国的妇女生活。其次,从鼓吹女权、女子教育、政治与社会参与,叙述清末以来妇女生活的变迁。第三部分主要指出今日妇女问题是在:女权运动不只是为了获得行动的解放,更重要的目标,是获得心智的解放,以发展心智的潜能。最后是检讨所谓"新女性主义"。

(6)道德问题。第一部分讨论在近代革命运动、自由民主运动、现代化过程中,导致传统道德观念的激烈变化。第二部分透过战争、恐惧、竞争、人际疏离等因素,说明近代中国道德所以崩溃的原因。第三部分以差等之爱与博爱、禁欲与幸福、道德的组织化等新旧观念的对扬,说明传统道德观念应有的转化。第四部分就尊卑与平权、自由与责任、生与义,分析中国人在现代生活中,所遭遇的道德困境。

(7)现代生活的理想。现代中国人的生活理想,共列举了八项:a)适应性和独立性。b)价值均衡。c)约制我族中心主义。d)尊重个性。e)宽容异见。f)道德之勇。g)利他思想。h)重铸自我。

这里所说的现代生活的理想，都普遍深植于人性之中，也就是说，在人的本性中，都曾发芽滋长过，只因人自身和环境方面的种种限制，以及文化和社会方面的种种缺陷，遂使这些发芽滋长过的理想，仍无法普遍落实在人们的生活之中。

现代生活的理想，并不是说在传统生活中没有这些理想，事实上某些理想，在不同的社会、文化传统中，都有过表现，甚至很杰出的表现。只是因受到各自不同社会、文化条件的约制，这些生活理想无法获得充分的发展。甚至由于文化偏见的普遍存在和社会结构之间的巨大差异，使人类各自的社会，过着与这些理想极端相悖的生活。

现代生活的理想，除了和往昔一样，重视人与人和人与环境的调适外，更重要的，是因它对人潜能的发展，具有激励性，我们面对着与传统社会迥异的新社会，只有充分发展自身的潜能，才有希望将生活不断更新，成为新社会的主人，而不致被它埋葬。

(三)《中国思想传统的现代反思》

关于此书的性质，以及此书在我学思历程中的意义，在 1978 年初版序言中说过：当我构思这本书的内容时，a)希望以问题为主，去消融传统与西化及现代之间的对立。b)希望运用一些较新的观点和概念，去陈述、解释并分析传统思想的观点和概念，以协助现代知识人消除与传统文化思想之间的距离。……关于 a)是本书比较着重的，因为到此刻为止，个人在心理上才算真正彻底地摆脱了现代中国思想史上种种的对立与分化，带给我长期的纠缠与困扰。我是一思想工作者，当然不能因心理上获得暂时的一贯性就感到满足，还必须寻求新的思考问题和处理问题的方式，本书就是在这种要求下发展出来的。

初版本由牧童出版社出版，牧童停业后，此书绝版多年，1987 年桂冠图书公司出版《中国人丛书》，经公司负责人赖阿胜先生一再催促，1990 年印了新版，我趁这个机会把文字做了一些修正，另外加进三篇附录。初版书名为《巨变与传统——中国传统思想现代意义的追寻》，因嫌其冗长,遂改为《中国思想传统的现代反思》。

此书共分十一章,前五章主要在检讨近代以来,中国哲学思想何以未能迅速发展的原因。第六章在书中具有承先启后的作用,从这一章不难看出我在哲学思想方面所关怀的问题,以及探索问题所展示的基本思路。第七章以下的五个专题,是以"人"为中心,让我们所关怀的人类当前遭遇的问题,与中国的思想传统进行对话、接受考验。相对于以往的"从现代化批判传统"和"从传统批判现代化"的工作而言,此书所从事的思想工作,已有了超越此二者的辩证性发展。

下面是各章的大意:

(1)中国哲学的现代处境。

a)新旧处境的不同:旧处境是指佛教东来,新处境是由欧美文化的冲击所形成,从新旧处境的比较,以了解新处境对中国哲学思想的影响,以及遭遇的新难题。

b)自主性的丧失:是指新文化运动以来,普遍反映着"倾心西方,慕趋新说",使中国学界成为西方各式意识形态的舞台、战场,西方知识杂碎的市场,即使在比较严谨的社会科学研究中,也缺乏中国社会文化的背景,从方法到理论,莫不以西方为马首是瞻。

c)知识的分化:不论中西,传统大哲学家往往都具备百科全书式的知识,在现代知识经精细分类之后,哲学已面临日渐消瘦的命运,它在现代学术中的地位,必须重新思考。除此之外,中国哲学家还有来自传统的社会责任、历史使命、道德理想的要求等困扰。还有在今日金钱价值宰制的工商社会里,我们拿什么去鼓舞优秀的青年,去从事需要"白首穷经"的精神来研究哲学?

d)价值观念的偏向:是指像我们这样一个发展中国家,以经济成长、经济发展为最重要的价值追求,因而导致精神生活贫瘠,文化发展失衡的现象。

e)哲学发展的僵持:具有"五四"心态的哲学家,始终未能脱离思想的青年期,这种心态的僵持,使他们一辈子都不能与传统哲学有深度的沟通，而局限于启蒙的意义。与"五四"心态不同的是传统主义心态，这种心态因对传统缺乏理智性批判，使得许多传统哲学的结论，没有随着社会环境的改变，予以重验，就接受下来。两种心态虽不同，但也有共同之处，即他们都不能对新经验、新学说保持开放的态度。

(2)哲学思想在现代化过程中的角色。

a)什么叫现代化：除了讨论现代化的定义之外，也说明新文化运动以来，从使用"欧化"到"西化"到"现代化"递变的情形。

b)现代化的特征：是希望借助社会、经济、政治、教育等方面所表现的现代化的种种特征，了解中国哲学活动的社会与文化的环境。

c)现代化的过程：是经由器用的现代化、政治的现代化、社会的现代化、知识的现代化等过程，分别探讨哲学与它们之间互动的关系。

d)哲学思想的角色：在现代中国，虽有不少思想家各领风骚，名噪一时，但对哲学本身并没有多少建树。由于知识分子过分为现实扰攘的问题所困扰，又急切地要为中国找出路，遂使得外来的一些意识形态在此兴风作浪，结果却为国家带来灾害。

(3)现代中国哲学思想的演变。

a)哲学思想的动向：以1949年前大陆时期的三十年和1949年来台后的三十年，就治学方法与工具、治学精神、哲学内容与活动等三方面从事比较，了解哲学思想前后的变化。

b)中西思想的冲突：是以晚清中国官绅反基督教、《新青年》反传统以及科学与人生观论战等线索加以说明，附带也对十七八世纪欧洲人曾狂热地欣赏中国文化，到了十九、二十世纪西方文化却又在中国造成强烈的冲突，提出解释。

c)中西思想的会通：是以梁漱溟、钱穆、唐君毅、吴经熊等人的会通说为例，加以说明。如果说中西思想冲突，是中西文化交流过程中的痛苦经验，那么中西思想会通，是在现实教训中产生解决问题的智慧。

d)检讨与期待：在检讨中，一方面肯定西化派与传统派哲学家们的贡献，另一方面也不讳言他们的缺点。同时也指出一般对中国哲学研究的一些缺失,以及今后应改正之道。

(4)巨变与传统。

a)传统的意义:近代中国自新文化运动以来,曾有过反传统的潮流,其间又激起反"反传统"的思潮,前者不免把传统丑化,后者又不免把传统神圣化。传统经由这两种情绪化的染色之后,早已失去它应有的意义,因此有重新了解的必要,并根据这个认识,去检讨几种对传统的主要态度。

b)西化主义:从新文化运动时期的陈独秀、胡适的西化主义,到1930年代初提倡"全盘西化"的陈序经,他们对传统的态度走向极端,企图把新旧文化之间的关系,一刀劈成两半,取其新而舍其旧,对西方文化主张全盘接受,对固有文化则予以否定。

c)传统主义:以梁漱溟以来的新儒家为例,说明传统主义对传统的态度与西化主义正相反,他们不仅肯定传统且将传统理想化,因此,在涉及传统的一些问题上所表达的见解,往往南辕北辙。

d)折衷主义:对中西、新旧采取调和的态度,晚清以张之洞为代表的"中体西用"说,以及1935年王新命等十位教授发表的《中国本位的文化建设宣言》,可为代表。

e)有助于完成巨变的态度:是指谨慎地、批评地接受的态度,不论是传统的、现代的或是中国的、西方的,都需要用这种态度加以审视,既不存心呵护,也不故意曲解,这样才能真正切入问题,并找出解答的途径。

(5)有关中国哲学发展的几个概念。

a)变与不变:前面(1)至(4)观察现代中国哲学的动向,是从"变"的观点去看的,然而经由两三千年发展而成的哲学特质却不会变,也不能变,因为中国哲学之所以为中国的,就靠这些特质。中国哲学的现代任务之一,一方面在发展它的普遍形式,使它成为世界性的哲学;另一方则在发扬它的特质,以保存它的独特性。

b)适应性与独立性:在西潮冲击下,中国哲学思想回应的程序是先做到适应,然后要求独立。在少数的例子中,也有二者并行的。需要加以分辨的是,适应与独立都有消极和积极的不同,但不论是消极的还是积极的,都代表思想走向新生的重要步骤。

c)客观性与主观性:中国哲学的主要部分,是发之于心、体之于心而又证之于心的,这个"证"不从客观知识去求,是属于个体与个体之间的心悟与妙契。要使传统的圣学成为一具有客观认知意义的新系统,要解决两个问题:第一,内圣功夫的客观性问题。第二,道德的普遍性问题。

d)理性与直觉:主要说明二者在哲学活动中同样重要,不可偏废。

e)认知与道德:指出传统的道德哲学中,缺乏认知的独立,以及认知精神在中国未来哲学的重建中的重要性。

(6)时代危机与中国哲学。

a)二重文化危机:19世纪西方文化入侵,使中国文化面临危机;第一次世界大战之后,中国曾流行西方文化破产之说,"于是中国人遇到一个中国文化与西方文化的'二重文化危机'"。

b)现代化带来的新危机:二次世界大战后,以美国为中心的西方,科学成就和工业生产,每年都在创新纪录。由高度现代化带来的问题,是面临人类被毁灭的恐惧,使人在他所造的科技世界之前感到陌生,个人被一股见不到的力量推动着,逐渐失去自主,高远的理想被消蚀,人只为眼前现实的利益和感性的刺激而活。

c)新危机的诊断:是透过第一,生活单调、空虚、不安全;第二,假现代人;第三,技术专政;第四,自我的失落等项,对现代化带来的新危机加以诊断。

d)中国哲学的考验:是希望借环绕着现代人的种种问题,考验或印证中国思想传统的价值。所谓"考验",与其说是追求问题的答案,不如说是寻求意义的一种方式。

(7)人文主义的力量。

a)人文主义的意义:从西方文艺复兴时代的人文运动,和中国春秋、战国时代儒家的人文运动的比较,来了解人文主义的意义及其特征。

b)人文主义的价值:以先秦儒家作为主要的参考,探讨人文主义的价值和功能。

c)人文主义遭到的种种威胁:种种威胁来自近代的哥白尼的宇宙观、达尔文的生物观、弗洛伊德的心理学和晚近工业化社会的各种特性,如物化、量化、官僚机构化,以及以自动化为头脑或心脏的"组织人"。

d)人文主义的力量:尽管人文主义面临种种威胁,但在西方,过去的七十多年中,人文主义依然是一个重要的思潮,不同知识领域的代表性思想家,不少是人文主义者。在国内,传统派思想家一直在努力弘扬儒家的人文精神,即使思想上一向处于对立的西化派,对中国人文主义的传统也深信不疑,这个传统经由反对者的思想印证了它强韧的力量。

(8)仁的哲学的时代意义。

a)仁是人类的基本特质:这种特质显之于人的第一个特征,是热爱生命,不是热爱物质;第二个特征,是真正平等精神的肯定,是对人的生命、价值的普遍尊重;第三个特征,是使人类的生命,成为创生不息的过程;第四个特征,是好恶的抉择。

b)仁是最高的善和自由:除说明仁何以是最高的善和自由,也说明了实践爱的客观条件,以及爱与社会形态之间的关系。

c)沟通:这是现代学术很流行的观念,也很恰当地表达了仁的功能,从现代学人们有关沟通的见解和经验中,使我们得以重温这一古老的思想,并重新体验它的价值。

d)人性力量的实践:人性的力量是指仁爱的力量,主要探讨这种力量的存在、丧失以及如何培养的问题。

e)终极的关切:以终极的关切阐释仁的形上意义,并以此为媒介,克服险阻,启人以上达之机。

(9)自我概念与自我实现。

a)自我的意义:透过儒、释、道了解自我的意义,并辨别儒家的自我概念与现代心理学讨论的自我的不同。

b)自我的成长:由人的一些基本需要与教育设计,比较传统社会与现代社会,影响人自我成长条件的优劣。

c)自我实现的理想模型:考察儒家传统中几个理想的模型,看看它对自我实现产生怎样的作用,究竟它的限制又在哪里?

d)主体我与客体我:以客观认知的态度,分析二者的特性、关系,而且指出自我的这种特性和功能关系,是社会得以不断修正的动力之源。由此可更深一层了解儒家的自我与由客观认知态度所探讨的自我的差异。

e)典范人物与自我实现:分辨具神格的典范人物与具有历史性格和人间性格的典范人格,对自我实现影响的不同,并以孔子为例加以说明。

(10)人是什么?

a)这个问题有何重要性:从两个层面来说明"人是什么"这个问题的重要性:第一,在战后,多数国家几乎都在不同程度上,为经济的计划或经济的成长发狂,希望提高国民所得,决策阶层却很少会考虑到,当人民的所得不断增加后,他们将去过怎样的一种生活,以及在经济成长的同时,是否能促进社会的健全发展,是否能因此而培养人民健康的生活。第二。当社会由市场化而非人化的现象日趋严重,人多数变成自身以外目的的工具,人和他自己——真正的自我分离了。当人生活在这种背景与境况中,还想思索人生的意义,维护人的自尊,"人是什么"的问题就显得重要了。

b)人为万物之灵:说明把人从宇宙秩序中提升到一超然的地位,这一点与中西思想所同,但赋予人或灵的地位的意义,以及了解人到底是什么的途径,却大不相同。

c)主宰自己与主宰环境:首先探讨二者不同的文化根源,再进一步探讨主宰自己的人生道路,对当代人面临的生命和生活的危机,究竟具何种意义。又能产生怎样的作用。

d）自我形象的激变：从西方哲学中自我认识的演变，了解中国今日重建人生理想必须面对的真实处境。

e）人的未来：在这问题之前，不是要对未来做任何预测，而是要思索，当我们希望明天，今天该做些什么。特别是面临科技文明带来直接影响人类未来命运的严重问题，要如何重建人在宇宙中的合理地位。

（11）人与自然的关系。

a）和谐宇宙观的形成：由儒、道两家对宇宙的起源、意义和目的的了解，探讨和谐宇宙观的形成。

b）和谐宇宙观表达方式之一：天人合德，叙说如何从原始的神与人的关系，演变到天人合德论成立的历程。

c）和谐宇宙观表达方式之二：因任自然，由老、庄赋予"自然"的特殊涵义，了解道家所以形成另一形态的和谐宇宙观的基本理路。

d）从"征服自然"到"自然反攻"：导源于近代"科学精神"的"征服自然"的要求，原也是要增进人类的福祉，结果却因对人类赖以生存的生态环境的严重破坏，反而为人类的生存带来空前的威胁。

e）和谐宇宙观的现代意义的估量：现代生态学所主张的新宇宙观是：当我们改变自然时，同时也必须改变我们的行为来适应自然。人类以外的其他生物，与我们自己的生活或生存，有极为密切的依存关系，忽略了任何一面，都会造成很大的灾祸。在这个意义上，中国传统和谐宇宙观中所强调的人与自然的适中调和的态度，与"必须改变我们的行为来适应自然"的要求，是相当接近的。但因它并未要求改变自然，因此所获得的和谐，只呈现在个体心灵或主观的境界中。

三　伦理与道德问题的探索

1981 年以来，

对这方面问题的继续探索，

一是为台湾逐渐走向工业化、

自由民主的现代化过程中，

如何推动一种新伦理观，

以便配合社会发展需要而写的《伦理思想的突破》；

一是关于当前伦理道德问题的诊断与重建的几篇长文。

引　言

伦理与道德问题，三十多年来一直是我思想工作的重点之一，在前文"儒家批判"部分，好几个层面几乎都是以此为批判的主要对象。在《中国文化与现代生活》一书中，则以专章探讨在中国近代史上传统道德所遭遇的挑战与困境。下文两个部分是 1981 年以来，对这方面问题的继续探索，一是为台湾逐渐走向工业化、自由民主的现代化过程中，如何推动一种新伦理观，以便配合社会发展需要而写的《伦理思想的突破》；一是关于当前伦理道德问题的诊断与重建的几篇长文。三十多年的思考，其主要进路是：从传统到现代，从理想到现实，从个体到社会。

(一)《伦理思想的突破》

1981 年 3 月 15 日，李国鼎先生应中国社会学社之邀，以"民国七十年代社会学者面临的挑战"为题①，分析台湾地区三十年来因经济发展，使传统"五伦"的道德规范，在工业社会中遭遇的种种困难，于是提出"第六伦"的观念，作为新的道德准绳，使素昧平生的第三者，能同居于被善意尊重和关爱的地位。讲稿见报后，立即引起反应，专文、社论、座谈不断见诸报章、杂志②。

这次讨论的，是近三十年台湾社会变迁中早就存在的问题，针对这方面的问题，学术界谈的也不少，这次所以能引起较大的反响，是因李先生在台湾经济发展中扮演的重要角色，同时"第六伦"的观念也颇能

---

① 讲词要点见 1981 年 3 月 16 日《联合报》。

② 讨论要点和文章目录，见韦政通《伦理思想的突破》附录《新伦理讨论》。

触及问题的核心,他说:"一个国家不可能长期保有进步的经济和落后的国民。"如何使我们的社会既有进步的经济,又能达到现代社会应有的道德水平,是今后努力的目标,也是必须克服的难题。

新伦理的讨论,像一阵风似的过去以后,我搜集了部分的讨论文字,加以摘抄、整理,其中有些角度和见解,是我平日没有想到的。经此外缘的刺激,终于使我下决心将新伦理问题,做比较有系统的思考——这就是《伦理思想的突破》一书产生的背景。

此书初版于1982年,由台北大林出版社出版,1988年印了大陆版,是由金观涛兄纳入《走向未来丛书》,由四川人民出版社出版。全书共分十章,以下是各章大意:

(1)传统伦理的价值及其转化。

a)传统的意义:传统是我们成为文化人的主要依据,每个人都藉着传统在社会里成长,所以传统对人不可能没有意义,传统究竟是导致社会的进步抑退化,完全靠人自己。

b)传统伦理的特色:家庭中心的、重情的、特殊主义的、传统主义的、神圣化的。

c)五伦的检讨:是依据贺麟于1940年以"要从检讨这旧的传统观念里,去发现最新的近代精神"的观点,撰成的《五伦观念的新检讨》一文[①],再做进一步的检讨。

d)传统伦理的转化:经过反传统与保卫传统的长期争论之后,一方面使我们知道,传统的伦理价值确有再认识的必要;一方面也可看出,传统伦理在现代社会仍可以产生新的作用。不过这种作用毕竟有限,不足以由此导引出新伦理体系的主要内涵,建立维系现代化社会的新伦理,必须经由吸纳融化异质文化中的伦理新质素的过程,这是我们目前面临的一大困难。

(2)人性与伦理。

---

① 此文1940年5月,发表于《战国策》第3期,后收入1947年由商务出版的《文化与人生》。

这一章的理论假设是：当我们希望建立新伦理时，对人性问题必须重新探讨，新的伦理必须建立在新的人性观上。

a)传统人性观的局限：西方从柏拉图到十九世纪，"人是理性的动物"，一直代表西方思想大传统中对人性的主要了解；中国大约在孔子以前就有"人为万物之灵"的思想，孟子把"灵"赋予道德(仁义、人伦)的意义，因此可以说，"人是道德的动物"。这种人性观，一落到现实人生，既有理性的、道德的，又有反理性、反道德的，于是产生"灵"、"肉"二元的思想；这二元思想一旦被导入宗教或道德的生活之中，于是灵肉或天人交战成为人性的主要现象，如何使精神控制肉体，使天理克制人欲，也成为这种人性观中最主要的节目。这种人性观的局限，是只着重二者交战关系，不仅忽视了身体这有机体本身的独立法则与独特功能，甚至破坏了生理法则，使它不能发挥正常的功能，因而人的精神也很难获得健全的发展。

b)人的特性——本能到创造：除了说明本能与学习、先天与后天之间如何建立一种连续变化的序列之外，主要指出，本能不只是负面的意义，本能作为一种驱力，它能够强化生理的、心理的和精神的活动力。但本能对人的影响毕竟有限，譬如模仿是一种本能，动物也有这种能力，但只有在人的身上才能使这种能力获得充分的发展，这就不是单单由于本能，而是人除了本能之外，还有一种更重要的能力——一种创造的潜能。所以人虽也是一种动物，但却是一种独特的动物。

c)开放的人性观：此针对传统先验的人性观而言。先验的人性观是了解人性的普遍性，开放的人性观是要了解人性的特殊性。因此，第一，了解人性，经验才是重要的，丰富经验的累积，才能打开了解复杂人性之门。第二，人性乃文化的产物。文化有大传统、小传统，有主文化、次文化，有祖传文化、外来文化，有中心文化、偏远文化，有合理文化，也有反理文化。另一方面，接受文化的个体的潜能人人不同，接受的方式也有差别。由于这些主客因素的复杂组合，遂产生个体的独特性，这才是造成"人心(性)不同，各如其面"的真正原因。根据这样的人性观，我们才有希望了解复杂的人性。

d)人性与伦理:以上三节的讨论,从传统人性观的局限转出开放的人性观,然后从开放的人性观中导出人类能和平相处的态度,目的在为新伦理提供一个新人性观的基础。这一节是对二者的关系做进一步的说明,要点在:自然人性是人类平等的唯一立足点,只有在这个基础上才有希望发展出真正平等的关系。

(3)文化与伦理。

a)文化的概念:首先从概念上将文化分为三大类:第一,合理的文化:是指那些被社会公认的善行善举,以及足以激发善行善举的道德原理,这些原理有助于自我潜能的发挥、社会的进步、人类的和平相处。第二,反理的文化:是指那些对生命财产、社会秩序、个人尊严具有威胁和破坏的行为,这种行为不单单使人缺乏安全,甚至产生恐惧,因而增长了人与人之间的猜疑和敌意。第三,非理的文化:是指那些无所谓合理或不合理的行为,如游戏、趣味的满足、美的爱好、服饰、饮食习惯等。其次,再进一步把这三类文化落实到现实社会和现实生活中,分析其错综复杂的问题。

b)中国文化与伦理:主要讨论两点:第一,将中国传统的伦理,分为五伦与三纲两个层次,然后探讨这两个层次的伦理与文化的关系。第二,说明今日发展的新伦理与传统理想层次的价值系统或儒家的人文伦理理想并不冲突,相反地,新伦理的实现,很可能使那一直停留在理想层次的价值系统落实到现实生活中来,使它成为新文化精神的一部分。

c)反理文化对伦理的影响:以往的生活教育,比较忽视反理文化对伦理的影响,同时把现实社会人生种种不合理的原因,往往归咎于人心,因此着力要改善的也是在这一边。这一节是举例说明反理文化对伦理的影响,并希望今后思考伦理问题,不再局限在行为者或个体人心这一面,同时也要注意影响行为者的文化因素。当我们要求改善行为时,如不同时从改造文化去着手,是不能产生多大效果的。

(4)工业文明的伦理新貌。

a)工业文明的特征:这些特征包括科学与宗教、艺术分离,数量化,标准化,专门化等,都是工业文明中主宰人生活的基本规范,个人只能自动去适应它,人的意志和精神活动丝毫不能动摇这些规范。在这样一个机械化的社会里,人要适应规范,须运用理智,不是感情;与人日常生活发生密切关系的,是物不是人。

b)生活方式的革命:西方近代生活方式的革命导源于宗教改革,中国这方面变革的轨迹与十六七世纪的西方不同,因为中国文化的基本精神本来就是入世的,历史上虽有过类似西方中世出世倾向的佛教,但就在佛教兴盛的唐代,禅宗的兴起就已扭转了这种倾向,宋以后又有儒学的复兴运动。清末民初生活方式的革命,重点是在如何改革传统伦理生活所依据的社会基础,目标是要使传统的伦理本位的社会,转变为现代的法治社会,因此传统的价值系统也必须做相应的调整。

c)工业社会的问题与危机:问题主要是指,因都市化使人口集中,使生活在大都市的人,遭受各种环境的压力和心理的紧张,如噪音、空气污染、缺乏运动、狭窄的空间、过分的拥挤和物欲的刺激等。由环境压力和物欲刺激引发的社会问题使形形色色的罪行猖獗,如窃盗犯罪、智力性的白领犯罪和暴力犯罪等。此外,工业社会奉行金钱万能的哲学,于是人际关系被缩减到冰冷的金钱往来,行为被视为一连串的交易,并且影响到人们的心理和对人格的假设。这种市场型人格和使大多数人被吸入金钱制度的社会如不改变,则伦理道德、爱与友谊,势必在多数人的极端自利行为中腐蚀掉。就人伦的意义而言,这是工业社会最深的危机。

d)工业社会的伦理新貌:这里所说的伦理新貌是指人际关系的新型态,除上文已提到的人的行为变成一连串的交易之外,再从家庭来看,核心家庭虽是工业社会主要的家庭型态,但由于子女观念逐渐淡薄,离婚率增加,结婚延迟,以及喜好独自的生活方式等原因,已使现代人迈向一个多样化家庭型态的新社会。家庭之外,现代人一天当中大部分能活动的时间都在工厂、公司、机关、学校,在这些场所工作,最重要的条件不是你的道德修养,而是你的专业知识、技能和专业精神,专业精神中虽包涵着道德的要素,它主要要求的还是工作效率与工作成果。处理现代社会新型态的关系,很难有共同的规范可寻,最重要的是个人的态度,一个人如果有开放的思想,并具有弹性的心灵结构,那么他就能就个体本身所具的特性去欣赏他,而不是根据自己主观的模式去估量对方。

(5)人生阶段与伦理。

这一章的目的,是为了相应一个变迁而开放的社会,建立一种动态的伦理观。

a)人生不同阶段的伦理特性:就伦理的关系、伦理的意义、人生的目标、以爱为中心等方面,说明儿童期、青年期、中年期、老年期的伦理特性。

b)儿童与伦理:除了从儿童心理上需要什么、儿童能学什么、儿童的道德训练加以说明之外,还强调两点:第一,心智活动中的知性训练。儿童不但能学习,也应该学习,知性能力是人一生中道德活动最重要的基础。第二,儿童应享有多种权利,其中以"做儿童的权利"这一点必须优先做到。

c)青年与伦理:青年期正面临二度社会化的过程,在这过程中,要学习社会态度,认识社会规范,扮演社会角色。这时候他心里最需要的是鼓励和尊重,最讨厌的是干预和责罚,个性强的遇到干预和责罚会反抗,于是和父母之间形成不愉快的关系。青年是一个尴尬期,主要是因他的社会成熟赶不上生理成熟,这两方面成长的差距,造成双重我之间的矛盾。青年已不像儿童有犯错的权利,他必须学习为自己的行为负责,但他的自制力仍不像成年人那样成熟,对青年人的伦理要求宜宽不宜严,束缚太多,对他的身心有害无益。

d)中年与伦理:中年人的生活有两个重点:一为家庭生活,一为职业生活。这两种生活虽互有影响,比较起来,职业生活的稳定与成功,才足以保障家庭的幸福。中年人除了为自己之外,更要为别人,因此,在这时期最重要的伦理要求是尽责。职业生活固定了中年人的社会角色,也是走向成功必经之路。除了遵守职业伦理,尽忠职守之外,如果藉职业不断展现人生远景,可以扩大生活的意义。

e)老年与伦理:老年阶段最大的不幸是贫与病。假如经济有基础,健康又良好,又有正确的观念,应该可以有个愉快的晚年。正确的观念包括接受自己、寻求适合自己体能与心智的工作,减少竞争心、得失心等。善处老境的最佳方法,是仍有工作可做,仍有理想等待完成,青年、中年人的工作不免有特定的目标,老年人可以为工作而工作,反而能享受工作本身的乐趣。在伦理道德方面,老人为善为恶的能力都相对地减少,和儿童一样,应予较大的自由。老人有丰富的自省力,你越对他宽容、尊重,他越能自重,这是老人与儿童不同的地方。

(6)自由、民主与伦理。

这一章的基本假设是:如果我们承认建立自由、民主的社会,是近代中国人共同奋斗的目标,那么新伦理的建立,必须和这个目标相一致。

a)伦理中的自由与民主:现代社会伦理问题的重点,不在为各种不同的关系建立不同的规范。在现代社会的复杂关系中,只要彼此同意,规范可以自由订立。中国人缺乏的公德心,并不是公众的规范,公众的规范是法律。公德针封传统的私德而言,它代表一种新的态度、新的价值观和新的处理人际关系的方式,而这些只有在自由的价值中、民主的方式中,以及自由、民主的心态中才能培养出来。

b)自由与伦理:对一个仍被传统伦理观念笼罩的社会,要把自由价值实现于生活,必须做一体两面的努力,一面是个人的改造,一面是社会的改造,自由、民主是两面改造共同依据的原理。个人改造的目的,在使自己成为一个自由人。个人改造是社会改造的起点,社会改造是个人改造的目标。由于自由必须在人际关系中表现,而社会是由复杂的人际关系交织而成,因此改造个人和改造社会,工作的性质虽不同,工作却是同时进行的。从个人改造到社会改造，是新伦理——自由人伦理建立的必经之路，改造的方式须经富有自由、民主精神的教育。

c)民主与伦理：就伦理而言，民主和自由的意义虽可不同，但二者的关系却密不可分，因要把自由的价值实现于伦理生活，民主是最有效的方式。所以在伦理的意义上，民主只是一种生活方式。要实现这样的伦理，必须培养民主的性格。民主性格的外显行为是民主的生活方式，民主性格的内在基础是一种特殊的心灵架构。这种生活方式也许不是最理想的，但到目前为止它显然是一种比较能合理处理人际关系的方式。民主的生活方式源于个体的自觉，发为尊重个体的行为，这是基本原则。

(7)精神的革命。

新伦理是一种精神的革命，藉建立新伦理以达到民族精神革新的目标。

a)中、日国民生活理想的比较：是将 1960 年代中期，日本颁布的《理想国民的典型》，和台湾的《"国民"生活须知》[1]加以比较，可以看出日本所定的理想，正是以自由精神为体，以民主的生活方式为用的现代人生活的一个典型，而台湾所要求于"国民"的，仍迷恋在僵化的传统之中，缺乏中国人在当今世界处境的自觉。

b)是什么因素阻碍我们前进：我国自清末以来，科技首先获得胜利，接着是政治制度，最后固守的堡垒，是所谓"道德和精神"。悠久传统都有他凝固的价值体系，以及难以改变的惯例、习俗，只接受被他们自己传统所定义的那种道德和精神。因此对新观念不但难以接受，往往产生顽抗抵制的现象，这是一种"心所锤炼的桎梏"。这种桎梏使我们产生"心盲"——心陷牢狱而不自知，是精神革新的最大障碍。

c)精神革命应有的努力：这里所说的精神革命，与传统经由冥想潜

---

[1]　编注：国民党当局 1968 年在台湾发起"中华文化复兴运动"，曾颁订《"国民"生活须知》、《"国民"礼仪范例》作为台湾人民生活的准则。

修所获得的那种意义大异其趣，它主要依赖新观念的吸收，新态度的建立，以及新人才的培养与流动。一位社会学家说："人类必须在思想、感情和行动方面有所改变，才能算是真正的现代化。"这就是精神革命要努力实现的目标。

(8)新伦理的动力。

本章主要的论点是：新伦理的动力来自知识与观念，尤其要靠学习新的价值观念使之内化，持续终身的学习活动，才是激发新伦理动力的主要方法。

a)道德的再认识：传统中国在道德方面一直有一种倾向，总以为道德现状今不如昔，因此"世风日下"、"人心不古"等充满主观情绪的感叹，一直颇能激动人心，很少人注意这情绪的背后隐藏着的问题，这问题是根本对人的道德能力缺乏信心。从人类历史来看，任何时代任何地区，永远有一些人表现丧德败行，又有另一群人在为德行挣扎奋斗，如以蓄水库做比喻，这道德的水库，每个人都可能随时在注入，也同时在消耗，水库本身永不会枯竭。支持我们对道德有信心的另一项史实，不论中国和西方，当所谓道德衰微之际，文化仍可以有伟大的表现，这说明道德衰微，只是社会部分的现象，并不致影响文化的进展。

b)新的价值观念：共列举十五项："一个新的自然观"、"开放的人性观"、"一个新的文化观"、"社区意识"、"个性"、"自由"、"平等"、"民主"、"社会责任"、"正确的权威与地位观"、"正确的物质观"、"一个积极的工作观"、"一个积极的性观念"、"人类相互依赖"、"一种形而上的或宗教意识"等。其中"开放的人性观"、"一个新的文化观"，相对于传统是变动较大的。"一个新的自然观"、"正确的物质观"、"人类的相互依赖"、"一种形而上的或宗教的意识"四项与固有的传统仍保持联系。其余九项新价值观，在过去百年中，一直是知识分子讨论的中心，有的也已实践在新型知识分子的生活之中，问题在不够普及。这十五项价值观，不仅可以支持建立一个工业文明的新社会，且能保持人本主义的特色，传统的与现代的价值由此将可获得创造性的综合。

　　c)学习与创新:学习是就一个"学习中的社会"的理想而言,这个社会的特性,是把学习视为整个人生的过程,是每个人在求得其人格之充分发展时所不可或缺的过程,因为人只有经由不断的学习,才能重新被注入活力和想象力。一个多数人都渴望新知并重视研究发展的社会,会刺激创新的活动。学习、创新都是为了展现潜能,使人类的理解力、想象力、追求理想与爱的能力都能有效地发挥。一个有利于多数人展现潜能的社会,平均的道德水准也较高,因人有机会发挥他的能力,会因不断的成就感而获得自信的满足。人在奋发向上的过程中,纵然有恶念也很少化为恶行,因他的精力已有正当的方式运用和消耗。

　　(9)批判的心灵,社会的关怀——型塑知识分子的新典范。

　　a)引言:青年人需要模范:要使青年人实践道德,道德的语言文字仅居于辅助的地位,主要是靠实践模范。实践新伦理的模范,具有两个基本的特征:一是批判的心灵,一是社会的关怀。这种角色对走向自由开放的社会,有特殊的功能。

　　b)批判的心灵:主要讨论:第一,一个具备批判心灵的人,他在性格上会有哪些特征? 第二,如果一个青年想把自己锻炼成这样的人物,须培养什么条件? 第三,具备批判心灵的人,他能做些什么?

　　c)社会的关怀:主要讨论:第一,一个社会关怀者,他生命最显著的特质是什么? 第二,这种角色对社会有正面的功能,是否也有负面的作用? 最后,为理想中的新模范,设计了一个简易的工作纲领,作为一生的指导原则。

　　(10)伦理、民主、科学的三结合——树立中国文化的新模式。

　　本章重点在说明三者的精神特性及其交互关系,并强调三者有其共通的精神基础,必须使三者的精神互相渗透,互依并进,才能促使中国文化整体性的发展。

　　a)民主与伦理:一个真正的民主国家,不只是徒具民主的政治形式,最重要的,它必须从全民的民主性格中反映,这些性格包括思想与行动的自主、独立和自由,而且习惯于尊重个性、容忍异见。这就是说,民主必须成为一种普遍的生活方式,民主才算生根。民主的生活方式如何培养? 始于开放的家庭。所谓开放的家庭,就是以自主、独立、自由为伦理准则伦理教养的家庭,在这样的家庭里,每一分子,都把这些价值认为是无可争辩的权利。因此,所谓民主的性格,就是这些伦理准则内化的结果。

b)科学与伦理:主要说明科技心灵与人文心灵本属一体,科学的不确定原理即伦理中的容忍原理,伦理所崇尚的独立、自由、容忍、尊严等价值,也同样是科学的价值。因此,推动民主与科学的发展,价值与精神的自觉的改造是最基本的工作,传统的伦理也必将在这样的自觉改造过程中获得重建。

c)民主与科学:自由、独立是民主社会所崇尚的价值,在西方近代史中,这种价值观曾是推动民主运动的主要动力之一。由心灵独立的要求,于是释放了近代人惊人的创造力;由自由的要求,于是唤醒了被传统的教条主义和权威主义僵化了的求真习性。"创造力"和"独立性"正是科学家存在的内在需要,而"不墨守成规"和"自由"又正是科学家存在的外在需要。自由、独立是民主精神的标记,也是科学实践的条件,因此,科学家必定渴望一个民主的社会。

(二)当前伦理与道德问题的诊断与重建

我在《中国思想史》的序文中说过:"所谓历史,不过是要藉过去了解现在,藉现在去考问过去;也就是英国史家卡尔所说,是现在和过去之间无终止的对话。"从我对传统儒家伦理道德思想的批判,到对当前伦理道德问题的关怀,在我的学思历程中,不仅是很自然的演变,而且一直都是在"现代和过去之间无终止的对话"的方式下进行的。

下面要简介的三篇文章:《民主法治社会里伦理问题的探讨:儒家伦理现代化之路》,是1986年自由基金会在台北举办的"儒家与现代化研讨会"上所提的论文,曾于同年9月25日的《中国论坛》发表;《走出道德思考的死胡同》,是1986年应文崇一兄与萧新煌兄的邀约,为他们主编的《中国人:观念与行为》一书而写,此书于1988年由台北巨流图书公司出版,为配合书名,编者将题目改为《中国人的道德思考》;《当前道德问题的诊断》,是1987年5月24日在中华电视台视听中心的演讲,除电视之外,有几家广播电台也播了演讲录音,同年7月25日《台湾晚报》根据录音整理发表,修正后已与前两文都收入《历史转捩点上的反思》文集中。

(1)《民主法治社会里伦理问题的探讨:儒家伦理现代化之路》。

a)问题的症结:将儒家传统伦理的内涵,从伦理学意义的五伦,到历史实现过程中所形成的三纲,三纲法制化及社会化等四个层次,一一予以厘清,然后可以使我们了解到,真正与伦理现代化有冲突的,主要是传统伦理中的三纲,不是五伦。

b)在传统伦理架构中寻求伦理现代化的论证,以三纲为例:三纲与三纲法制化所宰制的礼教传统,因其强调顺从,束缚个性,锢蔽心智,与我们今日正努力追求的自由、民主、开放社会的目标背道而驰,这是必须改变的,事实上也已改变。但三纲的本质或真义,是一方要求另一方尽绝对而片面的义务,在伦理学上,它是建立在"道德本身就是目的,不是手段"以及"道德即是道德自身的报酬"等预设之上,在实践上属于自我牺牲的高层次的道德,是社会大众学习、仰慕、向往的对象,在任何时代都是人们尊重的价值观。

c)自由人伦理的构想:这里所说的"自由",是偏重于权利意识的。自由人伦理的目标,是在培养具有权利意识与守法精神的国民。人之所以甘愿受缚于法律,为的是要获得自由。假如政府要求人民守法,而法律却不能保障人民的自由(即权利),是不会有效的。所以权利的尊重和保障与守法精神的培养密不可分。只有当国民普遍感受到自己的种种权利已获得确切的保障,守法的习惯才能顺利养成。此外,如果社会不能朝民主法治的方向发展,自由人伦理也无从建立,二者相辅相成的关系,一如三纲礼教与专制政治的关系。

c)自由人伦理如何建立:要建立自由人的伦理,如何培养国人的民主素养,是一个重要的关键。首先,民主的素养始育于民主的家庭,所谓民主的家庭,就是以独立、自主为伦理准则、伦理教养的家庭。在这样的家庭里,与强调片面服从的三纲礼教自然不同,但却是五伦中"父子有亲"这一伦理的实践。当然,民主的家庭,对培养民主素养与国民性的转化(由顺从性格转化为独立、自主的性格),仅是提供人生最早一个阶段孕育的环境,要把自由价值充分实现于生活,要使自由人伦理成为今日我们伦理生活中的主导力量,还必须更进一步做一体两面的努力:一面是个人的改造,一面是社会的改造,自由、民主是两面改造的共同指导原理,它虽有表现于个人和表现于社会的不同,但精神是一体的。

(2)《走出道德思考的死胡同》。

a)今日的道德问题:相对于传统的"仓廪实则知礼节,衣食足则知荣辱"的道理而言,今日我们不禁要问:我们不但已做到"仓廪实",一般人民的衣食也早已超出饱足的需要,可是国民的道德,为什么反而江河日下呢?这一现象说明因社会富足而带来的环境变化,已使道德问题的性质也随之改变。道德问题的性质改变以后,那么我们的问题究竟在哪里?第一,道德价值的混乱。第二,道德的无政府状态。第三,道德的冷漠。

b)破坏伦理道德的因素:第一,是由于近代中国所要求的社会形态有了改变。中国传统的社会形态是伦理社会,而近代中国需要重建的,却是法治社会。这两种社会运作的基本依据根本不同,前者是儒家经典、圣贤遗训及祖制;后者却是宪法。宪法使国人在法律之前一律平等,使传统君主专制所依据的三纲伦理失其所依。第二,由于伦理相对观的流行。所谓伦理相对观,是认为道德标准事实上是随着不同文化不同时代而有所不同,甚至个人在不同的社会之中,也有所不同,因此,不同的社会与个人,在道德判断上有着极大的歧异。这种伦理观使一般人的行为在违逆固有道德与习俗时,有了正当的藉口。第三,是社会上普遍信奉所谓"花花公子哲学"。它主张享乐主义的生活方式,认为人生的目的,只有在快乐的追求中才能发展,因此强调个人快乐权利的优先。这种价值观及其衍生的种种恶行,对社会道德的腐蚀,是难以估计的。

c)道德教育的困境:困境之一是只教人应当如何,并未把教育的对象引入实际的情境中,让他有机会实习,培养他自做决断的能力。困境之二是只重视权威与教条,忽视了道德教育必须要靠个体的自觉与自动做基础,一旦生活上面临必须做抉择时,依然不知所措。困境之三是把军事化教育与训育工作混淆不清,这无异是把非常态的视为常态或企图以非常态的代替常态,使道德教育走入歧途。

d)道德观念的改进:我从实际影响改进的两个因素着手分析,一是政府的角色,一是社会的心理。以政府的角色为例,1980 年代初推行复兴文化的机构,有见于当时中小学的伦理教育徒具形式,因此邀集学界多人,举行多次座谈,希望借重学者们的知识与智慧,能制订出一套合于今日生活环境的行为规范。从座谈内容可明显看出,希望解决问题所走的方向不对,经由座谈会所制订出来的行为规范,所谓"合于今日生活环境"者,只不过多了一些新观念如"民主的精神",以及词句上比较新颖。今日道德问题不在缺乏规范(就规范而言,所谓四维八德并无新旧问题),而是这些规范为何难以遵行? 假如真想在我们的社会培养民主的精神,那么一个国民他的生活只要不违法,其他像如何对人、如何处事,可以依照他自己的习惯或自己认为合理的方式去处理,没有人有权代他立下规定。人只要不犯法,其他的行为都应为社会所容忍。当然,法律之外,还有道德问题,父母、教师、朋友都可告诫你应如何如何,但道德行为决定性的关键,在自我抉择、自下判断,对错都要你自己去负责。我们在道德上,都是平凡的人——自私、贪婪,要改进社会道德,应对实际的人性多下点功夫去了解。

(3)《当前道德问题的诊断》。

a)今天的道德问题究竟在哪里,又是怎样产生的:第一,由于新旧及两代之间观念上的冲突。第二,由于外来价值观念的冲击,使台湾近二三十年的社会变迁,必须经历西欧一二百年的过程,没有足够的时间来调整自己,很多问题就这样出现了。第三,今日的伦理道德问题,远比传统为复杂,在个人伦理、家庭伦理、社会伦理方面,名目上或仍相同,其内涵已大异其趣。除此之外,还有迫切的政治伦理、经济伦理、校园伦理、生态或环境伦理等问题。这些新的问题,都是因追求现代化、工业化而产生的。

b)现在的道德问题和传统道德崩溃是分不开的,到底哪些传统道德在崩溃,又是怎样崩溃的:依照前文将传统伦理作四层次的划分,传统已崩溃的是三纲及其制度化和社会化的部分,五伦并没有崩溃,五伦中的"父子有亲"、"朋友有信"等道理,在任何时代,任何社会里,都承认它的价值。至于崩溃的原因,主要是受到自由民主运动和革命风潮等的影响。

c)假如要解决当前的道德问题,应该有什么样的基本认识:基本认识并不是去解决个别的道德问题,而是当你去解决那些个别的道德问题时,如果有这些观念,会有一些帮助。第一,道德不是束缚人压抑人的,它的主要目的是激发人爱的能力,钱是越花越少,而爱则是越付出越多,这是人的一种奇妙的力量。所以爱是一种"能",道德就是引发这种"能"的开展。第二,我们应该学习容忍规范上的差异,不必要在生活的细节上要求一致。第三,道德在原则上或形式上可能是不变的,可是它的内涵和实践的方法上却是有所变化,因为变,道德才有生机,才能够延续,死守教条,反而使道德僵化。第四,社会要提升它的道德水平,至少要具备两个条件:一是年轻人有机会发挥他的潜能;一是道德实践的模范一定不能够缺少,道德的教训必须有实际的行为去印证才有力量,否则是不会有效用的。第五,实行道德需要有健全的人格,而健全的人格必须有德、智、体、群均衡发展的教育。第六,目前台湾在道德问题的解决上,最迫切需要建立最低限度的道德,也就是公德心和守法习惯的养成。

我的学思历程
下篇 社会关怀

前　言

> 我根据个性、才能与处境等因素的考虑，
> 一直把自己定位于观念的参与。
> 至于行动方面，我深知自己在群众场合，
> 在那情绪性的煽惑之前，
> 无法保持理智的冷静和不偏不倚的判断，
> 所以，纵然有这方面的冲动，
> 也不敢轻易尝试。

在前文提到的书之外，还有几本文集：《知识分子的责任》、《思想的贫困》、《历史转捩点上的反思》、《立足台湾，关怀大陆》，内容多半是思想性杂文与时论，算一算共有一四八篇，约七十万字。四本集子之外，还有一些短文，因当时没有保留，未能收入，也有一些已夹杂在其他书中。

如果说前文第一部分，是扮演学者的角色，第二部分是扮演思想家的角色，那么这第三部分，则是知识分子的角色。1986 年，《中国论坛》主办"知识分子与台湾发展"研讨会，杨国枢兄在总结报告中，采一种比较严格的定义，认为知识分子应该同时具备下列八个条件：

(1)要有丰富的知识、见识。

(2)要有崇高的无私理想。

(3)要有强烈的独立精神。

(4)要有旺盛的批判精神。

(5)要有高度的分析能力。

(6)要有真正的志虑精纯。

(7)要有足够的社会关怀。

(8)要有坚韧的抗压能力。

我自己在这些条件上,究竟具备多少,我想这应该留给读者去评断。在这里,我想说明的是,上列知识分子的八个条件,几乎也是好的学者和思想工作者,所必须具备的条件。我在《为真理做见证:知识分子的历史使命》一文中说:"知识分子主要的凭藉既然是在思想、观念与知识,那么他必须先立足于学术,然后才能立足于社会。"这是我在写杂文、时论时常提醒自己的话,因此学术工作从未因"外务"而中断。学术的研究与创新,是思想与观念的水库,是知识分子的活力泉源,水库若日渐枯竭,很难成为一个杰出知识分子的角色。

所不同者,如只单纯地扮演学者的角色,社会关怀这方面可能要少些,而知识分子在这点上,必须相当突出。如果社会关怀一旦"过火",长期走向街头,热衷于社会和政治运动,而荒废了学者的本业,那么他已不是单纯的知识分子,而是社会工作者或政治运动家。这种角色,如只是为了服务、为了奉献,并不渴望权力,那么他扮演的角色,远比一般知识分子要伟大。假如他是以服务、奉献为手段,目标是在权力,那么很少不背叛当初作为知识分子的理想的。

我在《伦理思想的突破》第九章里,曾将"批判的心灵"和"社会的关怀",作为新型知识分子两个基本的特征来讨论。所谓社会关怀,当然不只是关切之情,它应该是一种参与。参与有观念的参与和行动的参与,观念的参与主要是指对国家社会各种问题的诊断、批评、建议,甚至是理想的提供;行动的参与,总不免要走向街头,甚至热衷于社会和政治运动。我根据个性、才能与处境等因素的考虑，一直把自己定位于观念的参与。至于行动方面，我深知自己在群众场合，在那情绪性的煽惑之前，无法保持理智性的冷静和不偏不倚的判断，所以，纵然有这方面的冲动，也不敢轻易尝试。来自权势方面的压力，我能抵抗，来自群众方面的压力，却无力承受，因此，终不能成为行动的知识分子。

　　我写时论与思想杂文，在过去三十年中，虽没有完全中断过，但大部分集中在两个时期，一是1960年代的中后期，一是1980年代的十年中。1960年代中期，《文星》杂志被迫关闭后，那正是一个政治恐怖、社会封闭、人心沉闷的年代，唯一能发表批评性文章的杂志，就只剩下相当理性温和的《时与潮》，殷海光先生被迫离开台大后，为了生活，也在此以笔名发表一些思想性的杂文，他针对我的《儒家道德思想与自由》一文，所写的评论文章《自由的对头》，就是以笔名"高风"发表的。我这篇文章在《时与潮》发表时，用的笔名是"项维新"。比较敏感尖锐的文章，所以要用笔名，是因杂志的主人齐世英先生为了保护我们，他不希望我们为了替他的杂志写文章而受到伤害。齐先生本为国民党籍的"立法委员"，在"立法院"一向扮演"谔谔之士"的角色，曾因此而被开除党籍。后又参与雷震的组党运动，成为"中国民主党"筹备小组的七位成员之一，事败后全心全意办《时与潮》，以传播民主的种子为职志，最后仍不免"成了政治迫害的牺牲品"①。

　　这一时期我的时论，多半在《时与潮》发表，齐世英先生办杂志非常认真，事无大小，都亲自操作，每期的稿费都有专人送到作者家中。在我为《时与潮》撰稿的两年中，每逢旧历新年，齐先生都来家中拜年。当时我除了知道他曾被开除党籍，并参与组党之外，对他的过去一无所知。近年读到中研院近代史研究所，口述历史丛书中《齐世英先生访问纪录》，才晓得他不仅是一位有功于党国的大老，且是一位富有新思想，

---

① 见《齐世英先生访问纪录》，台北，中研院近代史研究所，1990年，第365页。

人品极高,一生从事政治,却不迷恋权力的人物①。

　　1970 年,我把这一时期的杂文,以《知识分子的责任》为书名,交弘毅出版社出版,序文中我说:"我之所以要对这样广泛的问题表示意见,并不是我对每一问题都具备专门的知识,而是因为我对与许多人切身相关的事,有一股压抑不住的关切之情;更重要的是,我认为对现实问题表现意见,是一个知识分子应尽的责任。基于这份责任感,我对近年政府有关社会、文化、教育的许多措施,提出了建议和批评。这些建议和批评,不一定全部正确,也可能在某些地方犯了错误,不过我可以奉告读者的是,假如我有错误,我会诚恳地接受纠正和批评。据我的了解,真正足以危害人类的言论,不在它的分歧,也不在它会有错,而在它明明有错时,却不肯接受他人的纠正和批评,甚至利用权势,把明明是错误的,强迫人相信它是真理。这是自我期许,也是我当年的誓言。三十年过去了,这个世界和我们生活的周遭,这种现象,并未因社会言论的表面开放,而有多大改变。为了坚守誓言,我必须长期与各种压力和诱惑抗衡,也注定了一生在现实上受挫的命运!

　　台湾的 1980 年代,如今三十岁以上的人都很清楚,那是动荡的十年,也是充满希望的十年。虽然政治事件、政治逼害不断,但政治运动、社会运动、学生运动依旧前仆后继,风云澎湃。思想上的禁忌被冲破,政治的地壳在变动,整个社会像一条长河的奔流,既充满活力,又显得混乱。生活在这动荡岁月中的人,反应十分复杂,有人苦闷、有人兴奋;有人痛苦、有人欢笑;有人悲观、有人乐观。这一切既不是为了推翻暴政,也不是为了抵抗外侮,而是一个新社会诞生前的阵痛。

　　在一波又一波的群众运动中,在一届又一届的选举热潮中,有时候我会感动得热泪盈眶而伫立终宵,也有过无数不眠之夜。在这十年,我写了五十多万字的文章,来表达我对这矛盾年代的心境与感受,也纪录了我对这冲突年代的观察与思考。这些文章除了少数之外,都收在三

───────────

① 《齐世英先生访问纪录》,台北,中研院近代史研究所,1990 年,第 360 页。

本集子里：(1)《思想的贫困》(1985)。(2)《历史转捩点上的反思》(1987)。(3)《立足台湾，关怀大陆》(1991)。

下面我将前后期四本集子里的文章，分为三个部分，代表我这多年来，在学术、思想的工作之外，对社会的一点关怀。

一　观念参与

知识青年永远是社会的希望，

从他们的想法与做法上，

多少能窥知下一世代社会演变的端倪。

关怀知识分子，

在某一意义上，

它代表着自我省思与自我鞭策。

引　言

这三个部分是：第一，观念参与。第二，本土关怀。第三，大陆观感。为什么叫"观念参与"？前面引言中已有说明。后面两个部分，当然也可以包括在第一部分之内，只因其内容比较特殊，才加以区隔。

观念参与这一部分，内容涉及的范围较广，以下将性质相近的分成"思想与文化"、"青年与知识分子"、"学术与教育"、"社会"、"政治"等五类，根据这五类在总数一四八篇中所占比例，大抵能看出我关怀的方向和重点。

(1)思想文化类。属于这一类的文章，共四十九篇，约占总数百分之三十。文章包括《对人生问题的几点认识》、《现代人的信仰问题》、《现代化与现代人》、《如何加速"我国"的现代化》、《迎接第二次工业革命》、《有关研究中国文化的几个问题》、《我们对复兴中国文化的几点认识》、《迎接科学的挑战》、《科学怎样在国内生根的种种问题》、《科学在台湾发展的种种困难》、《为配合科学发展应有的改革》、《有问题的科学研究发展计划》、《我们对"中美"人文及社会科学合作的期望》、《书评与出版》、《新文化运动时代的自由与民主》、《启蒙运动与当代中国思想发展》、《胡适小传》、《胡适思想纲要》、《完成思想启蒙未竟之业》、《变迁与回应——是什么因素阻碍着我们前进?》、《初见冯友兰》、《心智的开拓》、《传统与我》、《我爱异端》、《学习与创新》、《思想的贫困》、《环境伦理》、《也谈"忧患意识"》、《二十一世纪会是中国人的世纪?》、《把经济活力扩展到文化上去——〈东亚锐锋〉读后》、《迎接学术的新挑战》、《从思想层面看〈一九八四〉》、《民间之学:传统中国学术的源头活泉》、《胡适心目中的孔子》、《思考方式的突破》、《传统的偏见——以"人师"、"经师"为例》、《"那也是人性":一个新的人性观》、《儒学前景》、《新加坡儒学会议的感想》、《"五四"在今日的意义》、《日文专业书展的联想》、《台湾三十年来思想性杂志的回顾与前瞻:〈民主评论〉与〈文星〉》、《我们正处在历史的转捩点上——"国家未来十年发展的探讨"研讨会献词》、《导引"国家"走上正确的方向》、《科学、民主、反传统——以"台湾经验"反省"五四"》、《迈出"五四"的幽灵》、《"语录"、"文复会"与个人崇拜》、《古典的重要》、《与中国文化相"隔"的冯友兰》。

(2)青年与知识分子类。共二十四篇,约占百分之十六。文章包括《为知识青年说几句话》、《正视知识青年的苦闷》、《为真理做见证——〈通向失望的阶梯〉一文读后》、《社会的良心,历史的见证——徐复观教授》、《青年的人生观——怎样为自己找路、意义、理想》、《青年文化与青年类型》、《青年文化的理想与现实》、《人文主义与西皮运动》、《为真理做见证:知识分子的历史使命》、《学习典范:让理想主义的精神昂扬》、《我们的反省与展望——〈中国论坛〉八周年》、《没有独立自由的精神,哪来健全的政治文化——〈异端的权利〉对我们的启示》、《以传统主义卫道,以自由主义论政——徐复观先生的志业》、《历史的镜子——"知识分子与台湾发展"研讨会献辞》、《意识形态与知识分子》、《知识分子与大众文化》、《"费边"精神》、《寄天堂——〈殷海光书信集〉代序》、《开创中国女性的新世纪——〈女性知识分子与台湾发展〉序》、《殷海光先生的志业与悲剧》、《"自由"与"存在"的对决——略论殷海光先生悲剧的形成》、《知识分子的抗议传统》、《三月学运的检讨和期待》、《尊重生命的典范人物——马晓滨案引起的省思》。

（3）学术教育类。共二十二篇，约占百分之十五。文章包括《如何培养创造性人才》、《学术界应培养的敬业精神——从梁实秋完成莎翁全集说起》、《国民教育与国民健康》、《中等教育方面的几个问题》、《高等教育方面的几个问题》、《大学教育必须改革》、《急须全面整顿的职业教育》、《由教育全面改制想到的几个问题》、《彻底改进学校的训导工作》、《我们有没有生活教育?》、《社教运动与社会道德》、《剖视民族精神教育》、《大专联考以后对联考问题的一个建议》、《关于大专联考国文作文给分的高低问题》、《国文程度低落的几个原因》、《如何安排青年在暑假中的生活》、《学术独立与自由民主》、《民国史上地位突出的三位大学校长》、《哲学在人文教育中的地位》、《改革青年的思想教育》、《学派与学阀》、《学术要自主、文化要自由》。

（4）社会类。共二十篇，约占百分之十三。文章包括《转变中的父子关系》、《现代父母如何学习与子女相处》、《社会建设与道德问题》、《固有道德与现代社会》、《从一件小事谈国人的道德水平》、《从贺美丽女士临别赠言谈我们的国民性》、《留学热：一个不正常的社会现象》、《我们对改革民俗的看法》、《政府应加强推行节育计划》、《农村改造的实践者：晏阳初》、《晏阳初农村改造的思想》、《工业社会伦理危机的诊断与建议》、《老课题上应该努力的新方向——社会道德问题》、《上帝的归上帝——我们对宗教法草案的看法》、《犯罪与人性》、《开放社会的基础建构》、《想起贺佛尔》、《为什么大家都有无力感?》、《闲暇的价值》、《"创造转化"与"自我实现"——论晏阳初的思想与人格》。

（5）政治类。共十篇，约占百分之七。文章包括《谈两大政经风暴——探原因、说影响、提建议》、《认知心态与民主心态》、《民主：播种不易，收成尤难——念"五四"想今朝》、《民主扎根》、《民主优先于统独——民进党不宜把台湾独立列入党纲》、《政治形态的转变——新政府当前最艰巨的课题》、《雷震在台湾民主运动史上的地位——"台湾民主自由的曲折历程"研讨会开幕词》、《开创民主社会,需要民主性格》、《推广民主教育,发展民主文化——为自由主义者重定位》、《全斗焕悲剧的意义》。

从以上的分类和各类文章所占的比例,可以明显看出,我纵然是在写杂文、写时论,关怀的方向和重点,依然与我的专业专长以及生活经验密切相关。思想与文化、学术与教育就占了总数的一半,而政治谈得最少,似乎在无意中也反映了我的一贯想法,即一个国家在思想、文化、学术、教育等方面如没有彻底的改变与提升,民主是很难落实并获得重大进展的。在我的生活中,与政治人物的距离最远,目睹近二十年来的政治变幻,更觉得我们之间是生活在两个相当不同的世界。我已学会尽可能不以道德眼光看这一行业,也深知政治人物才是推动现实历史的主导力量,一个国家如不能发展出强而有力的学术界与知识界,知识分子要想引导社会变迁和历史进程,很难。

在我的生活中,接触较多的是知识青年与知识分子,这也很自然地反映在我的关怀中。知识青年永远是社会的希望,从他们的想法与做法上,多少能窥知下一世代社会演变的端倪。关怀知识分子,在某一意义上,它代表着自我省思与自我鞭策。我曾有机会认识一些有理想、有热情、富正义感而又肯上进的青年,近二十多年来,因经济成长快速,社会逐渐富裕,有些怀抱理想的青年,一旦融入社会,便很快被"经济巨人"所吞没。一个社会能使经济发达、人民富裕,当然是了不起的成就,但它所付出的代价,除了道德败坏、人心浮华之外,更严重的是理想主义精神的丧失。

在我繁杂的文章中,不看内容,单从题目上就不难看出,这些文章都是以自由精神为基调的,它表现在个体上,会特别强调独立、自由与尊严;表现在学术上,则希望完全没有外力干预和思想禁忌的研究环境;表现在教育上,则希望校园在具有自由开放的气氛之外,最重要的是能发挥青年人的潜能;表现在社会上,则渴望能建设一个不断更新而又充满创发力的社会;表现在政治上,所重视的是培养国人的民主性格,和在法治基础上建立起来的民主制度。

写杂文、写时文,多半是因外在的刺激有感而发,但其中也有一部分,在我的学思历程中,具有比较特殊的意义,这主要不是因外在的刺激,而是产自因内心的共鸣而引发的反思,有的则酝酿着可以进一步研究或发展的题目,例如:

(一)关于异端

在近代民主社会出现以前,不论东方和西方,都同样缺乏宽容异端的传统,他们视异端为邪说,视反对为叛逆,因此惩治邪说,迫害异端,一向被有权势的帝王们、卫道者、护教的僧侣视为神圣的义务。这样的传统里,所谓知识分子,多半只是统治阶级的附属品,分享一点统治者的剩余以光宗耀祖。

民主社会与非民主社会,有许多基本的差异,其中最重要的一项差别,是民主社会能享有言论与思想的自由,把宽容异见看作民主性格的重要表征,并制定法律对持有不同意见的异端分子予以保障。由于近代世界性的民主运动,已使保持异见作为异端的权利,成为我们这时代一个普遍的理想。

以上是 1982 年《我爱异端》一文开头的两段,从这个背景可以使我们知道,人类争取自由的历史,就知识分子的角色而言,就是争取作为异端的权利的历史。在专制独裁统治下的漫长岁月中,杰出的知识分子很少不扮演异端的角色。基于这种理解,使我近二三十年来,对历史上迫害异端的事件,以及当代异端知识分子受难的命运,保持高度的关注。

1966 年,我写《为真理做见证》一文,是介绍一位苏联的作家瓦拉利·塔西斯(Valery Tarsis),在斯大林的高压统治下,在受尽恐怖威胁和精神上的折磨的环境里,如何磨炼自己。他写的作品没有地方发表,但仍勤耕不辍，他说："像我的许多朋友一样，把自己所写下的锁在一个大箱子里，希望斯大林死掉。"这时刻终于来到，可是继任的赫鲁晓夫，不过是"乔治亚暴君的个人崇拜，变成乌克兰伧夫的个人崇拜"。塔西斯经过一再失望，不愿再等待，决心把自己多年的血汗结晶，冒着生命的危险，偷运送到国外。这事被苏联国家安全委员会调查到，塔西斯就到了他一生恶运的高潮。首先是被传讯。在传讯时，表现了他的勇敢。特务人员告诉他："你的情形很严重，要是你有一本书在西方问世，我们就逮捕你，并且使你受严厉的审判。"另外，还口口声声说要把他枪毙掉。塔西斯答复他们："你们可以枪毙我，可是你们要枪毙的是什么？是这块不新鲜的肉——我的身体吗？可是我的灵魂、我的书，你们又怎么办？这些都是抓不到的，它们都在国外，不久便要有许多语言的本子出版。好，你们尽管枪毙我吧，随便什么时候都行。"1966 年 2 月，由于国外的声援，使他戏剧般地脱离了铁幕，到了美国。文章的结尾，我说："塔西斯虽然离开，但勇敢不屈的精神，将是这一代青年所向往的典型。其实，如果我们能深一层去想，塔西斯的死与不死，无论对他自己或对世界来讲，都已不是最重要的。他的书他的思想早已传遍世界，那是灵魂活动的实录，也是为真理做见证的纪录，它将留传万世，凡是能为真理做见证的人，都不会真正死亡。"

1988 年我写《没有独立自由的精神，哪来健全的政治文化——〈异端的权利〉对我们的启示》，在斯·茨威格（Stefan Zweig）所著这部书中有两位重要的主角，一位是宗教改革者加尔文，一位是"异端"卡斯特利奥。由前者的一生，我们可以看到一个原本为争取信仰自由的宗教改革家，如何攫取权力，如何在取得权力后，实施独裁恐怖统治，不择一切手段，消灭异己的过程。由后者的一生，我们可以看到一个孤立的知识分子，在与独裁者对决的期间，如何保持内在的自由，发挥思想的威力，为体现独立自由的精神，留下不朽的典范。

异端与独裁对决的历史舞台，是 16 世纪中叶的日内瓦。后来，加尔文主义经由奇妙的修改，却由其要阻碍个人自由的狂热决心，产生了政治自由的思想。美国《独立宣言》，就是由清教徒精神所产生，这一宣言又对法国《人权宣言》形成决定性的影响，这种由宗教迫害到宽容自由的奇妙转化的历史行程，作者称之为"两极相通"。两百年后，当年最彻底地浸透了不宽容的日内瓦，居然成为欧洲宗教宽容的中心。

《异端的权利》对我们最重要的启示，主要在说明异端或异议者对促成社会进步与历史走向合理化，是多么的重要。因此，现代任何一个称得上法治民主的国家，都必须定下明晰的法律条文保护异端或异议者。保护异端，就是捍卫独立自由的精神，没有独立自由的精神或不允许这种精神充分发扬，哪来健全的政治文化？

读过以上两篇文章的读者，对我所以用《我爱异端》为题撰文，就不会有任何诧异之感了。这篇文约义丰的短文，曾收入 1987 年台湾思想批判《冲破禁忌》①一书中，1990 年又被选入人生五题《信念》②一书中。我希望有一天我们中学或大学的国文课本，能进步到将此文选入，对培养青年的民主性格，应有一点帮助。

1992 年，我在中研院文哲研究所召开的"国际朱子学会议"上，提《"庆元学禁"中的朱熹》的论文，"庆元学禁"是中国史上迫害学术、迫害知识分子的著名事件之一，如果不是平日关注异端的问题，大概不大可能在朱熹的浩瀚文献中，选这样的题目来写。前文曾说过，我治思想史，是要使现在和过去之间无终止地对话，这便是一个实例。

（二）异端知识分子在台湾

写杂文、写时论，有的是有感而发，有的是临时起意，当然非计划之作，但把这些文章集中在一起，会发现某些文章仍有其关怀的焦点，此不仅与自己的专业专长密切相关，也与平常选择性所关注的问题是分不开的。因此，从异端问题的思考，而关怀到现实生活中的异端知识分

---

① 此书由台北教理出版社出版。
② 此书由正中书局出版。

子,不过是问题的延伸和扩大而已。

殷海光、徐复观、雷震三人的专业完全不同,但在 1950 年代的台湾,扮演异端知识分子的角色则相同。1969 年殷海光去世后,我写《我所知道的殷海光先生》一文悼念他,内容包括"第一印象"、"他这个人"、"影响他的几个人物"、"海光与新儒家"、"海光与中国文化"、"未了的心愿"、"自我批评"等七个项目。在那年代,这样的文章很难找到地方发表,我送到改组前的《大学杂志》,开始编者也很犹豫,后来几经磋商,改了一些文字之后,才勉强刊出。

1987 年,桂冠图书公司为《殷海光书信集》出台湾版,要我写序,我写了一篇相当感性的《寄天堂》代序,其中有一段是这样写的:"你停留在这个世界的最后几年,面临了与斯宾诺莎被教会除名相似的处境,多年的老友不敢探望你,有的甚至当面都不肯相认,我与你,就在那至少对知识分子而言,是相当黑暗的年代,不但心灵相通,且建立起难忘的友谊。"那段友谊,真可以说是患难见真情,少数经常和他往来的年轻人,行动都被监视,我就是从那年代开始,逐渐习惯了被孤立和孤独的生活。

1989 年,自立报系主办"纪念殷海光先生逝世二十周年学术研讨会",我写《殷海光先生的志业与悲剧》一文,在开会当天《自立早报》发表,另一篇《"自由"和"存在"的对决——略论殷海光先生悲剧的形成》是会议的论文。论文内容包括四部分:(1)自由的捍卫者。(2)白色恐怖年代的个人遭遇。(3)对国民党政权的批判。(4)"内在力量"的来源。其中比较具有新义的,是对"内在力量"来源的探讨和分析。我认为殷海光能扮演异端知识分子的杰出角色,其力量主要的来源,除了"他那震撼人心的道德热情"[1],与心仪的几位自由主义大师如罗素、海耶克、卡尔·巴柏之外,另一位对他有"感召力"的历史人物,是先秦儒家中的孟子,这一点似乎被大家所忽略。在一般的印象中,海光先生对中国的传统文化,攻击不遗余力,一向采取否定的态度。如注意到他对

---

[1] 见林毓生《殷海光先生一生奋斗的永恒意义》。

孟子的景仰，今后这方面的论定，应有所鉴别：以传统文化中的儒家而言，他所攻击和否定的，是儒学中某些特定的思想，如孝道，大部分是与专制结合后的儒家或儒学，他对当代新儒家所表现的心态，也特别讨厌。但对历史上真正道德理想主义的儒家如孟子者，他不但心向往之而有精神上的契合，他实已把他心目中的这位"道德英雄"内化为一己人格的特质。

徐复观先生于 1982 年逝世，和殷海光一样，他们都是在寂寞含恨中离开人间。在生前徐氏曾主持《民主评论》杂志，殷氏曾是《自由中国》半月刊的主将，两人对传统中国文化的看法虽然对立，在追求自由民主这一点上，并无二致。去世前一月，党外康（宁祥）系杂志《暖流》，以徐复观为封面人物，我写《社会的良心，历史的见证——徐复观教授》一文配合刊出。他除了在中国思想史和艺术史研究方面，成就斐然之外，政论文章更是包罗万象，古今中外，理想现实，表现机智与卓见，言人所不能言，道人所不敢道，鼓舞着一代的心灵，扮演着社会良心的角色。

在大陆时期，徐先生曾参与国民党高层机要，国民党在大陆的失败，他亲身经历了这一幕历史性的悲剧，目击党内的纷争与腐化，他有资格为这一段历史做见证。来台以后，他一向是对国民党公开批评最多的知识分子之一，他指出国民党竟以绝对优势而一败涂地，是因国民党在大陆虽统治着地面，共产党早已统治了头脑。1956 年，《自由中国》为庆祝蒋中正"总统"七十寿诞出祝寿专号，他"站在一个国民来检讨国家兴亡成败的立场上"，写《我所了解的蒋总统的一面》，轰传一时，被学者称为具"大儒的风骨"，但也使他一时陷入险境。

1986 年，《中国论坛》主办"知识分子与台湾发展"研讨会，十二篇论文，讨论到四位人物，他们是胡适、殷海光、徐复观、陶百川。我写《以传统主义卫道，以自由主义论政——徐复观先生的志业》，指出他工作进行的方式，是以"道（理）尊于势"的观念为基准，一方面凭借儒家的"道"，批判历史传统中的"势"（专制政治）；一方面是根据现代的"道"

（自由民主），批判现代中国的"势"（海峡两岸的政治）；他的感愤之心，他的不畏权势，他的深邃的洞察力，就在这双重而又目标一致的批判中，获得充分的展现。

徐先生对《自由中国》反中国传统文化的立场，一向不以为然，但当《自由中国》因祝寿专号，而引起一场围剿风波时，他挺身而出，义正辞严地为自由主义辩护。他说，当你们假借"毒素思想"之名反对自由主义时，这实际是在反对人权，是在反对宪法，是在反对政府在艰难中所凭藉的合理合法的基础。又说，现在政府也感到有增加团结的必要了，假定连自由主义也在反对之列，政府还想向谁团结！

被徐复观称之为"死而后已的民主斗士"的雷震先生，是1979年去世的，十一年后（1990），自立报系与澄社合办"台湾民主自由的曲折历程"研讨会纪念雷先生，我应邀在开幕典礼上致词，题目是：《雷震在台湾民主运动史上的地位》。他与殷、徐二人不同，他不止于撰文，他是位行动型的人物。1949年初，国民党在大陆的败局已定，雷震与胡适、王世杰等人发起以自由主义为号召的"自由中国运动"，希望藉以从事长期"反共救国"的工作。后来这个运动唯一落实的工作，是由雷震于同年11月在台湾创办了《自由中国》半月刊。

《自由中国》的内容，其重点除了思想启蒙和以民主宪政为主导的政论之外，最令人瞩目的要算"反对党问题"的讨论。中国近百年来，从没有一份报刊，像《自由中国》那样重视反对党问题的。1950年4月，雷氏就发表了《反对党之自由及其如何确保》一文。1957年4月起，在三年五个月中，共刊载七篇朱伴耘讨论反对党的文章。同年8月起，一连七个月以社论讨论"今日的问题"，最后一篇即归结为《反对党问题》。到1960年5月，雷氏发表《我们为什么迫切需要一个强而有力的反对党》专文，终于揭开筹组"中国民主党"的序幕，不久即因领导组党而发生震惊中外的"雷案"而坐牢十年。

以上在台湾扮演异端知识分子角色的三位先生，在国民党中都曾是拥护领袖的忠贞之士，到台湾后竟被当局视为叛徒，他们为什么会有这样大的转变？是什么因素促使他们转变？他们在台湾战后追求自由民主的历史上占有什么地位？这都是很值得研究的问题。

（三）社会关怀的典范：晏阳初

在 20 世纪中国的人物中，能让我长期始终保持敬意的并不多，晏阳初是其中之一。我之所以敬佩他，当然不是因为他曾在世界各地获得无数殊荣，而是因为他有开创性的头脑，以及在世界各地为改善贫民生活，所做的无私奉献的精神。

1982 年我读吴相湘教授所撰《晏阳初传》，内心引起的震撼，是我数十年阅读中少有的经验。我写了《农村改造的实践者：晏阳初》交给台北《亚洲人》月刊发表，内容有"世界的伟人"、"农复会的创始者"、"救国必先救民"、"第五自由"、"青年的典范"、"自省、同情、了解、团队"、"中国前途希望在农村"等项目。台湾自 1970 年代钓鱼台运动和乡土文学论战之后，有不少知识青年对社会责任有很大的觉醒，于是自动参加社会服务的青年多了起来，有的则兴起下乡的热情，一旦踏入社会现实，遭遇的困难很多，我觉得晏阳初当年如何协助平民解决问题，以及因时因地制宜的方法，其经验十分珍贵，这也是我急于想把他介绍给台湾这一代青年的原因。

1918 年晏阳初在美国耶鲁大学毕业后，正值第一次世界大战，他赶赴法国战场参加基督教青年会主持的华工服务工作，与华工朝夕相处，发现中国苦力的卓越品质与高度的学习潜能，于是决心有生之年献身为贫苦的文盲同胞服务，不为文人学士效力。1920 年回到中国推行平民教育，以"除文盲，作新民"为宗旨，以"解除苦力（农民）的苦，开发苦力的力"为目标。1927 年他率领一批原担任大学教授的高级知识分子，到河北定县开始颇具规模的农村改造的实验，数年之间，其成效引起世人的注目。"七七"事变，中国全面抗战，河北失守，晏先生与工作同仁被迫南下，在满天烽火中仍继续在华中华西进行工作。凭着晏氏二十多年的工作表现所获得的国际声望，战后终于促成在美国政府支持下成立"中国农村复兴联合委员会"。1949 年农复会迁台后,晏氏去了美国,旋即在纽约成立国际平民教育运动委员会,将定县的经验推广到第三世界许多国家。如今中国定县社会实验场,已成为许多国家从事乡村改造工作者心目中一块"圣地",当年博士下乡的精神,也成为后来许多优秀青年献身这一运动的一大诱因。

所谓"第五自由",是于 1943 年晏氏与爱因斯坦等人接受"现代具革命性贡献的世界伟人"表扬后,声望大增,当时美国总统罗斯福的"四大自由"(言论、信仰、免于匮乏、免于恐惧)的号召颇流行,晏氏认为这四大自由还不够,全世界三分之二以上的人感觉更重要的"自由",是"四大"之外的第五自由——"免于愚昧无知的自由"。他强调:"没有它,我们如何能有四大自由?"

1983 年 10 月,是晏先生九十华诞,当时我是《中国论坛》半月刊编辑委员会的召集人,我向编委会提议编"祝寿专辑",获一致支持,于是有《为全球农村改造奋斗六十年——向晏阳初先生致敬特辑》的出版。内容有晏氏口述,李又宁教授撰写的《九十自述》、李孝悌教授的《晏阳初与中国的乡村建设运动》和我的一篇《晏阳初农村改造的思想》。另有两篇访问,一是访问年轻时曾参加定县工作的叶楚生教授;另一篇,这一年因《中国论坛》编委萧新煌教授正在纽约大学讲学,我请他专程造访晏先生。我的文章分五部分:①使儒家民本理想落实于现实的努力。②以基督教的精神献身于农村改造。③把科学的泉源引到农村。④乡村改造与民主的关系。⑤开放心灵与人文理想。

1989 年,北京中央教育科学研究所和河北省政府,原定于是年 9、10 月在北京召开"晏阳初平民教育与乡村改造思想国际学术讨论会",晏氏将亲临大会,接受各国仰慕者对他的祝贺。我与萧新煌兄决定应邀出席。1981 年我读完《晏阳初传》,曾写信旅居美国的吴相湘教授,请他转达晏先生,可否在他到菲律宾"国际乡村改造学院"(1967 年由晏创设)工作时,我去与他共处一段时日,并做录音访问。我的想法是,假如能成行,我或许可写一本简明的《晏阳初传》以利流传。这个愿望并未能实现，1989年的会就成为我唯一能见到他的机会。很遗憾，会议延期，而晏氏于1990年1月7日已在纽约去世。

1990年5月，晏阳初国际会议改在河北石家庄举行，我与新煌同行，我提的论文是《"创造转化"与"自我实现"——论晏阳初的思想与人格》，乃应用思想史和人格心理学的理论，将晏先生的思想和人格这两方面的创造性予以凸显。这次会议的论文，于1993年已由国际乡村改造学院纽约办事处出了英文版。

我回到台北后，写了一篇《人道之光重回故土——晏阳初思想国际学术讨论会观感》，内容分"晏阳初与海峡两岸"、"会议点滴"、"定县之行"、"文献的整理与出版"、"感慨与感动"等五个部分。此行最令人兴奋的是6月1日上午从石家庄回北京的途中，顺道访问了定县（现改为定州市）。全体与会者的到访，轰动了整个定州市，夹道欢迎的学生和看热闹的民众，绵延达数里。晏阳初的故居在东大街一一五号，1984年起成为重点文物保护单位，陈列了晏氏当年主持的平民教育会散失在民间的文物，和一生各阶段的生活照片。开会期间，一天早餐时，定州市女性副市长就坐在我身旁，我问她经过五六十年，当年晏阳初在定县的工作，至今仍留下什么影响？她说小白杨树、倭锦苹果和波支猪，都是定县实验时所引进，而今小白杨处处可见，苹果树已由当年的十二亩发展为五万亩，波支猪因瘦肉多，早已成为华北一带著名的定县猪。二三十年代定县是个穷地方，现在已是河北省的模范区。

（四）关于青年

台湾近二三十年来，因经济挂帅，文化建设远远落在经济成长之后，为社会带来严重的腐化，使社会大众只看重金钱，只追求享受，在休闲生活中，大都沉溺于食、色的刺激。这种风气影响所及，不仅腐蚀青年的心灵，即连学术文化界的高级知识分子，也大都把学问知识当作猎取名利的工具，丧失了敬业的精神和献身真理的热情。我之所以关怀青年与知识分子的问题，主要的一点想法，是在这样的社会风气下，如何仍能保持并发扬理想主义的精神,是希望我们这个社会,当大众群趋于经济利益时,总要有一些为理想而活的人,因自古至今,有无数的例子可以证明,要求社会进步和文化更新,理想主义的精神,以及由它激发出来的奉献热忱,永远是最大的资源。

我的一点想法,在《学习典范:让理想主义的精神昂扬》一文中可见其梗概,以下是其中的部分内容:

什么是理想主义?落在个体上有何具体的表征?根据史家们的传述,古今的理想主义者,大抵具有一些共同的特性,这些特性包括:"浓厚的时代使命感","对生活以及对人类的热爱","专注于工作孜孜不倦的精神","单纯的心灵和不矫揉造作的生活","追求自由和追求真理的热情","伟大的同情心与强烈的人文精神","在危难中能做到临危不乱临难不苟"等。

理想主义者并非圣者,他们也有人性的弱点,行径也会犯错,他们之所以值得我们敬仰,不是因为他们完美,也不是因为他们成功,而是因为他们的一生能表现出生命的巨大动力,因此在挫折中依然能不息地奋斗,并且能从容无惧地面对失败。他们永远向专制、不人道奋战,他们相信人可以被毁灭,但不会被征服。他们的生命在历史上放射出来的,也许只是一点光亮,但这点光亮已足以激励我们奉献的热忱,没有他们,我们将没有勇气前进。

爱因斯坦说:"一个青年不应该重视世俗的所谓成功,往往一个成功的人得自他人的远多于自己的贡献。人的价值,不应在他能得到多少,而在于他付出了多少。"这可以视为想做一个理想主义的青年很好的座右铭。

一个理想主义者,他不会无知到完全否定金钱与权势的价值,但他一定会认清金钱与权势绝不值得用整个的生命去追求。

就理想主义者本身而言,最重要的一点,是能不受干扰的工作,他并不需要特别奖励,因为他有自行激发的能力,所以把世俗的荣誉视若敝屣。一个把世间的荣辱看得很重的人,与理想主义是无缘的。

在目前的社会风气下,最令人忧心的还不仅仅是理想主义精神的失落,而是对这个问题漠不关心。心理学家葛登纳(John W. Gordner)说:"漠不关心,士气低落,是走下坡的文明的特征;冷漠的人一无所成,什么都不相信就什么都不能改善。"冷漠、缺乏信念,正是今日青年知识分子相当普遍存在的病症,治疗这种病症,一条有效的途径,是让我们重新认识典范、重视典范,藉以重振理想主义的精神。

读了以上的文字,可以更清楚,我为何要一再讨论异端,并表扬异端知识分子和社会关怀的典范,因为这些人物至少在某一意义上,可以作为有志青年学习的榜样。缺少身教的道德教育,是很难见效的;同样的,社会上如缺少真正的模范,青年人也将无所向往。

关于青年,其中有两篇文章或值得一提,因为那不完全是坐在书房里"想"出来的,其中包括着与青年直接沟通的经验。1983 年秋季开学前,我向《中国论坛》编委会提案,建议公开办"青年生活讲座",经讨论后,决定从 10 月 16 日起,在耕莘文教院礼堂,连续办六场演讲:(1)杨国枢讲"青年的人际关系"(胡佛主持)。(2)李亦园讲"与青年谈文化"(韦政通主持)。(3)李鸿禧讲"青年的政治生活"(袁颂西主持)。(4)黄光国讲"青年的感情生活"(张春兴主持)。(5)韦政通讲"青年的人生观"(尉天聪主持)。(6)杨子讲"与青年谈写作"(痖弦主持)。这六场演讲,每场都吸引了爆满的青年,为学者演讲难得一见的盛况。在八十年代这十年中,因政治运动与选举热潮,兴起一批"政治明星",他们在社会上,甚至大学校园里,那种极具煽动性和杀伤力的演讲,将青年的知识品味,搞得很低劣,学者们的演讲,除了能投其所好的少数"学人明星"之外,一般已不复像当年那样吸引青年。

"青年生活讲座"在台北结束后,高雄文化中心主动与我们联系,希望原来的六位主讲人以同样的讲题,南下高雄做六场演讲。高雄的"青年生活讲座",从 12 月 8 日起一连六天,造成的盛况,比之台北有过之而无不及。大概是因由民间举办学者集体性演讲会过去罕见,当台中的文化中心也有意举办同样讲座时,竟然受到阻扰,并有人向有关单位检举,因而未果。

在台北的讲座,我的讲题是《青年的人生观——怎样为自己找路、意义、理想》,当时只写了大纲,演讲完毕,有一批青年,约我继续到咖啡店讨论,然后才写成文章。文章的第一部分,对我所讲的人生观,做了简单的界说:人生观可以说是人对于生活所抱的基本观点与态度,它所要完成的工作是试探人生的道路、赋予生活以意义、建立人生的理想。如以问题的方式提出来,人生观是要问:我们打算怎样支配我这一生,以及如何塑造适合我自己的生活方式? 第二部分是说明我讲的人生观,与民国以来张君劢的《人生观》、罗家伦的《新人生观》以及徐道邻的《青年与人生观》有何不同。

第三部分是此文的重点,我提出"路"、"意义"、"理想"这三个观念,作为分析人生观问题的三个基本范畴。

(一)关于路:我不是要说什么路是最好的,最正确的,因人生之路很多,每个人的可能性也不只一个。我要谈的是路的特性与具备哪些人格特质的人比较能发觉自己应走的路。

(二)关于意义:我不是要描述什么样的生活是有意义的,我是要对意义本身做反省,以及要使生活有意义怎么样去努力,我认为下面几点很重要:(1)要增益其所不能。(2)要尽量做到自我主宰。(3)要付出代价。(4)生活要有前瞻性。(5)发挥人独有的天赋。

(三)关于理想:我不是要宣扬任何一种理想,我觉得一种健全的教育,不必向青年宣扬任何特定的理想,而应培养他如何选择、如何判断的能力。为了增进这方面的能力,我从理想本身的反省着手,提出五点,最后一点我认为,所有的理想都是建立在超出个人需要的目标之上,这并不意谓个人需求不重要,相反地,个人基本需求的满足,是实现理想的必要条件。心理学家马斯洛把动机分为"欠缺"与"生长"两类,满足个人基本需求,属于"欠缺动机",追求真善美之类超个人目标,则属于"生长动机",因为它代表自我实现。如果一个人的努力只是为了满足"欠缺动机",是没有什么人生意义和人生远景可言的。努力实现超个体需要的目标,是人类高级文化和文明创造的起点。

在高雄的"青年生活讲座",我的讲题虽仍是"青年的人生观",但内容与前次的完全不同,主要分三部分:(一)从当前台湾青年的类型看青年的人生观。(二)现代理想青年的特质。(三)如何把今天的理想变成明天的现实。差不多三分之二的时间都放在第一部分。这里所说的青年类型,是依据《青年文化与青年类型》一文,此文原是1981年2月18日在台湾大学青年社冬令营的讲稿。根据我多年的观察和亲身的经验,我把当年的青年分为五种类型,提供给青年做自我观察的参考:(1)疏离型。(2)功利型。(3)无目标型。(4)狂想型。(5)知识分子型。近二十年来,因政治运动不断,社会风气逐渐自由开放,青年自然也受到影响。大体看来,比较不关心现实政治和此时此地的社会的疏离型青年依旧存在,他们读书的目的是为了出国留学。当年疏离的原因,主要是因政治令人恐惧,家长警诫切勿涉足,同时对大环境的前途也缺乏信心。而今恐惧的原因已不同,但对未来似乎更缺乏信心。

功利型的青年重视现实利益,哪方面阻力小就向哪方面走,他们很重视人际关系,很快学会成人社会的一套作风,在工商发达的社会里,这一型青年将永远是主流。

无目标型的青年,是由"升学主义"所产生,原先读书是为了升学,进入大学,多半不会再深造,反而失去了目标,大学校园比较自由的生活和自动学习的方式,使他们有点不知所措,就只好无目标无方向迷迷糊糊过日子。十多年来,这一型青年可能有增无减。他们一旦进入社会,比较能安分守己,对社会无大利也无大害。

二十多年的社会变化,影响较大的是狂想型与知识分子型。狂想型的青年有丰富潜能又特敏感,多半具有理想主义的倾向和浪漫的情怀,他们自小就喜欢自由阅读,讨厌刻板的读书方式,敌视升学主义。在大学校园里,比较能我行我素,时常驰骋在知识和想象的世界里。这一型青年,本来在各型中就属稀有,现在可能更少。

知识分子型的青年,求知欲较强,多半在中学阶段就能留意社会上流行的思想，升学时较能根据自己的志趣选择科系。二十多年前，这一型青年有被称之为"文化新生代"者，有被称为"政治新生代"者，如今看来，文化新生代并未如预期能形成气候，而政治新生代，因政治恐惧的消失，政治已成为名利双收的热门行业，数量上有显著的增加。

二　本土关怀

　　"本土关怀"这一部分，

　　　就是我十多年来对这一思想文化上的新脉动、新动向，

　　　所做的一点极为粗浅和初步的观察，

　　　相对于以往的工作，

　　　在我的学思历程中，

　　　是一新的开始。

引　言

　　所谓"本土"，它代表 1971 年钓鱼台运动之后，特别是 1977 年乡土文学论战以后，台湾知识分子意义上新的觉醒。它表现在社会科学上，则要求学术研究的本土化与自主性，以摆脱西方理论的从属地位；表现在文学上，则强调以台湾为中心的"台湾意识"；表现在舞蹈艺术上，则宣称要做到"中国人作曲，中国人编舞，中国人跳给中国人看"；表现在文化上，有的深入民间，探讨民俗，有的将本土意识政治化与中原文化相抗衡；表现在政治上，则由草根性的政治运动，逐渐演变为统独之争。"本土关怀"这一部分，就是我十多年来对这一思想文化上的新脉动、新动向，所做的一点极为粗浅和初步的观察，相对于以往的工作，在我的学思历程中，是一新的开始。

属于这一部分的文章,虽仅有五篇①,在一四八篇的总数中所占比例甚微,但字数并不少,其中有两篇都在两万字以上,有两篇在八千字左右。其中一篇是公开演讲,三篇是曾分别在台湾、夏威夷、香港的学术研讨会上宣读过的论文。因这些文章所探讨的问题,有的是最近才发生的,还没有经过时间上的沉淀,所以只能算是一些不成熟的看法。

(一)《三十多年来知识分子追求自由民主的历程——从〈自由中国〉、〈文星〉、〈大学杂志〉到党外的民主运动》

1984年,为了纪念《中国论坛》十周年,经编委会讨论,并在《联合报》文化基金会支助下,决定举办"台湾地区社会变迁与文化发展"研讨会②,这是《中国论坛》在连续五年中举办六次研讨会的第一场,由学术界站在民间立场开会探讨台湾的现实问题,这算是开风气之先,此文便是为这次会议而写。

自1977年起,台湾因内外情势的急遽变化,为沉寂已久的民主运动提供了新的时机。这个运动经过六七年的演变,虽已取得一些进展,但其本身也已陷入因分裂而欲振乏力的困境。1984年当大家正在检讨并寻求整合的新方案时,我想,对过去三十多年来知识分子追求自由民主过程中的经验和教训,做重点式的回顾,该是一件有意义的工作。

我把这个过程分为三个阶段:

第一阶段以《自由中国》半月刊为代表,它的组成以大陆来台的自由主义者和少数开明官员为主干。在思想上以自由为人类文明的终极价值,个体的自由则为实现其他价值的条件;而以保障宪法所赋予的基本人权,为其实现努力的目标。经十一年(1949—1960)的经营,该刊的内容,曾是党外运动时期言论的典范,对以后两个阶段的知识分子,有

---

① 其中《台湾意识与民族主义》一篇,因是近作,尚未收入文集,故亦未计入一四八篇总数之中。

② 研讨会的论文集,于1985年由台北联经出版。

很大影响。

第二阶段以《文星》与《大学杂志》为代表,这两个刊物在人事上并没有关联,但有近似的风格,同样是以知识分子为主体,在台湾自由民主运动最暗淡低沉的十年中,发挥了知识分子追求自由的精神,延续了自由主义的传统。两个刊物虽以自由民主为追求的共同目标,但重点不同,《文星》以打倒权威,争取运用理性的自由为主,表现思想启蒙的特色;《大学杂志》最具代表性的言论,是以现实社会与现实政治为其论述的对象,又特别主张青年参政的自由。它们持续性的影响力虽不及《自由中国》,但在它们的鼎盛期,在知识青年中都曾兴起过一阵风潮。

第三阶段以 1977 年以后的党外民主运动为主,推动的主力,包括从事实际政治活动的人物、知识分子和数量日增的政治及文化的新生代。其中绝大多数出生于战后,在国民党教育政策下完成大学或研究所教育,所以这股力量是由台湾社会本身所滋长,也是在教育普及、生活富庶、中产阶级日渐壮大等条件下所发展出来的一种趋势。他们与以往两个阶段的知识分子最大的不同,是不再以"文笔政治"为满足,他们藉参选的机会,走向群众,抓住社会大众不满心理,制造选举热潮。这一阶段在思想方面颇能运用以往累积的资源,在政治自由之外,复主张经济平等、权力和社会资源的再分配。

本文主旨就在针对这三阶段的活动做初步的探讨,探讨的方式,侧重其历史背景及其活动的特色。结论部分,是站在知识分子的立场,对如何打开现阶段台湾民主运动的困境所提的建议。

(二)《台湾三十年来的思想界》

此文乃 1986 年 4 月 8 日,台湾笔会在台北耕莘文教院礼堂举办的"当代批判演讲",由简玉秀小姐记录整理,曾发表于 1987 年 7、8 月合刊的《台湾文艺》。

在这次演讲中,我虽然仍将台湾三十年来的思想界分为三个阶段,因问题的性质与知识分子追求自由民主的历程,毕竟有所不同,因此在分段的时间上,也有了不同的考虑。同时我也想藉三阶段不同的背景讨论两个问题:一是我们的思想为何如此贫乏? 二是要如何才能克服思想的贫乏?

第一阶段是指1950年代后期到1960年代初期,包括《自由中国》后三年和《文星》后四年。当时台湾不仅物质生活相当贫苦,代表精神粮食的书籍也很匮乏,因此被美国学者称为"文化沙漠"。我指出这一时期的思想运动,与"五四"时代的启蒙运动相似,其中原因最重要的一点,是"政府"迁台后社会主义已失去生存空间,只剩下自由主义成为抗阻官方意识形态和政治压制的重要资源。

第二阶段是1970年代初钓鱼台运动以后的种种发展,这些发展可以说是在本土意识觉醒的基础上所产生的一个新的启蒙运动。我分析了它的内涵以及在文学、艺术、政治、经济、社会、学术、思想、青年等各方面的影响。至于它的主要意义,我认为:(1)认同本土,对本土的政治、社会、文化产生高度的关切。(2)使年轻的知识分子,从世界坐标的迷失中,重新找回自己。(3)在思想上扭转了西化主义的倾向,强调文化思想一定要在本土生根。

第三阶段,亦即1980年代的新动向,其中有一些突破性的进展:a)在政治上,因党外政治运动的持续发展,使政治恐惧感愈来愈少,舆论界在热烈检讨宪政危机,由有组织的雏型政党的试验,终于演变到民主进步党的正式成立。b)思想上许多禁忌逐渐被打破,"二二八"事件、"台湾结"与"中国结"的问题、"返乡问题"、"三通政策",都被公开讨论。c)不但"民间社会"成为话题,也出现所谓"民间学者"。d)台湾史的研究已渐蔚然成风。e)政论性的杂志蓬勃发展。f)校园伦理、校园民主、教授治校的主张纷纷出笼。

在结束三阶段的叙说与分析时,我曾告诉台下的听众:台湾本土意识的觉醒十分重要,没有什么可忌讳的,可是,不要把它泛政治化。

最后,我尝试回答一开始提过的两个问题:

(1)台湾三十年来的思想界为何如此贫乏? 我认为原因是:a)台湾

思想界是从"文化沙漠"上起步的。b)长期的思想禁忌,使得思想工作者备受挫折。c)升学主义使教育僵化、思想僵化。d)泛政治主义意识过于泛滥。e)中国一向缺乏为知识而知识的传统。f)台湾的学术基础仍太薄弱。

(2)要如何才能克服思想界的贫乏?除了将以上产生贫乏的因素加以克服之外,要丰富我们的思想:a)要继承并发扬中国好的传统,可是现在年轻的一代离传统愈来愈远,也有人主张不要传统,但我想这是不可能的,因为文化是有连续性的。b)除了中国传统之外,一定要努力吸收世界各国的文化思想,除西方之外,也要重视东方日本、印度的,还要认识第三世界,因为他们的命运与我们息息相关。

演讲的最后,我说:近年来关心政治发展的人很多,政治当然很重要,但是,更应该有更多的人来关心台湾的思想与文化,因为,如果我们的思想文化水平不能与经济发展同步提升的话,将来的台湾很可能会变成充满物欲、人吃人的社会。

(三)《知识分子的爱心与勇敢——〈冲破禁忌〉序》

1987年,在台湾言论自由和思想自由的历史上,是一个值得纪念的年份,因为在这一年,四十年来几个主要的言论与思想的禁区——"二二八"事件、统独问题、新旧马克思思想——都被冲破。从1985年起,台北敦理出版社,每年编印数册《当代批判文存》,颇为畅销,1987年思想这方面的文章,要我负责编选,我依照"现实性"、"思想性"、"批判性"三个准则,选了三十篇文章,分为五个部分:a)"二二八"与统独论争。b)思想闭锁与开放。c)异端与新马。d)国语与方言问题。e)冲破两岸禁忌。

关于"二二八",我在序文中建议政府应该有勇气面对自己的历史,公布所有档案,让有兴趣、有训练的史学家,去自由研究。关于新旧马克思主义,我希望提升到学术层次来研究、讨论,这样可减少它的负面作用,增进青年的免疫力。关于语言,我觉得国语的推行在台湾相当成功,省籍问题也早已淡化,今天语言却成为政争的工具,政府对方言的歧视,要负责任。

(四)《是文化危机,抑是文化重建——"台湾文化主体性问题"初探》

这篇文章,是1991年2月,由杜维明教授主持,夏威夷东西文化中心主办的"文化与社会:二十世纪中国的历史反省"学术讨论会上所提的论文。自1979年"高雄事件"后,党外政治运动虽受到重挫,却激动"台湾意识"的全面复苏。事件后的选举中,党外已打出"台湾自决"的口号,到八十年代后期,又有以台湾文化为主体的"台湾新文化运动"的倡议,本文就是针对这一现象所做的分析。文章分三部分:a)"问题"的背景,主要在说明"台湾文化主体性"这个问题之所以形成。b)"问题"可能引发的文化危机。c)如何使"问题"的探讨有利于文化重建。

"台湾文化主体性"的自觉,对台湾文化的重建,本具有正面的意义,因这种自觉,不只是因热爱乡土的情怀,有助于文化创新活力的复苏,更重要的是,在这种自觉意识中,可建立文化上的自信,可以更积极开放地吸收外来文化,而不丧失"自我",也可以使中国传统文化获得有生机的延续,并进而发扬光大。遗憾的是,由于十多年来的政治抗争,已逐渐转化为"统"、"独"之争,遂导致"台湾意识"与"中国意识"的公然对抗,使文化主体性的自觉意识,着上了政治色彩,转变为排拒"中国意识"、"中国文化"的根据,"台湾文化主体性"之所以成为"问题"者在此,可能引发文化危机者亦在此。

要如何才能使"问题"的探讨,有利于文化的重建呢? 我认为如果能抛开意识形态之争,跳出政治立场,从经验事实来了解,相对于1949年前及以后的四十年中的中国大陆,在文化上不论是它的形貌和它的精神,都已呈现相当大的差异,就其差异而言,称之为"台湾文化"并无不当。而这四十年来的台湾文化,毫无疑问是由中国文化的基础上发展出来的,今日台湾的新文化形态,代表"中国文化"与"海洋文化"的重组与整合,既涵有内陆中原文化的保守,也富有海洋文化的冒险与创新。在地区上台湾虽是边陲,但是在文化的意义上,由于他特有的生命力,已成为中国文化一个新的中心,所谓"台湾文化主体性"的意识,必须从这里来了解,才有利于台湾文化向更广、更深、更高,多面向的开拓与发展,而达成文化重建的目标。

(五)《台湾意识与民族主义》

此乃1992年12月,香港中文大学中国文化研究所主办"民族主义与现代中国"国际学术研讨会的论文,我在文章里试着探讨下面几个问题:a)台湾有些人主张公民或住民自决是什么意思? 自决与"台独"究竟有什么关系? b)台湾为什么会有这种主张? 它的背景如何? c)这种主张在台湾现代史上演变的过程如何? d)这种主张在台湾的近况如何? e)从大陆看台湾,多数人都认为主张自决就是"台独",就是"反华"、反"中国";在日本统治台湾时期,台湾意识也曾高涨,台湾人中抵制殖民统治的政治运动,不但不反华、不反中国,相反的,民族主义曾是他们的主要动力,为什么今昔有如此不同?

内容除了引言和结论,分三个部分:(一)台湾意识的内涵与背景。(二)日治时期:台湾意识与民族主义。(三)光复以后:台湾意识与民族主义。我将台湾意识的内涵区分为六种:(1)住民意识。(2)乡土意识。(3)省籍意识。(4)命运共同体意识。(5)住民自决意识。(6)"台独"意识。从台湾意识内涵的分析及其背景的陈述中,大抵已对前四个问题,提供了简明的解答;第二与第三部分,则是经由日治时期与光复以后的台湾史,检视台湾意识与民族主义的曲折演变,回答了第五个问题。

我探讨的结论是:台湾之所以会产生自决或独立的运动,实乃近代中国一再上演悲剧的结果:由于满清的腐败无能,轻易把台湾割让给日本;由于国府的专制无识,光复后仍发生"二二八"惨剧,使台湾人感觉到,不论是在日本和祖国的统治下,都同样要承受苦难。自决与独立的意识,就是在这种被迫害感中开始滋长。所以从近代中国的大背景来看,台湾自决和独立运动的声音是很难避免的。

三　大陆观感

> 要如何改造中国人的性格呢?
> 我一贯的一个想法,
> 是应着重认知心态的培养,
> 我认为认知心态与民主心态在心智结构上有内在关连,
> 也就是说,
> 民主心态可以由认知的活动中直接诱发。

1987 年,台湾向大陆开放门户,结束了将近四十年的隔离,揭开两岸关系的历史新页。我平日纵然很少怀乡愁,但面对这一刻的终于到来,确有一种梦想成真的喜悦和兴奋。

1988 年 5 月,我回到了阔别四十年的故乡——江苏镇江,见到了皆已老迈的大哥和妹妹,因我们曾有过共同成长的经验,因此在数日的相聚中,有说不完的童年往事,感到十分愉快。1989 年 4 月,我应邀去北京开两个纪念“五四”七十周年的研讨会,顺道再去看看家人,家人对我的热情依旧,但我们之间毕竟有过四十年的生活断层,谈多了已渐渐使我感到彼此间缺乏共同语言。

1990 年 5 月,是专程到石家庄开晏阳初思想的国际会议,1992 年 5 月陪同内子到北京探望她的亲友,今年(1993)5 月又偕同内子专程去杭州闲游,六年中去了大陆五次,一共写了十六篇文章记录我的观感。其中有两篇收入《历史转捩点上的反思》,其余都已纳入《立足台湾,关怀大陆》文集中。

1988 年 5 月,我从台北出发,经由香港、上海、镇江、南京到北京,然后由北京,应家人的要求,又再回到镇江,由上海回台北,历时二十四天,这是我停留在大陆最长的一次。因心情激动,感觉新鲜,回台北后,即根据简单的日记，写了一万五千字的《一九八八年大陆行》，主要是记事、写景，加上一些杂感。

昨天（1993 年 9 月 9 日）是毛泽东逝世十七周年纪念日，今天《中国时报》有两张天安门纪念现场的照片，标题是"毛泽东热，历久未衰"。排队等待进入毛纪念堂的大批群众，正与 1988 年我在天安门目睹的景象一模一样。

1985 年 5 月 10 日出版的《中国论坛》，做了"社会主义在中国"的专题，为了配合专题，我写了一篇以《历史的梦魇》为题的社论，主要探讨在大陆改革开放政策下，既要加紧学习资本主义的市场经济，在意识形态和信仰上又仍坚持着社会主义，所面临的思想困局。

【附】韦政通著作年表

1.《传统的透视》,台北自由太平洋文化事业公司 1965 年出版。

2.《荀子与古代哲学》,台湾商务印书馆 1966 年纳入"人人文库"出版;1992 年重排印大字本。

3.《中国哲学思想批判》,台北大林出版社 1968 年出版。

4.《传统与现代化》,台北水牛出版社 1968 年出版,1972 年遭查禁;1989 年改名《儒家与现代化》再版。

5.《中国文化概论》,台北水牛出版社 1968 年出版;2003 年湖南岳麓书社印大陆版。

6.《知识分了的责任》,台北弘毅山版社 1970 年出版。

7.《开创性的先秦思想家》,《现代学苑》月刊社 1972 年出版;1974 年更名为《先秦七大哲学家》,改由牧童出版社出版;1985 年,再改由水牛出版社出版;2006 年,江苏教育出版社印大陆版。

8.《现代化与中国的适应》,台北庐山出版社 1974 年出版;1976 年,改由牧童出版社出版。

9.《中国文化与现代生活》,台北水牛出版社 1974 年出版;2005 年北京中国人民大学出版社印大陆版。

10.《中国的智慧》,台北牧童出版社 1975 年出版;1985 年改由水牛出版社出版;1988 年,由吉林文史出版社、北京中国和平出版社分别出大陆版;2003 年湖南岳麓书社再出大陆版。

11.《中国哲学辞典》,台北大林出版社 1977 年出版;1993 年,北京世界图书出版公司印大陆版。

12.《巨变与传统》,台北牧童出版社 1978 年出版;1990 年,更名为《中国思想传统的现代反思》,改由台北桂冠图书公司出版。

13.《中国现代思想家梁漱溟》,台北巨人出版社 1978 年出版。

14.《中国现代思想家胡适》,台北巨人出版社 1978 年出版。

15.《中国思想史》,台北大林出版社 1979 年出版上册,1980 年出版下册;2003 年上海书店出版社印大陆版。

16.《传统的更新》,台北大林出版社 1981 年出版。

17.《中国思想史方法论文选集》(编),台北大林出版社 1981 年出版。

18.《伦理思想的突破》,台北大林出版社 1982 年出版;1988 年,四川人民出版社印大陆版,有多处删改;2005 年北京中国人民大学出版社再出大陆版,未删节。

19.《中国哲学辞典大全》(主编),台北水牛出版社 1983 年出版。

20.《儒家与现代中国》,台北东大图书公司 1984 年出版;1990 年,上海人民出版社编印同名之书,内容有一半与台北版不同。

21.《思想的贫困》,台北东大图书公司 1985 年出版。

22.《董仲舒》,台北东大图书公司 1985 年出版。

23.《历史转捩点上的反思》,台北东大图书公司 1989 年出版。

24.《立足台湾,关怀大陆》,台北东大图书公司 1991 年出版。

25.《中国十九世纪思想史》,台北东大图书公司 1991 年出版上册,1992 年出版下册。

26.《思想的探险》(自传),台北正中书局 1993 年出版。

27.《孔子》,台北东大图书公司 1996 年出版。

28.《无限风光在险峰——毛泽东的性格与命运》,台北立绪文化事业公司 1999 年出版。

29.《中国思想传统的创造转化》,台北洪叶文化公司 2000 年出版;2002 年云南人民出版社印大陆版。

30.《中国思想与人文关怀》,台北洪叶文化公司 2000 年出版。

31.《人是可以这样活的》,台北洪叶文化公司 2000 年出版。

32.《一阵风雷惊世界——毛泽东与文化大革命》,台北立绪文化事业公司 2001 年出版。

33.《韦政通自选集》,山东人民出版社 2005 年出版。

我的伦理思想

儒家伦理观念的新检讨①

　　这次有机会到深圳做这样题目的演讲,使我把过去三四十年来关于儒家伦理的思考、儒家现代化的问题、儒家在现代中国社会命运的问题又重新回顾了一下。经过这样的回顾,我觉得至少有两个意义:一、假如今后有兴趣研究我这方面思想的人,经过我今天的演讲,会给他提供一个方便,因为我重新把过去几十年来这方面的研究给他一个新的架构,可以提供了解的方便。二、我有这样的机会,把我过去几十年来所想的一些问题提出来,因为我们还有一场会讲,这正是我提出来请教大家的好机会。我知道在过去至少十五六年当中,内地出版的关于伦理的书,有很多人引用过我的东西,也有人在伦理的著作中专门谈过我的伦理思想,但是我很少有机会听到批评的意见,我希望这次能够听到。

　　这次主办单位给我的题目是"儒家伦理观念的新检讨",我想我讲的范围不只是检讨它的观念,而是在中国伦理现代化的过程中,儒家伦理碰到些什么问题,以及现在面临什么问题。今天讲的内容分两个部分:第一部分首先谈一谈我长期做这样的工作的方法(当然是事后整理出来的,在过去一点一滴去做的时候并没有想这么多,我今天把它整理出来),做学问一定有它的方法,所以我要先谈一谈。第二部分是运用

---

① 编注:本文为2006年5月韦政通先生在深圳清华国学研究院的讲演,已收入景海峰等编《全球化时代的儒家伦理》,清华大学出版社,2007年。

这些方法,我所做的一系列工作,我想具体提出来。

我过去思考中国儒家伦理用过三种方法:

第一,思想史的方法。在思想史的方法里,有两个观念在我长期的工作中有影响:历史层次和思想层次。这两个层次在我的意识里分得很清楚。所谓历史层次,就是要讲中国儒家伦理在过去历史上的演变情况。在思想层次上,我要讨论儒家伦理在近一百多年来,在西方文化的冲击之下,它遭遇了什么问题,儒家伦理的命运是什么情况。思想层次是可以提出批评的,是可以提出来评价的,不单单要回顾过去,还要展望未来。这是思想史层次上。

第二,科际整合的方法。所谓科际整合,就是利用各种学科,透过各种学科不同的观点来讨论儒家伦理的问题。科际整合的方法可能在大陆运用得很少,就是集合各种学科的人,包括哲学、历史、文学,包括社会科学的心理学、社会学、人类学等等,各种学科一起来探讨一个问题,这种方法在台湾已经有三十多年的历史。为什么有这种方法的流行? 主要是到了近代,人类知识越来越分化,越来越专,专了以后彼此之间没有办法互相沟通。用科际整合的方法就是要打破科与科之间的隔阂,用科际整合的方法,也比较可以使我们对问题有新的看法。现在的社会非常强调各方面的创新,我在内地看过很多博士论文的开题和最后一部分都要说"我这篇论文要有哪些创新"。事实上,要在知识上有创新并不容易,因为任何一种科目都有传统,任何一种传统久了,思考容易僵化,不容易有新的观点和新的视野。现代的人不管学什么,学文学还是学历史,都应考虑多一点社会科学的专长。你在读高校的时候就去选点社会科学方面的课目,听点课或者自修,如果多一点社会学的知识,多一点人类学的知识,多一点心理学的知识,你再回过头来做原来的研究,那时是很不一样的。科际整合的方法对于我的伦理思想很有影响,为什么我有一本书叫《伦理思想的突破》,那是一般讲伦理思想的人不会想的问题,当代搞儒家的人也不会去想。为什么我能想那些问题? 主要是因为我有一个机会跟台湾一群社会科学家在一起做过合作研究,借这个机会使我学到一些新的观点和方法。所以科际整合的方法是我探讨儒家伦理这个大题目的第二种方法。

第三,和现实社会直接对话。目前中国人社群里伦理的问题是什么? 这的确需要思考。如果没有一种科际整合的方法,如果没有一点其他学科的知识,你不可能去思考这些问题。而这些方法和知识又要指向现实,形成第三种方法,即和现实社会直接对话的方式。

一

首先我要讲应用思想史的方法做过哪些工作。

在历史层次上,刚才我讲过,主要是讲儒家伦理思想在历史上演变的过程。我们过去了解儒家都是根据儒家的经典去了解,那是纯观念上的,很少看到一个人去把中国儒家的伦理思想从"五伦"如何转变到"三纲","三纲"就是中国儒家伦理思想教条化的开始,然后"三纲"又怎么发生作用? "三纲"要发生作用就是"三纲"的法制化,它要法律来支持它,才有惩罚的效果,还有第四步的演变,就是法制化以后还要经过社会化的过程内化到人的生命中去。这个过程从"五伦"的提出,那是先秦时代,是孔孟时代就提出来的,真正要把儒家伦理在中国人生活中普遍发生效力,这是个长期的过程,大概要到南宋以后,长达一千多年的漫长过程。我曾经讲过这个过程,这是了解儒家伦理思想的一种方法。

其次我简单讲一讲在思想层次上所做的工作。

思想层次上主要讲什么呢? 讲中国近百年来,儒家伦理所面对的挑战和困难。我们经过西方文明的冲击,经过"五四运动"时代西化派的冲击,儒家伦理几乎崩溃,面临着严重的挑战。它为什么会崩溃? 崩溃的过程怎么样? 在思想层次上主要谈到这些问题。

然后我还有一种工作,有时候方法可以活用,它可以把历史层次和思想层次合并起来用。

我有一篇文章就是讲中国孝道思想的演变。中国伦理影响最大的是孝道，我有一篇文章讲的是中国孝道思想的形成和演变过程，以及在现代出现什么问题。这里面我讨论到为什么中国人的"忠"和"孝"混合在一起，"忠臣出于孝子之门"的观念，在中国过去的传统中非常流行。为什么"忠"和"孝"会混同？从历史上可以找出根源。我补充一下，今天我讲的东西在大陆出版的几本书中都可以找到，这些书中有一本是人民大学出版社出版的《中国文化与现代生活》，然后是最近山东教育出版社出版的"汉学名家自选集"中的《韦政通自选集》，还有一本云南人民出版社出版的《自选集》，在这几本书里面，大概都可以找到我今天讲的东西。

"孝道思想在中国的演变"，这个题目是针对老师辈的徐复观先生。我们虽然是学生辈，但是我们遇到问题的时候，如果真正有历史的根据，你不要怕把你的意见说出来，你要有勇气说出来，在你老师的面前也应该这样做。徐复观先生有一篇文章，他就是讲中国孝道思想的演变，在这篇文章中他讲到，"中国孝道所以后来与专制结合，是从韩非、《孝经》开始的"。我写的文章就是证明中国孝道之所以会成为中国的教条，是从孔子、孟子、《大学》、《中庸》、《韩非子》里面都可以找到根据，这是长期演变的结果，不是哪个时代或个人突然产生的，所以在这篇文章中把这些资料引出来。

在中国思想史方法的研究中，有一个比较特殊的，也就是最值得我们注意的问题。我们现在常常说中国文化的现代意义，也就是要在中国的传统中发现新的东西、新的有价值的东西，甚至是不朽的东西。因为有一次在美国开会，那是1982年，也是台湾跟大陆学界中断事实往来三十几年以后，第一次在美国见面，那次开的朱熹大会，在那次大会中我提了一篇文章，题目是"朱熹论经权"，有中国文化和哲学背景的人应该会知道，中国讲伦理思想，"经"就是"五经"的"经"，代表常道，"权"就是"权变"，代表变通。现代伦理里有一个很热门的伦理问题，叫"处境伦理"或者是"情境伦理"，就是在一种特殊的情境下，怎么处理伦理上矛盾的问题,这是简单讲。这种伦理的问题常常被举的例子就是,在国家危难的时候,要你报效国家,要你去打仗,那个时候你家里没有别的人,只有一个老母,你这个时候怎么办?你是要报效国家?还是要违反国家征兵的命令奉养老母?这是常常被人举到很极端的例子,诸如此类,我们人生在伦理上常常遇到很多无法解决的问题,非常矛盾的现象,这个伦理问题是现代伦理问题里一个很热门的新议题,可是这个问题很少人提到过,它原来是儒家伦理传统里面的老问题。这个老问题从《孟子》开始,《孟子》里面讲所谓"男女授受不亲",中国古代的礼仪是男女授受不亲,男女两性之间不能手拉手。"男女授受不亲,礼也",是中国的古礼。但是"嫂溺援之以手者,权也",嫂嫂掉到河里了,这个时候你要不要救她?如果根据古理的话,男女授受不亲,我就看着你好了,就不去救。所以孟子那时候就开始发展出一种新的观念,道德不是死的,它可以活用,这时候你"嫂溺援之以手",嫂嫂掉到河里你赶快救她,这时候就不可用违背古理的观念来看了,这是一种权,要变通。我只是简单地讲,中国这种"处境伦理"、"情境伦理"从孟子就开始了。

我为了写这篇文章,我翻了很多古书,看看汉朝人怎么了解的。汉朝人对这个问题的思考也很复杂,但是在历史上反复思考这个问题的就是朱熹,我把它整理出来,朱熹好多次谈到这个问题,这是过去研究儒家的人很少注意的,所以我们有时候可以从这个时代的新议题当中去寻找古老的智慧。我们现在常常讲看看中国的传统里面有什么新的资源,有什么老的东西可以拿出来重新发扬的,这是这个时代的使命。这是很好的例子,我没有办法详细讲。假如你想要读这篇文章,你可以在山东教育出版社最新出版我的《自选集》中找到。

还有一个问题我可以提一提,这次受邀学者中,有一位从北京来的专门研究环境伦理的专家,环境伦理是我们这个时代伦理的大问题。在三四十年前的台湾,我们经常讨论儒家的"天"和"人"关系的思想当中,有一部分的思想很合乎现代环境伦理的一些原则,因为中国人是有情的宇宙观,我们拿这样的思考模式来想一想,一般趋势上,中国人自

古以来在文化中培养的，往往是改变自己去顺应环境，而西方近代文明
恰好相反，他们是要征服环境为人所用。这跟我们是完全相反的。所
以胡适之在他写的《中国哲学史》里面，他就称培根叫做"戡天主义"，就
是征服大自然。整个近代文明用一种新科学的技术意图征服大自然，
他们不是顺应大自然。因为中国强调顺应自然，对万物有情，这是现代
人环境伦理当中一个基本的原则，恰好中国这方面很丰富。我有一篇
文章讨论过这个问题，讨论人与自然的关系，在这里面我把它纳入到现
代环境伦理中来探讨。我研究的结果，中国人在环境伦理上走了一半，
我们用自身的修养来克服人类自己的欲望来顺应自然，但是他对自然
本身的知识太缺少，现代环境伦理里面还包括对生态环境的了解，比如
像生物链这些观念。所以我在那篇文章里的分析就是，中国人在环境
伦理上只走了一半，另外一半因为对环境知识的缺乏，没有办法满足现
代环境伦理的需要。基本的原则走的是对的，但是他不能满足真正环
境伦理（生态伦理）的需要。研究古典可以从思想史的方法去看，也可
以从现代面临的新问题去考验一下，我比较喜欢用现代化考验的方法，
就是用现代化的观念去考验一下中国传统究竟想了些什么。在大陆我
有一本销得相当不错的书，就是《中国的智慧》，这本书是写给大学本科
生看的，非常容易懂，里面提出 70 个人们关心的问题，分门别类告诉我
们，我们老祖宗和西方的哲学家们想些什么，作为比较。

二

　　接下来讲，我用科际整合的方法所做的一些工作。这方面的工作
是中国人要走上现代化，一定会面对的问题。
　　首先我要提一本书——《中国文化与现代生活》，这本书在大陆出
版不久。这个题目是第一次，从来没有人写过这样的题目，把中国文化
纳入到现代中国人的生活中探讨。如果从纯粹历史的方法或其他的方
法没有办法接触这些问题。我提几个地方。

　　譬如我在书中有一章讲到"家庭与个人",现在家庭崩溃了,个人改变了,家庭和个人的关系要重建,在伦理的意义上要重建,这是一个非常大的问题。要谈这样的问题,离开社会学的知识和方法几乎没有办法谈,这是利用社会学的方法来谈。

　　在《中国文化与现代生活》里面,有一个在中国过去向来不重视,而在现代人的家庭中非常重视的问题,就是"儿童的养育",中国儿童过去的问题到现在中国现代化的过程中有些什么变化,我们将来要怎样做?这个问题非常重要,中国过去对这个问题是一条边,把一个很小的、年轻孩子、儿童当成一个成年人来教,这种情况在近代有了改变,特别是心理学上重视儿童的问题。儿童养育的问题要用社会学的方法、心理学的方法,要用这方面的知识才能去探讨。

　　在这本书里面,还有一章专门谈到"权威性格",这是中国人很大的问题,在台湾有的心理学家一辈子都在研究这个问题,看看中国的权威性格在不同阶段变化了没有?变化了多少?所谓权威性格就是一种支配人的性格,中国这方面到现在改变也不大。权威性格从一句话可以反映:"权大学问大",这是一个非常不健康的观念,也反映一个非常不健康的现实。凡是什么事官大的人说了算,官大就学问大,在中国的高校里到现在还有一种误解,好像当系主任的学问就不如院长,院长的学问不如校长,以前有这种看法,好像总要跟官位有点关系,然后你的地位就不一样。这就是中国自古以来的传统,你到任何地方看古迹,看纪念历史上的名人,有几个纪念名人的碑上是直接用自己专业成就的?而总是把官位摆上去,把官位摆上去才显得重要,不是因为他是诗人或者是音乐家而纪念他,而是因为他做过官。权威性格在中国很严重,是一种支配性的,这在"三纲"中也反映出来。所谓"君为臣纲,父为子纲,夫为妻纲"。"纲"是什么意思?最简单的说就是服从。所以权威性格在台湾研究得很多,我在这方面也讨论过"中国权威性格的形成","中国权威性格的改变到什么程度",当然也吸收别人的研究成果。这种研究用科际整合的方法才能去推进,而这些问题都是中国现代伦理中面临的重要问题。

下面我要谈谈工业文明下的伦理问题。

工业文明是很广泛的观念，现在中国人搞商品经济、市场经济，没有工业文明，这些东西都不会出现。我们现在之所以能够有商品经济、资本主义、市场经济的发展，完全是靠近代工业的发展，从机械工业到电脑，没有这些工业上的重大成就，所谓市场经济都不可能出现。我们现在要先谈谈工业文明的特征，因为它不但影响到我们的生活，这些特征还影响整个社会的塑造。

工业文明特征之一——科技主导。现在全世界皆然，科学技术在文化中占绝对优势，科技主导是工业文明的重要特征。

工业文明特征之二——凸显数字观念，就是量化的问题。英国有一位叫怀特海的哲学家，就是跟罗素一起写《数学原理》的，他有一本书叫《哲学与现代世界》，在书里面他讲到，"近代如果没有数学的成就，所有近代的文明是不可能的"。数学的成就，然后影响到所有生产系统，使工业文明的各方面都量化。近代各行各业做各种研究的人都强调量化，因为量化虽然不是真正的科学，但是它比较接近科学。任何问题用数字标出来。现在在经济学里面都是数字，用数字就是一种量化，大量使用统计图表，这都是数的发展，这也是工业文明里面重大的特征，如果没有这样的成就，很多东西没有办法做，要量化以后才能够统计，统计以后生产上才可以提升效果，现在社会科学，包括历史学都有人用统计的方法，就是用数字标出来。

工业文明特征之三——标准化。大家了解，任何一种产品要大量生产，一定要标准化，标准化作业才能大量生产，这是工业文明的第三个特征。

工业文明特征之四——专门化。在近代几乎两个学科之间都可能迸出了很多新的火花，光心理学就分化出很多学科。我们从心理学来看，有社会心理学、教育心理学、消费心理学、医学心理学、精神心理学，还有文艺心理学，朱光潜就写过一本《文艺心理学》，几乎什么东西都可以和心理学扯上关系。慢慢一种学科越来越分化，这就是专门化。专门化到极致以后，互相之间不能沟通，隔行如隔山，所以我刚才讲科际整合的方法就是要打破这种缺陷，打破这种缺陷我们首先要懂得各行的术语，任何一种专门的学问都有一套专门的术语，中国人叫做"行话"，不懂行话怎么打交道。科际整合就是让我们了解其他人想什么。我们一定要知道人类知识分化是不得已，分化是不合理的现象，历史文化那么复杂，我们为什么要分科、分类，因为人的能力有限，人的寿命有限，只好把它分化处理，但是你把人类历史文化这么复杂的文明现象用分类的方法处理以后，恰好应了中国的一句老话"瞎子摸象"，每个人摸到的只是很少的一部分。一般人做学问真的是"瞎子摸象"，整体的文明太复杂了，我们了解得太少，越专的东西了解得越少，尤其是人文学科关于历史、哲学，我们面对的都是人类的大问题，所以这种分类基本上都不合理，但是我们无可奈何，不分离没办法，我们能学那么多东西吗？所以现在回过头来用整合的方法多少可以补救一下，我们多学一些观点。我常常面对本科生，我劝他们，不管你学什么专业，你多选几个学科，假如一种学科你选了20个学分以上，如果你好好学，有一个起码的专业常识，现在社会上的需求经常在变，譬如在台湾，老早就有复修制，就是鼓励你不要老是念哲学就念哲学，你去念念心理学、社会学，你有这种专业，将来找工作方便一点。

　　工业文明的特征引起整个人生活方式很大的革命。除了以上讲的工业文明的特征以外，再加上世俗化，这个不难理解，世俗化就是一种神圣感越来越低，还有民主化的过程和都市化。我们现在生活的城市——深圳就是典型的都市化，绝大多数都是外来人口，都市化就是农村人口慢慢向城市集中，这样的社会形态跟我们以前讲的乡土社会是完全不一样的，伦理面临的是全新的问题。

　　经过我们上面所了解的这种工业文明的特征和所谓世俗化、民主化、都市化以后，我现在简单提一个重点，那就是我们社会基本的形态已改变，所以思考中国的伦理问题，一定要知道我们的社会形态已经变了,如果观念赶不上,根本碰不到问题。怎么改变呢? 以前中国传统的社会梁漱溟先生讲过"伦理本位的社会"。这个说法大概可以成立,就是这个社会基本是以伦理关系为核心。现代的社会已不是伦理本位的社会,现代的社会已转变成法治社会,就是以法治理的社会。从伦理的社会转变成法治的社会,这方面伦理的变化后面会讲到,它起了一种生活方式上的重大革命。

在工业文明里面,现在最流行的就是所谓"商品经济",你们想过没有,商品经济对人的道德、宗教、伦理的破坏性。我们都知道它的破坏,不断在破坏,不止是传统的伦理,就是现在一些新的近代人遵守的价值也不断被破坏。为什么被破坏,我提一点看法给大家做参考。

现代商品经济的社会、市场经济的社会,大量培养出市场型的人格,这是心理学上讲的。什么叫"市场型的人格",就是人和人之间是一种冰冷金钱上的往来,人就变成金钱上的关系,一切向"钱"看。这个问题仔细想非常有意思,简单讲也许容易记忆,古老的传统不管是中国还是西方,我们都非常强调人的自主性,人的真实自我。以前我们强调我要做什么就能做什么,我们非常重视人的自由意志,像孔子讲的"我欲仁斯仁至矣",这就是"我要什么我就会是什么",这是整个真实自我的显现,这样的人是最好的,然后慢慢在历史上怎么变? ——当然我们不能复杂地讲,我讲的比较容易记——然后变得"我有什么我就是什么",我有学问、有钱、有名、有地位、有官位,从这个地方来呈现自我。当一个人老是想到自己的地位、名分的时候,这已经开始自我异化,自我在慢慢萎缩,甚至在丧失的过程。然后再转变到现在市场人格风行的时代,就是"你要我做什么我就做什么",这个社会因为一切向钱看,只要你有钱就是大爷,你要我做什么就做什么,人就变成物化了,自我丧失了,如果从这样的演变发展出一套论题,非常有趣,人真的在变,变得我们自己没有感觉到,现在的人真的变得不可爱了,为什么人有那么多问题,就是因为人变了,为什么变了? 就是因为市场变了,我们跟着市场变,在市场经济里面创造大量市场型的人格,市场型的人格就是只看重钱的价值,金钱是万能的,因为金钱万能,所以你要我做什么我就做什么,成了这样一种社会。

生活方式的改变不只是社会的形态变了,我再举一个例子,每个人都可以切身看到或者经历到,你有没有想到我们家庭的巨大变化,在过去的中国,不管是人数多少的家庭,都是父权的家庭,就是男人的权利最大,祖父在祖父是老大,祖父不在父亲是老大,这是男子中心的社会。从父权到近代,自从工业化以后,慢慢妇女就业的机会多了,家庭就有了重大的改变,就变成核心家庭,以夫妻两个为主要关系,核心家庭里面常常是不和父母住的在一起。在这个地方的问题也值得探讨,年轻人究竟跟父母住在一起好,还是不住在一起好?要问我,我觉得不住在一起好,住在一起问题太多。这个问题没办法细讲。核心家庭和传统父权家庭的变化在哪里?以前是敬老、尊老,老年人就是"老大",那是传统给他的一种身份、一种权威。现在的核心家庭里,孩子是"老大",比较重视孩子而不重视老辈,你有没有感觉这个转变?这个转变很普遍。所以以前的孝子是孝顺父母,现在的孝子是孝顺儿子,尤其大陆一胞胎以后,更是"天之骄子",一家好几代的希望都寄托在一个人身上。我听到一些台商跟我讲,多少台商的企业在大陆,只要是独生子就考虑不要,因为他太娇生惯养,抗压性太低,哪一种行业和职业没有挑战性、压力、挫折?这些孩子比较脆弱,这是很糟糕的,所以对孩子要有爱心,但不能娇纵。从传统父权的家庭转变为核心家庭,核心家庭在现代化社会数量最庞大,现在又面临到重大的变化,核心家庭也呈现崩溃的趋势。

现在的家庭越来越复杂,台湾的社会这种情况已经出现,并不是稀罕的,特别现在离婚率高,我十几年前在美国听到四对夫妻有一对离婚,现在大概三对夫妻有一对离婚,我看到大陆的统计,最发达的都市慢慢也到百分之十,跟台湾差不多,离婚越来越多,离婚之后单亲的家庭越来越多,或者是父亲带孩子,或者是母亲带孩子。还有一种情况也是近一二十年以来越来越多,过去传统的婚姻主要目的在传宗接代,现在的婚姻因为科技的发达可以避孕,婚姻的目的就是为了性爱,所以现在有很多高级知识分子,尤其是女孩子,她结婚找对象的第一个条件就是不生孩子,生孩子的对象她不要。你说她自私吗?也许,但是她有她的理由,是为了自己的理想不愿意,人可以做选择,所以现在的单亲家庭越来越多,没有孩子的家庭也越来越多。还有一种单身的,尤其是女性在台湾非常多,她看到很多人结婚都很不幸,所以她不结婚,越是工作好、收入高的女性就越不想结婚,这就是独身家庭。还有一种家庭叫做"联合家庭",什么叫"联合家庭"?就是两个人离了婚,你我都有孩子,两个人又结婚,家庭里面有你的孩子、我的孩子,还有两个人共同的孩子,这叫"联合家庭",很有趣。

现在的家庭形态是这样复杂。你去想想看,这样复杂家庭里面的伦理问题怎么办?我们没有办法谈,如果谈的话,不同的家庭形态里面有不同的问题,有没有办法解决?无解,我们不知道怎么办。大概有一种趋势,我们也许可以提出来,将来这种伦理的问题,有的伦理学家讲"法律是最低度的道德",法律在道德上成为很有权威的,你违犯了道德不一定受到惩罚,但在法律上是会受到惩罚的。最低道德是什么意思?以后慢慢伦理关系可能会沦落到这个地步,也不能说沦落,但就是没有办法,既然没有办法,可以两个人定契约,譬如两个人结婚,现在台湾慢慢流行了,你有财产,我也有财产,我们两个人结婚之后订契约,我们先谈好,将来没有纠纷。所以将来夫妻之间有契约,任何密切的关系将来就是用契约的方面来解决,用最低道德的方法解决,契约会流行。任何人与人的伦理关系,无法谈高标准、高道德,大家做不到,做不到怎么办?彼此来约定,请律师来鉴定,如果违背了,在法律上就要受到惩罚。这在中国的家庭里是很不能接受的,觉得太冷酷,如果母亲跟女儿,父亲跟儿子都来这一套,你看家庭怎么办?将来很可能有这种趋势,那怎么办呢?好的办法没有,只有不好的办法。

下面讲的也是在科际整合方法之下我想到的问题。这个问题更麻烦,那就是自由、民主的观念,要如何纳入到伦理范围里,因为要求自由民主的时代,一定跟伦理发生密切的关系,它也是一种价值观。当我们把民主、自由纳入到伦理的范畴来思考的时候,会出现哪些问题? 也是中国将来新伦理重建的时候最困难的部分。

首先我要讲的是,把自由民主纳入到伦理范围的时候,我们讲的民主自由跟政治无关,自由是广泛运用的,有经济上、政治上、社会上的自由主义,这里大概属于社会领域的自由主义。排开政治,因为政治上的自由主义主要是讲政体,讲权力的制衡;经济上的自由主要讲的是国家或者政府该不该干涉经济,还有社会公平正义的问题。我们现在讲的伦理,在伦理范围里面,我们讲的所谓自由,恰好我可以运用法国人权宣言中的一句话:"一个人只要不违法,他享有生活上一切自由。"就是说只要我不违法,可以做我喜欢的任何事。但是你要知道,违法不违法在中国人的生活里面是非常严重的问题,今天也没有办法专门探讨。为什么中国的政府要求人民守法没有效,要知道原因,为什么西方人比较能守法,它的传统原因在哪里? 这些问题都值得探讨。而且守法,一个真正守法的人是有责任感的人,一个真正守法的人是比较有自律能力的人,这些地方现在中国人都非常缺乏。只要不违法,只要能守法,我能享受生活上的一切自由,在伦理范围里面的自由大概就是这种意义的自由。一定要能守法,不守法根本就没有资格享受自由。

在伦理范围里面讲的民主,这个地方我们可以多讲几句,因为这跟政治上的民主没有什么关系。在伦理范围里面讲的民主是什么意思呢? 主要讲民主性格,民主的性格要培养,还有一种是民主的生活方式要培养。全中国如果政治上有一天都能够像台湾那样选举,选举搞了很久,但是我们没有用心去培养人民民主的性格,我们没有在教育上好好把民主的生活方式培养出来,所以问题百出,非常严重。所谓民主的性格,希腊哲学家亚里士多德有一句名言"民主的性格造成民主的政体,极权的性格造就极权的政体"。这是什么意思? 就是人民的性格和他的政体有密切的关系,一个国家要走向民主,要早注意民主性格的培养,要有一种民主生活方式的培养。在台湾,观念上,我们在三四十年前就呼吁过这些问题,但是做不到。

所谓民主的性格是指什么呢? 我讲三点:第一,开放的心灵;第二,宽容的态度;第三,自我批评的能力。我现在再进一步解释一下。

所谓开放的心灵,现在讲的还有开放的社会,中国从邓小平以后讲"改革开放","开放"是一个新名词,西方人讲开放的心灵和开放的社会,大概有四五十年,而且有很多理论,但是我们这里说开放的心灵是什么意思呢? 简单地讲,很容易懂的。就是我们要自觉地、尽量减少我们的偏见、成见、主见,我现在不得不再进一步讲一讲。所谓偏见、成见、主见,很少人这样分过,什么叫做偏见? 我告诉各位,我们每一个人一定有偏见,绝对不能避免。所谓偏见,是我们对任何东西不可能全面知道、全面了解,我们一定会有偏见。我们要自觉,人不能有免予偏见的自由。人总是有某种程度偏见的存在。当代有位哲学家冯友兰讲过"哲学就是偏见",这句话有道理,何止哲学就是偏见,其他学科也有很多偏见。但如果我们自觉的话,可以把偏见减少,就是独断的语言会减少。什么叫做成见? 成见就是老祖宗给我们留下的见解,成见就是现成的,古人留下的见解,这些见解有些对,有些不对,你怎么去辨别? 这是现代人的任务。我们要尽量把成见减少,现代人有一个很特殊的现象,就是喜欢找传统的毛病,传统有很多话现在听起来都不对了。传统有许多话的确有问题,在以前没有问题,但是现在才有了问题,如何把成见减少,这是很有争议性的问题。主见,主见有好有坏,坏的主见就是情绪化的语言,常常做人身攻击,骂别人,这在我们的社会也不少见,就是用情绪化的语言攻击别人。但是主见也有好的,譬如说我的创见、创新的思想,这些是我的主见。所以我们尽量自觉把我们的偏见和成见减少,尽可能把我们的主见中的情绪化减少,这样我们的心灵就比较能开放。

其实开放的心灵在理论上中国传统一点儿也不缺乏,念过中国书的都知道孟子讲过"执一而非百"是不对的,你抓住一个道理而否定其他的道理是不对的。在《庄子・天下篇》里面整个批评诸子百家,里面有一句话"一察焉以自好",就是你了解那么一点点就自鸣得意。这种人很多,那时候诸子百家都是那样的,你只了解一点就自鸣得意。讲得最好的就是荀子,荀子在《解蔽篇》的第一句,"凡人之患,蔽于一曲,而暗于大理",意思是,蒙蔽在一种道理上,而忽略掉了更高、更多的道理。这就是开放心灵。儒家还有一句话很了不起,"道并行而不相悖",这话多好啊!这不是非常现代的语言吗?各种道理可并行不悖,没有矛盾,很类似现代的多元化。但是中国的哲学家、中国的先贤知道这样的道理,但是他们本人做不到。所以我们要了解,知道是一种道理,要实践出来才了不起,不能实践,在道德伦理上就没有价值。孟子对墨子的批评,是多么独断、多么凶悍。我研究中国的哲学史,发现中国哲学家很多没有学习到对话的能力,就是彼此之间不能对话,对话的能力训练不够,都是你讲你的,我讲我的,讲的不相干,或者是批评,批评也不相干。像荀子批评孟子的人性论,完全是不相干的,他们之间是两种不同层次的人性论。所以中国哲人之间互相了解的能力相当缺乏。知道,但做不到。中国人有这种开放的心灵,理论上有,但在行为上没有表现出来。

然后还有宽容的态度,用西方启蒙运动时代的代表人物伏尔泰的一句话讲可能很合适:"你讲的话,我一句也不赞成,但是我百分之百支持你有讲这个话的权利。"这就是一种宽容,我们对人的意见可以不同,但不同不一定要打架,不一定要仇恨。不同学派的意见为什么不能相容呢?因为缺少宽容。有本书早在1949年就有翻译,一位西方非常有写作能力的作家叫房龙,他写过一本《西方自由史》,他写西方自由的历史,他觉得西方历史上所以缺少自由,最大的原因就是缺少宽容的态度,尤其是有权有势的人缺少宽容的态度,就造成自由没有办法表现,所以宽容的态度非常重要。但是我们知道它重要,假如我来考试,问我们的学生宽容重不重要?大概百分之百都会说重要。假如你问他在哪些行为上宽容过,不容易。你能够对跟你意见不同的人宽容吗?你对人一点恨意都没有吗?宽容不是那么容易的事,但可以学习。

　　还有自我批评的能力。我们之所以缺少宽容、缺少开放的心灵,都跟我们缺少自我批评的能力有关。要培养这种能力,中国的传统领域这种资源丰富得很,不管是儒家、道家、佛教,对自我批判的要求都非常严。所谓自我批判是什么意思?我突然想起苏格拉底的一句名言:"一个人的生命如果不经由一种批判性的自省,这种生命是不值得活的。"有读过《论语》的人,孔子的大弟子曾子也曾经讲过,"吾日三省吾身",不管省思的内容是什么,这个不重要,每个人省思的内容可以不同,但是省思的能力非常重要。你怎么才能改过,怎么才能知道自己的过失,就是靠自省能力。一个有自省能力的人,一定犯过错比较少;一个缺少自省能力,缺少自我批判的人,他很习惯的,错都在别人。现在的人很容易犯这样毛病,因为缺少自我批评能力,常常什么事都是别人的错,所以民主的性格和传统,它们之间也有复杂密切的关系,要培养自我批判的能力,在东方的传统中资源非常丰富。要改过,就要有自我检点的能力,现代人越来越缺乏。因为要自省就要培养独处的能力,现代人最怕寂寞,整天往马路上挤,或者时时刻刻都要有一种东西来消遣自己的时间,一个人独处就受不了。美国一位社会学家写过一本书叫《寂寞的大众》,现代都市到处都是人,每个人活得都很寂寞。有寂寞感就是不能独处,要培养自我批评的能力,就必须要学会独处的能力,要一个人生活,生活不是胡思乱想,而要自省。所以现在心理学家也鼓励人,要少犯错,要过比较正常的生活,要学习独处、学习自省。独处的时候可以好好反省自己,看看我今天究竟做错了什么,不要总把责任怪到别人身上,那是不负责任的态度。

　　我们讲过民主的性格,然后再简单说一说民主的生活方式。什么叫做民主的生活方式?西方人有一句话:"民主始于家庭",因为家庭是每个人成长的第一步,所以家庭能不能有一种民主的气氛,对培养民主的生活方式很重要,家庭的父母最好能够在这方面注意一下。最重要的一点,我们一定要排除现代家庭里面传统父权的气氛,父权的方式,就是非理性的权威要自觉抽离掉。无论夫妻、父子、母女,都要慢慢趋于平等的气氛。这一点我从哪里学来的？有一个法国人托克维尔，他在十九世纪到美国参观、访问之后写了一本《美国的民主》，他发现美国在家庭民主方面做得很好，比欧洲好，他发现在美国人的家庭里，凡是父子、母女两代关系好的家庭有一个特色，就是弥漫着一种平等的气氛，平等的气氛越浓厚，家庭越和谐。如果现代还要摆出传统父权的架子来管教，或者摆出以前丈夫的权威来对付你的爱人，这个家庭气氛不容易好。所以民主的性格要从这方面着手，培养一种平等的气氛。

要详细了解这个问题，我曾在我的书里面举过两个例子，都是从别的书中引来的。山东教育出版社新出版我的《自选集》中的 107 页和 118 页，这两个部分我引了两个故事，一个是母亲对孩子。一个美国的母亲怎么对待她的孩子？这个母亲是真实存在的母亲，她有一个儿子在台湾工作，他把他妈妈的事情写出来。一个民主化的母亲，她对孩子不像中国说的要求儿女成龙成凤，没有这种压力。那是不健康的，将来的前途是孩子自己的选择、孩子自己的奋斗，你真正该给他的是一个家庭里面有没有正常的生活。所以这个母亲只希望她的孩子能够过快乐、幸福的生活，不是为了赚太多钱，不是为了更高的地位，她不从这方面鼓励她的孩子。这个故事你可以在我那本书里面看到，这个故事非常动人。她有三个孩子，她怎么对待这三个孩子，那是美国民主化生活的典型例子。另外一个故事是父亲跟儿子之间的相处，这个例子是父亲和儿子之间要做到非常坦诚，儿子有委屈要有勇气告诉你的父亲，父亲有委屈也要有勇气告诉你的儿子，要有互相沟通的能力。但是中国一般做不到，中国的儿子要把内心的委屈和心里话讲给父亲听，非常难。但要知道，一个民主生活方式的家庭有没有成效，就从你的孩子愿不愿意把他内心的委屈、内心想讲的话告诉你，就可以测验出你们的关系是不是成功。如果他躲着你，什么话都不跟你讲，一般跟朋友讲的比较多，很少跟老师、母亲或父亲讲，我们可以考验自己，我们是不是能让我们的孩子把内心的话跟自己讲，这是考验现代父亲的指标。

一个现代化、民主化的家庭，我们的孩子对我们要做到敬而不畏，从内心对你有一种尊敬,但是绝对不会怕你,他有什么话都有勇气跟你讲出来。我们也许没有办法改变上一代,但从我们自己这一代我们要改变。我自己这在方面做了很多努力。我有一个孙女是在我家里长大的,她生下5天,我和我的爱人养她到大学毕业。我告诉孙女,我讲的话不一定都对,我偶尔会想到我跟我孙女的话讲错了,我会打电话跟她道歉,我说:"爷爷讲错了。"你要不要学这种本事,我真的跟我的孙女道歉,或者当面道歉,我说:"爷爷说错话了,你不要听进去。"我们要有这个勇气,这个时候要自觉彼此是人,人都是平等的,不要拿爷爷、老师的身份,人要常常忘记自己的身份地位,这样才有人味,人气才出得来。所以你要学习,你讲错了、做错了,你要真正有勇气向他说,知过能改,也不一定对长辈如此,对晚辈也一样,是人都应该如此,这是我们需要学习的。因为这样学习的过程,使得家庭的和谐自然会增加,家人之间没有隔阂,因为把话都说出来了,不放在肚里。家庭有隔阂,把话都放在肚子里,有话不敢说,慢慢就会引起很多矛盾,所以现代人在这方面要多学习。

三

现在讲最后一部分,在伦理的问题上是要跟社会直接对话。我们现在正在生活的、大家感受到的一些伦理问题,我们怎么来了解?

我有一篇文章讲的是儒家伦理在台湾经验中的角色,这篇文章在云南人民出版社出版的《自选集》中收入了。这篇文章讲的是儒家伦理和台湾经济发展的关系,讲儒家伦理和台湾政治发展的关系,讲儒家伦理和台湾目前家庭的生活、社会的关系。讲的是当前,当然是以台湾作背景的,当前儒家伦理对经济、政治、社会、家庭之间还有一些什么互动,有些什么问题。譬如我谈到台湾的"家"与传统伦理,你很难想象得到,对台湾的经济发展有一定程度好的影响,这也是有人研究过的。你们有没有听说,台湾的经济发展绝大部分跟国外模式不一样的,就是中小企业特别多,一个小小的台湾有好几十万家公司跑到世界各地,中小企业规模不大,这种小规模企业是怎么形成的呢?都是家族支持的,是一些家族背景的人投资搞的,所以中国传统的家、中国传统家族的关系在这方面发生积极的效果,有助于台湾经济的发展。

我还有一篇文章,这篇文章在最新出版的《自选集》里面有,我呼吁,我们思考道德问题的时候,要走出死胡同。不要总是顺着传统的命题思考,那已经碰不到现在的问题了。我举一个例子,这个话原来在《管子》里面出现,但是儒家常常喜欢用,那就是:"仓廪实则知礼节,衣食足则知荣辱",这是中国人都知道的,现在我们也在提倡荣辱观,"衣食足知荣辱",就是大家的生活好了,就知道荣辱。不同的社会形态有不同的想法,在这方面也许可以替马克思的经济理论找出一点证据,不同经济形态的社会出现不同的价值观,这就是一个例子。一个社会如果太贫穷,最想要的就是富有,富有了以后就想象道德一定会慢慢高起来,事实上真的这样吗?现在中国有人统计有两三亿人生活过得不错了,照传统的道德观念来讲,衣食足了,应该知道荣辱了,为什么现在还在提倡荣辱?问题恰好相反,衣食足了以后,道德越来越江河日下。问题在哪里?我们不能根据传统的道德伦理思考问题,现在道德的命题、道德的性质根本在改变。所以当我们提倡荣辱观的时候应该想到,如果仅仅用这种方法提倡,大家心里都有数,不会有效果。道德问题的性质已经变了,我仅提几个例子,因为道德性质变化的例子太多了。

第一个例子,"价值观的混乱"。旧的我们也没有完全丢掉,新的也不是完全没有,新旧纠缠不清成了一种混乱,比如你们这个年龄的许多学生要自由恋爱,自由恋爱是新观念,但是要知道自由是有责任的,如果你要自由恋爱的话,你就不应该向父母要求什么,因为父母不替你做主。以前父母做主,父母要负的是一辈子的代价,父母之命,媒妁之言,父母要负担一辈子的责任;现在恋爱自由,自由恋爱父母是没有责任的,你不应该向父母要求什么。可是现在年轻人新的也要,旧的也要。新的,要自由恋爱,旧的,父母还要给钱,这就是新旧混乱,价值观的混乱。

价值观混乱还好，是在一种新旧挣扎当中。比这更糟的是第二个例子，"道德的无政府状态"。现在我们面临到的问题，不只是大陆，台湾也是一样，什么叫"道德无政府状态"？一句话讲明白，根本不知道"是非对错为何物"，根本就没有是非对错，生活上服膺的是丛林法则："弱肉强食"。这是道德无政府状态，如果要拿具体的例子来了解，是了解不完的。我们现在道德的问题非常复杂，我们以前根本不会想到。

第三个例子，"道德的冷漠"。道德的冷漠是什么意思？就是根本不把人当人看，你死你活该。现在马路上有了车祸，在文明社会如果遇到这种事情，会感觉出人的心非常痛苦。现在社会没有，如果发生重大灾难，大家就在看戏，大家冷漠。冷漠不是现代人才有的病，应该是冷漠现代更普遍。我突然想起来，鲁迅为什么放弃学医去搞文学，就跟道德的冷漠有关系，他看到外国兵杀中国人，中国人在旁边无动于衷，据说这就是鲁迅放弃学医的一个原因。其实放弃一定有很多原因。放弃学医就是你救他的身体没有用，因为学医只能救他的身体，鲁迅觉得中国人看到外国人杀自己同胞都无动于衷，这种人根本不值得救，他要救中国人的灵魂，所以才需要文学，我不知道这个故事的真实性怎么样。古代人也有冷漠，古代人对陌生人冷漠，但对家族范围内的人不会冷漠，非常热情，乐于助人。我们知道道德的表现就是热情，乐于助人，但是现在的社会很麻烦，你要随便乐于助人，随便热心，你会自己倒霉。现在的母亲把孩子送去上学，常常就会告诉他，你在马路上千万不要跟陌生人讲一句话，现在到处都有骗子。现在社会成了这样一种社会。本来社会人与人之间的关心、互助应该是基本的社会道德，但现在社会的形势把这种道德的网切掉了，所以人的冷漠也是有原因的。

直接跟社会现实对话，我还讨论过一个重要问题。《伦理思想的突破》这本书在人民大学出版社出了新版，那里面有一章在中国传统伦理中从来没有人谈过的"人生阶段与伦理"问题，中国人没有这个观念，西方人研究社会学、心理学，启发我讨论这个题目。儿童有儿童的伦理，他怎么做人，你怎么对待他，这里面有儿童的伦理；青少年的伦理、中年的伦理、老年的伦理,不同人生阶段的伦理要求是不一样的,这跟现代的生活是非常密合的,这是必须要重视的。现在孩子要学习,学习新的伦理观念,老年、长辈也要不断学习,现代的人跟过去不一样,不同人生阶段的伦理对彼此间的要求都在改变,这个问题值得思考。

最后我想提几条,不能详作解释,我希望你们能记几条。我提的几条是在另外一本书里面,在大陆出版的书里面都没有收集过。我下面讲几条对伦理道德的基本认识,从基本认识看看我们做到了多少,就可以衡量社会的道德。作为衡量社会道德的指标,或者我们社会伦理道德严重到什么程度,也可以从基本认识中大概了解一下。

第一点,伦理道德的教育,基本上不是束缚人的。过去的传统道德总是给人一种约束,其实道德的价值不在这个地方,它的价值在哪里呢? 主要是激发人爱的能力。任何一种真正有价值的伦理道德教育里面,最重要的任务是激发人爱的能力。这个社会如果爱的能力一直慢慢丢失掉,变成人吃人的社会,人活的还是什么意义? 所以道德教育自古以来都强调激发爱的能力,现在我们的问题非常严重,不要说团体、社会,连家庭的问题都那么严重,家庭里面闹离婚不是因为不爱吗? 爱的能力越来越丧失,似又回到丛林世界。但是伦理道德的教育应是激发人爱的能力,否则就不是很好的伦理道德教育。

第二点,我们应该学习容忍不同风俗习惯的差异。这一点我们要学习也不容易,因为中国地方太大,不要说跟外国了,每个地方的风俗习惯有很大的差别,我们以后要学习容忍这种差异,要尊重别人的习俗,这就是多元化社会应该培养的一种心境,不要因跟我们的生活习惯不同就引起不好的情绪,因为我们对他们不了解,我们必须要学习尊重这种差别。

第三点,这是道德上最古老的,也是最永恒、有价值的一句话,“道德永远要靠实际的典范以身作则,道德千言万语,如果没有人的行为来印证,道德是没有意义的,是没有力量的”。所以道德的力量要多多少少有典范,没有典范他学什么? 学口头话,学了话以后做不到,有什么用？所以多多少少要有典范，道德才能够有效，这是中国从孔子开始就非常强调的以身作则。年轻人真正被感动的是榜样，而不是伦理的教条。只要在伦理道德上有好的榜样，没有人会不被你感动，这是万古常新的道理，但现在已普遍忽略了。

第四点，一个好的社会，一定要让年轻人有机会发展自己的潜能。因为一个能够发挥潜能的社会，人是最少犯过的。所以一个社会如果坏了，社会治安坏了、人性坏了，失业率严重了，许多人都没有工作做，当然可能在社会上做一些我们没法忍受的事。所以好的社会一定要让年轻人有机会发挥自己的潜能，有机会发展潜能的人是不容易犯过的。

第五点，所谓健全的道德，一定来自健全的人格。这个命题非常容易了解，健全的人格、健全的教育靠什么？要靠德、智、体、群，四育并重。衡量一下现在怎么样，现在德育谈不上，学校里面是没有什么德育可言，智育也不健全。说中国非常重视体育，但是我们重视体育是明星式的，是在运动场上竞争用的，并没有做到对全民体育的重视。"群"就是一种群育，中国人一向缺少过团体生活的能力。要"德智体群"四育并重才能培养健全的人格。衡量我们的现实就知道我们的问题多么严重。

第六点，我们当前很多问题、很多要求都做不到，但是有一个最低最低的要求希望能做到，就是希望中国人的公德心多一点，守法的精神好一点。这是最低最低的要求，就是这样最低最低的要求都不容易做得到。现在中国人常常讲文明，要求文明就是因为我们缺少文明，缺少文明就是社会缺少起码做人的条件，我们在中国各大城市里面看，他们是怎么过马路？怎么开车？怎么随地丢东西的？到处都这样，一种最起码的文明条件都没有。希望我们至少在这方面能改善一下总可以吧？

以上讲的许多道理，那是我们奋斗的方向，我们需要继续努力。我们起码眼前可以做的是什么？不管有没有到过新加坡的人都知道，新加坡是亚洲一个很了不起的小城市国家，新加坡跟深圳比恐怕还要小。

这么少的人口,这个国家治理得非常好,当然因为人少、国家小,才容易治理得那么好,但百分之七八十也是华人,为什么能够把国家治理得那么守法? 那么有公德心? 两个条件:第一个条件是重罚,我们知道新加坡罚得非常严,而且绝对执行。第二,政府对公益事业做得非常多,不能老是想着对老百姓的要求,你也要给老百姓一些好处,使老百姓没有话讲。他做得很好,我满足你的需要,他顾到社会的公义。当政府要求人民守法的时候,也要为人民做一些事,当人民感觉到守法不只是惩罚我、不是倒霉,而是对我也有好处,要有这种感觉出现的时候,守法的可行性才大大增加。

自我概念与自我实现①

　　"自我"和"自我实现"是当代心理学中常用的名词。"自我"在中文里同时被用来表达 Ego 和 Self,这两个名词的涵义,在心理学家们使用时,一直相当混乱,既可以指称个人的知觉、思想,以及记忆等主动性的心理历程,又可以用来指称个人对其自身的看法和想法。最近的趋势,是把前者的心理活动指 Ego,后者的心理活动指 Self②。如此区分,也许要比混合使用的情形好些,但就自我本身而言,它的种种心理活动,事实上恐怕很难做如此截然的划分。正如研究自我问题的 J. Thomas 所说,自我,"它总是主体而又兼客观,它既是能观而又是所观"③。因此他觉得把自我作为一个论题予以讨论,总是显得十分困难,讨论它要想做到客观,是根本不可能的事。

　　在目前,这种困难的确存在,这种缺点也很明显,但从十九世纪末詹姆斯以来,"自我心理学"的发展,我们可以知道,心理学家们,一直努力在克服这种困难,并不断改正这种缺点。这使得我们对自我了解的知识,不断增进。由于自我富有创造的特性,因此它永远不可能被完全控制,对自我奥秘的了解,也永远有其限度。不过,如研究的工具和方法能继续加以改善,

---

① 　编注:本文选自韦政通先生著《中国思想传统的现代反思》,台北,桂冠图书公司,1990年,第九章。
② 　《云五社会科学大辞典》心理学卷,台北,商务印书馆,1970年,第177页"自我"条。
③ 　汤玛斯(J. Thomas):《东西之我观——论米德、雍格及大乘佛教的自我概念》,徐进夫译,台北,成文出版社,1977年,第9页。

自我大部分的真相,必可逐渐大白于世,使人类对他自身的心理活动,有相当准确的认识,因而提高自我控制的能力,这是可以预期的。

　　站在一个中国哲学学者的立场,所以要提出这个问题来探讨,是因我们发觉,中国传统的哲学,在类似的问题上,他探讨的方式和目的,与现代心理学虽不相同,但自我与自我的实现,显然一直是儒家的一个中心课题。传统这方面的成就,在心理学上究竟有何意义,不是我们在这里要讨论的,这里我们要做的,是希望透过心理学一些观念,对传统哲学这一部分,有一点新的了解,并做点新的解释,这是现代人重建自我的工作中,应该努力的一个方向。

一　自我的意义

　　现代心理学讨论自我,虽然很难有客观的标准,但在态度上总是要求对复杂的心理现象有客观的认知。中国哲学在这个问题上,主要的要求却不在此,一开始就是从价值的观点出发,把自我一分为二,一个是真我,一个是假我或虚妄的我。真我是人的主宰,是一切价值或善的根源,能与宇宙万物相感相通;假我与真我相对立,是真我表现的障碍,所以是被克制的对象。

　　以儒家为例,"仁"代表真我,孔子以"克己复礼"为仁,"己"就是应该被克制的假我。以道家为例,庄子说:"吾丧我。""吾"代表真我,"我"则是指虚妄的我,"吾"与"我"之间,有明显的对立,"丧"是克制或解放的意思,人必须克制种种的嗜欲,由形躯的我中解放出来,才能达到无我或忘我的境界。再以佛家为例,佛家有"我见"、"我慢"、"我执"、"我爱"等说,无一不是坏的意思,它们是人虚幻痛苦的根源。与此相对的真我,佛家称之为真如,或如来藏①。以下的探讨,将以儒家为主。

_____

① 　这只是站在中国哲学的立场,对佛教所做的一种解释,佛教由于主张缘起法,作为人主宰的自我是不存在的。

在儒家传统里,最能恰当表现"自我"意义的,是"心"这个观念。前面说,"仁"代表真我,在孔、孟的思想里,仁就是心,所以孟子说:"仁,人心也。"孔子称赞颜回,说"其心三月不违仁"。仁与心本属一体,但仁的表现必须透过心。也有哲学家就直接以心为人之本的,如袁絜斋:"人生天地间,所以超然独贵于物者,以是心也。心者,人之大本也。"①又如刘蕺山:"一心也,而在天谓之诚,人之本也。"②这就更明显说明心就是自我。

经由心所表现的自我的意义,虽偶然也涉及到类似心理学中所说的知觉、情绪等概念③,但向不为儒家所重视,提到这些概念,也并不是用客观的态度,对这方面的心理现象,要求经验意义的了解,而仍是基于道德的要求。儒家论心的重点,非善即恶,孟子所说的恻隐之心、羞恶之心、恭敬之心、是非之心,荀子所说的圣心④以及程、朱和王阳明所说作为一身之主的心⑤,都是善的意义;孟子所说生心害政之心,荀子所说的倍(背)叛之心,《乐记》所说的诈伪之心和易慢之心,都是恶的意义。凡是善心所表现的自我,就是真我;凡是恶心表现的自我,就是假我或虚妄之我。真我与假我,不是基于经验的观察所做的归类,而是基于成德工夫的要求,把自我分裂为二:真我是主,是大体,是能治者;假我是客,是小体,是被治者。且看下面这段对话:

> 公都子:钧(均)是人也,或为大人,或为小人,何也?
>
> 孟子:从其大体为大人,从其小体为小人。
>
> 公都子:钧是人也,或从其大体,或从其小体,何也?

① 袁絜斋《粹言》。
② 刘蕺山《语录》。
③ 以心为知觉的,如张载《正蒙·太和》篇:"合性与知觉,有心之名。"又如《朱子语类》卷五:"心者,人之知觉。"以心为情绪的,如《荀子·正名》篇:"心忧恐,则口衔刍豢而不知其味,耳听钟鼓而不知其声……"
④ 《荀子·劝学》篇:"积善成德,而神明自得,圣心备焉。"
⑤ 程颐《语录》:"主于身为心。"朱熹《观心说》:"夫心者,人之所以主乎身者也。"王阳明《答顾东桥书》:"心者身之主也。"

孟子：耳目之官不思，而蔽于物，物交物则引之而已矣。心之官则思，思则得之，不思则不得也，此天之所与我者。先立乎其大者，则其小者不能夺也，此为大人而已矣。①

这是真假我之间对决的一个例子。孟子视真我为"大体"，大体由"天之所与我"的心体而建立，能听从大体而为者，乃入圣（大人）之路。与真我相对的，孟子称之为"小体"，小体指人的感官，感官蔽于物，乃堕落之途。人要努力成圣，就必须尽量发挥"大体"的作用，并克制"小体"所造成的障碍。这就是"先立乎其大，则其小者不能夺"的意思。荀子的心性理论，与孟子有很大的差异，但视心与身为对立，以及身为心表现的障碍这一点，与孟子完全相同。荀子说："心居中虚，以治五官，夫是之谓天君。"又说："心者，形之君也。"②二者的对决，到了宋、明理学时代的人心、道心之辨，天理、人欲之分，表现的最为彻底。如果说现代心理学，对自我复杂的内涵，是要求有客观性的认知，那么儒家哲学中的自我概念，在成德工夫的强烈要求下，无异是把自我特殊化，使对自我的客观认知，受到严重限制。

因此，现代心理学与儒家哲学中的自我概念，有些明显的差别，前者并不认为自我是人类天生的特质，它是在功能的社会活动中才能显现，也就是说，它显现于个人行为的运作之中，并借由文明生活而逐渐解放。儒家哲学则认为人有天赋的善心和善性，因此自我中的真我部分，就成为人类天生的特质，修养工夫和社会生活，主要的作用就在发挥并保护这种特质。这样由于观点和了解上的限定，使哲人们的思想不免总是在心性间兜圈子，不但不能了解自我的复杂内涵，对促进并影响自我成长的错综因素，也缺乏广阔的视野。

但也有少数像杨格那样的心理学家，对自我的一些了解，与儒家颇有相通或相似之处。他觉得自我对我们而言，既陌生又十分接近，它就

---

① 《孟子·告子》上。
② 《荀子·天论》篇。

是我们自己，但又不可得知；自我不但与神祇相亲，与禽兽亦然。他又
认为自我是一种内在的呼声，人必须听从这种呼声方为上策①。在儒家
的典籍里，不难找到与此类似的看法：一方面儒者说"我欲仁，斯仁至
矣"，觉得仁和我们很接近；另一方面又觉得"性与天道，不可得而闻"。
其次，杨格认为自我"与禽兽和神祇相亲"的想法，与孟子"人之异于禽
兽者几希"之言，是多么相似。至于内在呼声之说，与儒家的良知学说，
更是若合符节。杨格虽是一位现代的心理学家，但与那些强调心理学
是一门科学的心理学家不同，他认为心理学也同样要处理无法完全由
经验法去了解的题材，这正是心理学与哲学内在相似之点②。这也就是
他与儒家对自我的了解所以有相通处的主要原因。

二　自我的成长

自我成长是指一个人人格的发展。人要成大功立大业，机遇和客
观的条件，比个人的禀赋可能还要重要。但在促进自我成长方面，只要
个人的一些基本需要能获得适度的满足，只要一个人在社会化的过程
中，未受到严重阻扰，大部分都可以操之在己。

所谓一个人的基本需要，是指生理的需要，安全的需要，归属的需
要，感情的需要，以及自尊的需要等③。到目前为止，人类还没有一个社
会，能对这许多基本需要，都能给予适当的满足。也许大家会关心一个
问题：现代社会与传统社会相比，已起了很大的变化，但对这些需要能
提供较多或较高满足的，究竟是现代社会呢？还是传统社会？这个问
题很难贸然回答，也不容易得到一致的看法。不过，如把这些需要，一
项一项分开来观察，似乎也可以有一个大抵的了解：像生理的需要，除

---

① 汤玛斯《东西之我观——论米德、雍格及大乘佛教的自我概念》，台北，成文出版社，1977
　年，第67页。
② C·杨格《寻求灵魂的现代人》，黄奇铭译，台北，志文出版社，1971年，第212页。
③ 杨国枢《自我实现与社会生活》，见台北牧童出版社1976年出版的《青年与人生远景》。

了少数性开放的社会之外,传统社会和现代社会,各有其难处与利便处,恐怕无法判定哪种社会能提供更多的满足。在安全需要、归属需要、情感需要这三方面,如果以多数人为准据,传统社会所能提供满足的程度,大概要比现代社会为多,这是因为传统社会稳定性较高,现代社会的变迁太快,而这几方面需要的满足,与社会的稳定性密切相关。最后一个是自尊的需要,大概现代社会能提供较多满足的,就在这一方面,这是近代民主运动和个体普遍自觉带来的成果。自然,在科技和经济高度成长的社会,人的自尊正面临新的危机,像史基纳那样的心理学家,已认为自由、尊严的价值,不过是传统人的迷信,如不予以打破,很难克服目前所遭遇的文明危机。

照上面这样说,是否有助于自我成长的条件,现代还不如传统时代吗? 当然不是,上面所说的只是个人的基本需要,影响一个人自我成长的条件,远比此复杂的多。现代的教育目标是多元的,可以使各种个性、兴趣的人,获得较佳的训练。现代社会也比任何一个时代能提供更多的发展个人的机会。此外,对个人兴趣的尊重,以及社会的参与,其程度现代都要比过去为高。

前面提到安全、归属、情感等方面需要的满足,传统大概优于现代,尤其在传统中国的家族社会更明显。有一位经济学家说:"人类只有处于彼此能相互了解的小集团中,才能成其自我。"①这样的小集团,可以有各种不同的形态,中国以前的家族或家庭,显然是有效促进相互了解的小集团之一。在人类各种不同的社会里,还没有像中国传统的家那样具备那么多的优点和缺点,"五四"时代反传统者所攻击的家,就是针对它的缺点。现在有没有可能改变其中的缺点(事实上像礼教的教条和权威化倾向已有很大改变),调整其结构,把那个能为安全、归属、情感这些基本需求提供相当满足的家,保留下来呢? 至少这是一个值得郑重思考的问题。

———————————

① 舒玛琦《美丽小世界》,蔡伸章译,台北,远景出版社,1976 年,第 47 页。

在影响自我成长的复杂条件中,教育的设计应是其中极重要的一个。《礼记·学记》篇,可以代表儒家教育设计的一个典型例子,后世的儒者施教,大抵是循着它所设计的重点和目标。《学记》篇教育的内容和程序是这样的:

(1)小成阶段　离经辨志→敬业乐群→博习亲师→论学取友。

(2)大成阶段　知类通达→强立而不反。

(3)目　　标　化民易俗;近者悦服,而远者怀之。

小成阶段共历七年,一开始先教他断经书的句读,并辨别其志向如何;进一步就要考察他是否专心于学业,是否能与同学友好相处;再进一步就要看他是否能广事涉猎,并亲近师长;小成阶段的最后一步,重点则在观察学生能不能与师长讨论学问,并慎择朋友。学习到第九年,已达大成阶段,考察的重点是放在知类明统,临事能刚强独立,不背师训。学成之后,就要负起社会风教的责任;一旦有机会出仕,必须力求以民意为归,俾得人民的爱戴。

这个设计的重点,非常重视人际关系,与“以文会友,以友辅仁”的要求,完全一致,虽没有特别提到任何道德的观念,但在亲师取友的教育里,道德训练已在其中。《学记》说:“记闻之学,不足以为人师”,儒家教育,原则上是人师、经师并重,要达成教育目标,人师的地位显然更为重要,因化民易俗,必须先树立道德典范,并凭恃人格去感化百姓。

中国目前的教育,强调德、智、体、群四育并重,观念很正确,在施行上偏差极大,与传统的教育相比——当然不是指的科举教育,智育和体育进步很多,德育和群育则相差甚远。传统的教育与现代的相比,其偏差的情形正相反。传统的智育训练,主要在读经,经是典范之学,主要在强化合模的作用,智性本身的训练反居其次。体育方面,古代贵族的少年学程中,曾规定十三岁要习文舞,十五岁以后则习武舞,以及五射五御之法①。但后世不论是官学或私学,对体育都相当忽视。

---

① 见《礼记·内则》篇。

　　无论是古代或现在，教育实施的偏差，对自我成长都形成极为不利的因素。四育不是孤立的四个目标，任何一方面的忽视，都为自我成长带来损害，不容易培养出平衡、调和的人格。

　　有助于自我成长的教育，应使课程的设计，能尽量参照儿童的能力、兴趣和需要，并用一种最能发展学生能力的方法去进行，使他能够明智地思考、判断和行动①。中国从古到今的教育，这一点相当忽视。现在的教育，在观念上我们懂得，施行起来，却困难重重。古今的教育，内容和目标的变化很大，但有一点是相同的，即着意在培养驯服的性格，这真是自我成长的致命伤。

三　自我实现的理想模型

　　就自我实现的要求看，理想的自我，实是牵引现实自我的一股巨大的力量。一个人如果没有理想，他只能生活在刺激反应和现实的、眼前的一些需要中，这种人生命没有目的，生活也缺乏意义感。相反地，一个有理想有远景的人，他较能从现实的算计中超脱，把自己从个人的忧患中解放出来，增强对社会的责任感，以及对未来人类的关切。对个人而言，理想不是别的，它就是最能适当而充分地激发潜能的构想和设计。对群体而言，理想确立了群体努力的方向，凡是朝这个方向的一切努力，都足以不断增进群体的福祉。

　　毫无疑问，像中国这样一个古老又曾有过辉煌历史的民族，必定有他高远的理想，但要三言二语把这个理想说出来，倒不是件容易的事。现在我只打算把儒家典籍中的几个理想模型拿来考察一下，看看它对自我实现会产生怎样的作用，究竟它的限制又在哪里？

　　第一个要考察的理想模型，是表现在《大学》里，被宋儒称之为"八

---

① 汤玛斯《东西之我观——论米德、雍格及大乘佛教的自我概念》，台北，成文出版社，1977年，第217页。

条目"的,它们是:

　　格物→致知→诚意→正心→修身→齐家→治国→平天下。

　　不论我们对这些条目作何解释,它都能算是儒家理想最完整的一个图像。这个理想以修身为本,格、致、诚、正是修身的方法,齐家是修身产生的直接效果,把这个效果做无止境的扩大,就是治国、平天下,治、平也就是这个理想所揭示的具体目标。就性质言,这是德治主义的理想;就本末言,是以内圣工夫为本,以外王事功为末。它在儒家传统里所以具有代表性,因为它的原始模型早就存在于孔、孟的思想里,如孔子说:"一日克己复礼,则天下归仁。"孟子说:"人人亲其亲,长其长,而天下平。"《孟子》里的另一段话,很可能就是《大学》八条目的直接来源:"人有恒言,皆曰天下国家:天下之本在国,国之本在家,家之本在身。"①《大学》的作者在这个基础上予以扩充,并对它的涵义做了一番阐释,使原先仅属一个粗略的观念模型,发展成一个相当完整的思想体系,其中格物致知是新的概念,书中独缺对这两个概念的解释,宋以后遂滋生许多纷争。

　　在儒家,这个理想模型,不但是个人奋斗的指标,同时也是群体努力的方向。《学记》篇里所设计的教育,大抵能与这个理想相应。不过事实上这个理想仅与少数儒者有关,绝大多数的读书人,他们教育的内容与目标,完全受政府取士政策所决定。汉代取士,以考五经为主,还多少与儒家的理想有点关联。唐代科举取士以后,礼部的考试是文、词、诗、赋;吏部择人的标准则在身(体貌丰伟)、言(言词辩正)、书(楷法遒美)、判(文理优长)②。这正如清人吴铤所批评的:"自国家以科举取士,而天下之人才不足。非才之不足也,驱天下之人才,而群归于无益之文辞也。"③科举教育,不但与儒家理想不合,且大相径庭,也难怪朱熹要感慨地说:"尧、舜、三王、周公、孔子所传之道,未尝一日得行于天地

────────────

① 《孟子·离娄》下。
② 《新唐书·选举志》下。
③ 吴铤《因时论》(四),见《国朝文录》。

之间。"①

　　儒家理想，虽未见实行于现实的政治，但真正孔、孟的信徒，却莫不奉之为圭臬。问题在儒者们对理想仅口能言之，身难能行之，因在专制天下统一以后，儒者所能为者，出仕而已，不要说儒者难居高位，纵然像王安石辈，位极人臣，也同样不能一展所怀。秦、汉以降两千多年，儒家治国、平天下的理想，不过徒托空言，比较能作主的，只修身或内圣的一面。这一面的道路，似乎孟子早就为儒者预备好了，孟子曾有良贵之说，又有天爵、人爵之辨，天爵指仁义忠信，乐善不倦，是说个人的修德，可操之在己，此乃"人人有贵于己者"；人爵指公卿大夫，是说个人的名位，不免操之在人，所谓"赵孟之所贵，赵孟能贱之"。孟子提出这个观念，是要在利禄之途以外，为读书人指出一条独立自足的人生道路，一个读书人，纵然不出仕，不为公卿大夫，并无损于他自身的独立价值，也不妨碍自我的实现。

　　孟子又以为，"古之人修其天爵，而人爵从之"，就是说有德者而后有位，这是德治主义者必然有的想法，在政治现实里，全不是这回事。儒者在这现实之前，真能落实而有为者，仅限于道德自我的实现一边。这说明《大学》的理想，在客观条件的限制之下，至多能实行了一半；这一半理想所能促进的自我实现，亦仅限于道德一面。

　　第二个要考察的理想模型，是宋儒张载说的："为天地立心，为生民立命；为往圣继绝学，为万世开太平。"②《礼记·礼运》篇："人者，天地之心也。"照这个意思来了解，所谓"为天地立心"，大概就是指周敦颐所说的"立人极"，是属于内圣之事；"为生民立命"，是对社会对人类要有责任感；"为往圣继绝学"，是为儒者在学术方面树立了一个理想；"为万世开太平"，是属于外王之事。

　　《大学》的理想，重点在内圣与外王，齐家、治国，也就是要"为生民

---

① 《朱文公文集》卷三六《答陈同甫》。
② 张载《语录》卷中，原文"为生民立命"的"命"为"道"字。

立命"。张氏所提理想与《大学》不同之点,是增添了"为往圣继绝学",《大学》里的格物、致知说,虽亦可与此相通,但意义毕竟不同。格物、致知属于求知的方法,并不标榜任何学术理想,运用这个方法,可以发展出客观认知的精神。为往圣继绝学就不同,在这个要求下,学的对象、学的态度,甚至连学的目的,都已经被决定。这颇近乎宗教化的学习活动,它的主要目的不在认知,而在培养崇信的感情,进而产生继承道统的使命感。这种理想,对实现特定意义的自我,具有强烈的激发作用,但不容易培养出均衡、成熟、自由、独立的人格。

第三个要考察的理想模型,是《礼记·儒行》篇所表现的。秦、汉大统一以后,儒家的外王理想变成了出仕问题,儒者除了在修身方面下工夫之外,就只有努力读书,等待朝廷的举用,专制帝王已成了事实上的圣王。《儒行》篇的作者,就是为了适应新时代的需要,为儒者的立身行事提出的新的构想:

(1)自修立身之道:儒者像筵席上的珍宝,等待诸侯的聘用;早晚用功学习,等待别人的请教;心怀忠信等待别人的推举;力行不倦等待朝廷的录取。(自立)

(2)处事的态度:做大事时再三考虑,好像有所畏惧;做小事时亦不放任,好像心里惭愧;儒者们遇事,往往难于进取,易于退让。(容貌)

(3)自处之道:儒者不以金玉为宝,而以忠信为宝;不求恒产,能立义就是恒产;不求积蓄,有学问就是富有。儒者很不容易得到,却很容易供养,虽然容易供养,却难以罗致。(近人)

(4)为人刚强:用钱财物品赠送给他,用玩乐爱好来包围他,儒者也不会因见了利益而亏损了正义;用很多人来威胁他,用武器来恐吓他,儒者也不会因怕死而改变操守。(特立)

(5)对百姓的关怀与同情:儒者若生不逢辰,就会被那些谗谄之辈所陷害,但他们只能加害他的身体,绝对改变不了他的志向;虽然日常生活受到困扰,还是伸展他的志向,没有忘记老百姓的困苦。(忧思)

(6)坚贞持久的友谊:儒者能与人为善,患难相共。久不相见,听到

不利于朋友的谣言，也不相信。升迁的时候，会等待朋友一起升迁；自己得了志，如朋友在远处，亦必设法罗致。（任举、交友）

（7）特立独行：儒者不故意在地位低的人面前显示自己的尊贵，不在功少的人面前夸耀自己功多；虽遇治世亦不轻进，遇乱世也绝不沮丧；附和自己的人不随意和他接近，对与自己意见不同的人也不任意批评。① （特立独行）

《儒行》篇所标示的理想，比《大学》和张载所说的要具体多了，与历史上儒者的行径已相当接近，《儒行》篇的作者，很可能就是以某些有成就的儒者为范本而产生的构想，这些构想，对促进儒者的自我实现，多属切实而可行。更重要的一点不同是，其他两种理想模型，所导发的自我实现，只限于一面，不像《儒行》篇中所表现的自我，较具丰富的态势。

值得注意的是，上引《儒行》篇里的那一部分，与现代心理学家研究自我实现比较成功的人发现的共同点，竟有若干相似或相同之处：

（1）自我实现比较成功的人，对现实与环境的认知力较佳，因而提高了解决问题的能力。

（2）他们较能接受自己、他人及自然。

（3）他们的行为比较自然、从容而有活力，对他们的行为最有影响力的不是习惯或惯例，而是经过慎思明辨以后所接受的一些基本原则。

（4）他们遇事比较以问题为中心，而不以自我为中心。对于人类有着强烈的关怀和同情。（参照前引《儒行》篇(5)）

（5）他们看事比较客观，信念比较坚强，即使身处逆境，也能镇定自若。他们不怕孤独。（参照(4)(7)）

（6）他们比较特立独行。（参照(7)）

（7）他们较能建立久远的人际关系。（参照(6)）

（8）他们具有较强的民主性格特质，觉得每一个人都有可取可学之

_____

① 　《儒行》篇共有十六点，但多互相重复，上举七点，已可概括其中要义。此处之翻译，曾参考王梦鸥《礼记今注今译》。

处。(参照(6))

(9)他们具有强烈的道德观念,与确定的行为原则。(参照(2)～(7))

(10)他们有着不带敌意而又富哲理的幽默感。

(11)他们比较能够接受与欣赏新奇的事物或经验。

(12)他们比较具有创造性。①

以上有六点相似或相同,说明《儒行》篇作为激发自我实现的理想看,是相当能经得起考验的。从另外六点——这是中国传统所缺乏或是不强调的,也大抵能看出儒者理想不足之处。

四　主体我与客体我

根据前面三节所探讨的,我们知道儒家哲学中的自我概念,由于一开始就纳入成德工夫中了解,所以它所表现的是一种特殊化的意义,自我实现的途径,也被这种意义所限定。儒家哲学中的自我,根本不是用客观认知态度所探讨的对象,它是一种具有目的性的活动。

如果我们用客观认知的态度去探讨自我,就会发现人在童稚时期,在"我"与"他"这两个词之间,最先会使用的是"他"而不是"我"。孩子在社会化过程的初期,主要在学习扮演社会角色,使社会规范内化,养成基本的生活习惯,这些都是在每一个人尚未出生前,就都已客观地存在那里的"他",当我们经由适应、认同、内化而成为"我"的不可分割的一部分时,这时候所形成的我,叫做客体我,因为它仅是被动地反映属于客体的"他"。与客体我相对的叫主体我,主体我是在学习到自我评价的能力,在一种反照或反省的活动中逐渐形成,主体我一旦形成,遂与客体我之间展开一场无休止的对话,人的自我,就是在无休止的对话

———————

① 参见杨国枢《自我实现与社会生活》,《青年与人生远景》,台北,牧童出版社,1976 年,第 112—114 页。

中成长并实现他自己。所以自我既不单属于主体我,也不是客体我,而是二者交互作用的结果。汤玛斯(J. Thomas)对这种交互作用,曾有极生动的描述:"主体'我'被客体'我'唤醒、叫出而摄入一般化的他中。但主体'我'保有它本身特有的态度。主体'我'系个人态度的传持者。在主体'我'能够保持一种态度时——不只是反映客体'我'的命令时,自我始行出现。同样的,在主体'我'争取自主时,客体'我'被主体'我'叫进、挑激、修正。这也就是说,社会的矫正和修正,唯一的希望,在于容许并鼓励寻求自主的主体'我'作一种自由的态度表现。"①这一段话,不但说明了主体我与客体我的特性、关系,而且指出自我的这种特性和功能关系,是社会得以不断修正的动力之源:

(1)主体我本属潜存状态,经由客体我(社化的结果)而被唤醒、叫出,既经唤醒的主体我,一方面被要求与"一般化的他"认同,但却不能完全受制于"他",它保有本身特有的态度。

(2)当主体我不甘愿受制于"一般化的他"(包括习俗、惯例、传统等),它开始对客体我所传达的讯息,产生了抗阻作用。一旦产生了抗阻作用,主体我开始了新的转化,它须要挣脱与客体我的对峙,而成为超越的我——这才是真正的自我的出现。自我的最大特性是自由,也就是道德哲学里所说的主体自由。主体我升进为超越我之后,这表示在与客体我的复杂纠缠中,争取到完全的自主,并回过头去把客体我叫进,重新予以检讨和修正。

(3)所有的社会性的改造和社会性的革命,最初都是先由改革者的主体我和客体我之间的对话而形成原始的图像,如果人类自我的机能,只能起接受"一般化的他"的作用,而缺乏保有它本身特有的态度,这种改革的图像就无从产生。所以汤玛斯在上引的那段话之后,接着说:"这对教师的弦外之音是:他绝不可自以为可以拿他自己的样子为

---

① 汤玛斯《东西之我观——论米德、雍格及大乘佛教的自我概念》,台北,成文出版社,1977年,第201页。

别人重造一种态度。"教师如果那样做的话,无异是扼杀人的创造特性。

儒家哲学中的自我概念,与上述者颇不相同。它所强调的心与身(形)的对立,和主体我与客体我的对立全不一样。心之与身是由能治和被治关系所显现的对立,所以身或形,并不能把它当一客体看,它只是心性表现的暂时蔽障,一旦被克服,能治和被治之间的对立就消失。所以透过"心"所表现的自我,不是与客体我相对的主体我,而与由主体我所转化的超越我相类,它是作为一身主宰的绝对实体,没有任何事物能与它真正相对,暂时相对者,只是虚妄的我,不是实体。"惟心无对",本是历代儒家共许之义,但以朱熹的表达最为恰当,他说:"夫心者,人之所以主乎身者也,一而不二者也,为主而不为客者也,命物而不命于物者也。"①这样自我无异是一绝对的自由主体,它既不须要被客体我所"唤醒",也不会"叫进"客体我予以修正,它与外在世界是一种超越涵盖的关系,如张载所说:"其视天下,无一物非我。"②由物我一体之感,足以兴发民胞物与的道德情怀,却不能培养改造社会的意愿。在中国各家的思想中,儒家的思想是最具社会性的,不过它这方面的重点似乎是放在惯例、传统和善良风俗的维护上,和自我的主体活动,缺乏内在的关联性,所以成德工夫可以径由尽心、知性而知天,可以由个体直通绝对,好像成德成圣之事可独立于社会而自成一套。当宋、明时代的儒者,把这套工夫实践到极端时,儒者们的社会性就显得越来越淡薄了。唐君毅先生曾形容这种顶天立地的人格,"如一伞之矗立,而未撑开"③,也正是指社会性的缺乏。通常大家都说,中国文化以儒家为主流,可是朱熹却又说"尧、舜、三王、周公、孔子所传之道,未尝一日得行于天地之间",要解答这个疑难,上面所说的,该是一条重要的线索。

---

① 朱熹《观心说》。
② 张载《正蒙·大心》篇。
③ 唐君毅《中国文化之精神价值》,台北,正中书局,1953年,第361页。

五　典范人物与自我实现

前一节我们曾说过,儒家哲学中的自我,是一种具有目的性的活动,这个目的就是指德性人格的完成,圣人就代表这种完成的理想人格。圣人的观念最初是孔子的弟子和后学对孔子的赞美,汉以后儒者们所说的圣人,已不一定以孔子为对象,只是依据自己的想像在描述一个道德的完人,为儒家树立一个最高的典范,下面是圣人之所以为圣人的一些特质:

(1)立功、察变。(《淮南子·泛论训》)

(2)前知千岁、后知万世。(王充《论衡·实知》)

(3)应物而无累于物。(王弼《难何晏圣人无喜怒哀乐论》)

(4)天地气象。(程颐《语录》)

(5)无所不通、无所不能。(《朱子语类》卷一一七)

(6)与天地同体。(王廷相《慎言·作圣》)

这样的圣人,显然已具有很浓的神格,除了能激发人的企慕崇敬之情之外,对人自我实现的要求,很难产生任何具体的功效,因为如此"完人",根本不是人的力量所能达到的。与朱熹同时,有位李季札者,就曾向朱熹提出过一个问题:"圣人恐不自下学来?"[1]他所以有这样的问题,就是因为他心中所想到的圣人是具备上述那些特质的,这样的圣人如何学法? 明末一个敏锐的思想家吕坤,就干脆说"圣人不落气质",又说"生知之圣人不长进"[2]。前一点说圣人不是一具体的存在;后一点说,把圣人过分理想化,认为圣人是生而知之,学习和发展的意义全没有了。如一味把圣人向高处推,说得玄远难以企及,对人类有什么意义呢? 朱熹显然曾察觉到这个问题,所以答复李季札的疑问时就说:"不

---

[1]　《朱子语类》卷四十四。

[2]　均见吕坤《呻吟语·圣贤》。

要说高了圣人,高后学者如何企及? 越说得圣人低,越有意思。"但朱子自己有时候还是把圣人说得偏高了。

任何一个民族,任何一个社会,树立若干典范人物,是有其必要的,因为这些人物示人以奋斗的具体目标。但任何典范人物,都不应该脱离他的历史性格和人间性格,具有历史性格和人间性格的典范人物,不过是一些自我实现比较成功的人,我们要学习这样的人物,是有切实的途径可循的。如果把典范人物,一旦赋予神格,对人类的祸福就难说了。批评的唯理主义者卡尔·鲍泼,曾说过一句叫人震惊的话,他说:"我们的文明,如果还要继续生存,必须打破崇拜大人物的习惯。"他所说的"大人物",如果是指那些赋予神格的人物,我想实代表一种极深刻的洞见。因人类崇拜这样的大人物,所激发的往往不是人性尊贵的一面,却普遍地助长了人类卑劣的欲望,严重妨碍了人的自我实现。

孔子是中国历史上最伟大的大人物,他是古代所有被尊之为圣的人物中,最缺乏神话色彩的,可是汉人为他着上了迷信的神话,宋人又为他着上义理的神话,使孔子由历史性的典范人物渐渐转化为宗教性的神格,可谓欲扬反抑,丧失了生动活泼的形象。

孔子生平的史料虽不够丰富,但就《论语》所记载的,依然能使我们体会到他亲切的教诲,感受到他的音容笑貌。他有欢乐的辰光,也有痛苦的时刻;他热切追求他的理想,也不断遭受挫折和失望。综观他一生的奋斗,客观的理想虽没有成效,但在自我实现方面,不愧为一个成功的范式,可供后人学习的地方不少,例如:

(1)不论是自学或教人,那种不厌不倦的精神。(《论语·述而》:"学而不厌,诲人不倦。")

(2)对人办事的宽厚平和的态度。(《论语·学而》:"夫子温良恭俭让以得之。")

(3)精进不已的人生奋斗。(《论语·为政》:"吾十有五,而志于学……七十而从心所欲不逾矩。")

(4)对人类强烈的关怀与同情。(《论语·公冶长》:"老者安之……

少者怀之。"又《论语·微子》："鸟兽不可与同群,吾非斯人之徒与而谁与!")

(5)淡泊自在的生活态度。(《论语·述而》："饭疏食饮水,曲肱而枕之,乐亦在其中矣。不义而富且贵,于我如浮云。")

(6)专注于事的忘食忘忧的精神。(《论语·述而》："其为人也,发愤忘食,乐以忘忧,不知老之将至云尔。")

(7)临危不乱、临难不苟的精神。(参看《论语·子罕》："子畏于匡"和《论语·宪问》"在陈绝粮"等故事。)

这些都是一个自我实现成功者的特质,对个人来说,生活中能具有这些特质,自我实现的理想已算完成。任何一个自我实现完成的人,对他人都有激励性和启发性,但也不可不知,典范人物对我们也只能有激励性和启发性。在生活的具体内涵上,我们永不可能和他一摸一样,因为每一个人生命的道路都是独特的,所能赋予的生活意义也是独特的,否则所实现的就仅是"一般化的他",而不是"自我"。一个自我完成的个体,必然能为自我实现创下新的范例。

自由、民主与伦理①

本文所讨论的新伦理,是以工业文明所铸造的现代社会为坐标来思考的,在这样的社会里,必然会遭遇到的一个问题是:自由、民主与伦理之间存在着一种什么样的关系？这是一个复杂的问题,但也可以做简单的陈示:如果我们承认建立自由、民主的社会是近代人类共同奋斗目标,那么新伦理的建立,必须和这目标相一致。在一致的目标上,使自由、民主、伦理产生交错重叠的关系,这个关系的一种意义是,伦理的问题可通过民主的方式来解决,而自由则是伦理生活的基本原理。如果自由是伦理生活的基本原理,即么新伦理的理想等于自由人的伦理。三纲的伦理与专制政治相应合,也为专制政治提供精神的基础;自由人的伦理与民主政治相应合,也为民主政治提供精神基础。新伦理是一种精神的革命。

一 伦理中的自由与民主

从伦理的观点看自由、民主,是要把自由、民主的意义约束在伦理的范围,不过我们这里所说的伦理,其范围远比传统的意义要广,它可以包括人间的一切关系。传统的五伦代表社会五种基本的关系,每一种关系里包含一个使这种关系合理化的准则,这个准则就是理。李国

---

① 编注:本文选自韦政通先生著《伦理思想的突破》,台北,大林出版社,1982年,第六章。

鼎先生有感于传统的五伦不能适应现代社会的需要,于是有"第六伦"之说,第六伦就是个人与社会大众的关系,它的行为准则属于一般主义(Universalism)即大家都适用同样的准则,即所谓公德①。第六伦的观念,在突破传统伦理思考上很有帮助,因为通过这个观念,不但把传统的伦理划入私德的范围,而且显示,要建立适合现代社会的伦理,必须超越传统。

不过要为现代社会建立新伦理,恐怕不是在五伦之外加一伦就能解决的,因为第六伦并不能概括五伦之外所有的人间关系,是不是在己与群之外的其他关系中还要建立第七、第八伦呢? 天主教的李震神甫就认为第六伦忽略了人与天(神)的关系,因此主张第六伦之外还须建立第七伦②。准此以推,在己群与他群的关系中,势必还有第八伦。再说个人与社会大众之间,可以有很复杂的关系,在这些复杂的关系中,是否能有同样的准则呢? 如果不能,是否在不同的关系中,又要各建一伦呢? 现代社会的伦理问题,显然不能顺着这样的方向去思考。

现代社会伦理问题的重点,不在为各种不同的关系建立不同的规范,一种关系一个规范,规定你只有这样做才是对的,否则便是错的,这是权威主义的伦理,权威主义的伦理不承认人有行动的自由和自决的自由。在现代社会的复杂关系中,只要彼此同意,规范可以自由订立。公德并不是公众的规范,公众的规范是法律,公德针对传统的私德而言,代表一种新的态度、新的价值观和新的处理人际关系的方式,而这些只有在自由的价值中、民主的方式中,以及自由、民主的心态中才能培养出来。在这里,我们找到了自由、民主在伦理范围中的意义。建立现代社会的伦理,应该朝这方面去设想,这种伦理,用王船山的话来说,它不是"立理以限事",而是"即事以穷理",这是一种客观而开放的态度,如果一个人能具有自由的信念,又有民主的素养,无论在什么关系

---

① 李国鼎《经济发展与伦理建设——第六伦的倡立与国家现代化》,台北《联合报》,1981 年 3 月 28 日第 2 版。
② 李震《论精神污染与道德建设》,台湾《益世杂志》第 8 期(1981 年 5 月)。

中，他都会知道如何做合适的处理。

自由是一种价值、一种信念，对任何一个传统的社会，自由是一股破坏的力量，另一方面也是重建的原动力。一个社会如只知在政治上争取自由，而不同时把自由的价值引用到全民的生活，去改变他们的态度，改善各种人际关系，自由就不可能在这个社会生根，也不可能建立一个自由社会，把自由引入伦理的范围，就是要朝向这个目标去努力，一个社会在伦理生活中如果不能相当程度地实现自由的价值，就不能普遍提高它的道德水平。

自由是什么？首先使人想到的，就是不受约束的行动，凡事可以依照自己的意志去做决定。事实上只要是两个人的生活，行动就不可能完全不受约束，自由人的生活并不是毫无限制的放纵。像魏、晋时代少数知识分子的放荡不羁，并不能为中国建立一个自由主义的传统，因为他们心目中只有自己没有别人，他们的生活只表示对既严峻又虚伪的礼教的反动，反动只能解缚于一时，并不能为群体的生活争取到合理的自由。在群体生活中，必须自行约束才能合群，自行约束的能力，必须在快乐和没有恐惧感的心理状态下才容易成长，在这里自由与自制分不开。

强调被动约束，而事实上在被动约束很多的社会，表面上看起来，它的人民好像很能自制，其实只是他制。人天生就喜欢自由，他制力不可避免地是在剥夺自由，外在强制力越大，自由丧失的也越多。他制力不但使人失去了快乐，反而会引发人的憎恨情绪，这是所有强调传统强调权威的社会，伦理生活难以正常发展的主要原因之一。自由人的伦理观认为培养人的自制力才是约束的最佳方式，才不会因约束而妨碍个性和潜能的发展。他律力如不能完全除掉，也必须缩减到最低限度的必要程度。法兰西人权宣言说："自由是在不伤害别人时做任何事的权利。""不伤害别人"，就是最低限度的必要程度。如果是儿童，还要加一条"只要不危及他本身的安全"，因为儿童还不能保护他自己。不要伤害别人，是因为别人和我一样不愿意被别人伤害。把所有的人都看做和自已一样，是自由人的第一信念。人都有自尊心，不食嗟来之食也是自尊的一种表现,但人类一向普遍缺乏尊人的能力,阶级思想、身份观念,以及不从同一立足点出发的价值观,妨碍了这种能力的发展,必须把这些障碍除掉,培养民主的素养,尊人的能力才容易成长。一个具备尊人能力的人,才有真正的自尊,自尊与尊人密不可分,是自由人伦理的基本要素。

这样的伦理原则,在一个非自由化的社会里,由于特殊的社会文化背景,会产生许多问题。例如有个年轻人,他读书到某一阶段不想再读,想依照自己的兴趣发展自己的前程,根据上述自由的定义,他并不伤害别人,应该可以自做决定。可是在一个缺乏自由信念和民主素养的社会里,父母往往把自己的希望寄托在儿女身上,甚至把儿女当做满足一己之私的工具,一旦儿女违背了他的愿望,父母会感觉你伤害了他,以往不知有多少不孝的罪名,是在这种情形下产生的。这样的父母根本不知道应该把子女当独立的个体去对待,他们的脑子里也根本没有个人权利的观念,抱有不同价值观的年轻人,自然容易与父母冲突。

要把自由的价值实现于伦理生活,两代人必须都有个人的觉醒,这需要通过自由民主的教育做长期的努力。下面是一个美国母亲的例子,我实在不想举这个例子,怕引起富有民族感情者不快,但又不得不举,因为这个感人的例子很符合自由人伦理的理想。

这位名叫 Carolyn Hartzell 的母亲说[1]:

> 从孩子们小的时候开始,我对每一个的最大期望就是他将来会过愉快的生活。孩子长大了,经济方面能独立,有守法的精神,我想当父母的都应该高兴才对。……
>
> 我认为做母亲不是一种牺牲,是自愿的,当然也是很有意义的。我把孩子养大,那是我的义务,是我心甘情愿做的,我现在不会要求金钱的回报。

---

[1]　以下引文见何瑞元越洋收录整理的《遥寄》一文,台北《联合报》1981 年 5 月 10 日副刊。

　　抚养孩子当然需要配合他们的能力与兴趣,瑞元(老二,30岁,单身在台湾)从小就很喜欢读书,成绩虽然不是班上最好的,但是他很用功,所以能产生"勤能补拙"的效果。他在大学多读了一年,不是因为成绩不好,而是因为他有兴趣。那时候他的钱不够,我和外子就借了他一笔钱,他现在已经都还给我们了。宝碧(老大,32岁,跟丈夫在德国)比较聪明,但是读书不太用功,她念大一以后就嫌作业太多,不想再念了,我和她爸爸没强迫她。后来她去参加空军,得到了一个秘书之类的工作,又在那儿认识了她的丈夫。她现在过得很惬意。汤姆(老三,24岁)从小只对引擎、马达与机械之类的东西有兴趣,一般功课念不好。当时我们劝他先把一些基本功课(包括数学、地理、英文、历史等)念好,但是他就是不听,到高中勉强毕业后,我们只好承认他一生与机械结了缘,大家都尽量帮助他朝这方面发展。他现在是唯一住在家里的孩子,他帮了我们很多忙,所以房租就算他便宜一点。

　　有的父母要求孩子继承自己所没完成的一种心愿,成为舞蹈家、政治家、运动好手什么的,我想这是不对的,我们必须听其自然,让孩子自由发展他自己的能力,培养他自己的兴趣。功课方面也不能要求大过分,是不是成龙或者成凤并不太重要,最重要的是,他学的东西有没有意义,他实际有没有收获,他长大以后生活是不是过得愉快? 还有,他在各方面是否全力以赴?

　　由这个例子,可以看到自由的价值在伦理生活中的实践,其中重要的一点,是能把孩子当独立的个体去对待,只有抱自由信念的人,才能这样去做。传统伦理之所以不合理,是"尊"的一方享有特权,而"卑"的一方则受尽委屈,这怎么能发展出健全的伦理关系! 这位"平凡"的母亲,对孩子能够尽责,对自己又能尽职,尽责是尊人的表现,尽职是自尊的表现①。

---

① 　这个意思系参考徐吁《个人的觉醒与民主自由》,台北,文星书店,1965年,第15页。

自尊和尊人使她成为一个真正慈爱的母亲。弗罗姆说："是不是慈爱的母亲，就要看她是否愿意承受分离，并且分离后是否还能继续爱她的孩子。"毫无疑问，有自由信念和民主素养的人，比较能做到这一点，否则当现实逼迫她承受分离时，她很容易产生抱怨，甚至憎恨。

二　自由与伦理

对一个仍被传统伦理观念笼罩的社会，要把自由价值实现于生活，必须同时做一体两面的努力，一面是个人的改造，一面是社会的改造，自由、民主是两面改造的共同指导原理，它虽有表现于个人和表现于社会的不同，但精神是一体的。

在自由、民主的原则下，个人改造首先必须肯定自由是一个生活的原理，这种生活原理主张人类需要自由生长和自发的演进，反对一切专断权力的使用①。

个人改造仅仅依靠"内心的自由"是不够的，内心的自由虽有助于个人道德的成长，但对群体生活它是无所作为的自由，这就是传统中尽管有一些圣贤型的人物，但他们落在现实的伦理生活中，仍不得不奉行三纲的伦理教条，对社会上大量违反人文精神的现象，不是视若无睹，便是一筹莫展。作为现代生活原理的自由，除了消极的内心自由之外，还有积极一面的意义，此即法律保证制度下的自由，有了这种自由，人才可能免于种种无谓的限制，免于专断权力的干涉，这样人才有机会充分发展他的潜能，以及培养自动自发生活的能力。有了这双重意义的自由，人才可能生活在自由的天地，并有利于其他价值的发荣滋长。

个人改造的目的，在于使自己成为一个自由人。自由人的特性，由两个基本的条件糅合而成：一是道德的热情，一是知识的真诚。就道德方面说，自由人与道德责任以及自律是分不开的，他不但不放纵，相反

---

① 　参考《殷海光先生文集》（二），台北，九思出版社，1979 年，第 741 页。

地他与人相处必须随时提醒自己对方是一独立的个体,并有不可侵犯的权利,而时时对自己的行为自行管束,心理学家葛登纳说得好:"在自我之上建立感情、道德与性灵之约束的人,才有足够的力量去忍受自由的严厉本质。"依靠他律约束的人,容易倾向于自我主义的自私,一旦约束松弛,则流于放纵恣肆。自由人由于自行管束,同时具有自动自发的能力,因此反而能表现舍己为人的利他美德。

道德的热情并不必然导致道德的结果。道德热情如缺乏理智的引导,往往导向错误的方向,形成一股盲目的破坏力量。所谓理智的引导,是主观上能独立思想,客观上能服膺正确知识的能力,知识的真诚有助于这种能力的培养。知识与道德在自由人身上,是一种互相激发又互补的力量,缺一不可。

有人把自由比做空气和阳光,这个譬喻如果是为了说明自由乃人类生存必不可少的条件,那是正确的;如果以为自由真能像空气阳光那样随意享用,则是错误的。争取自由的历史清楚地告诉我们,没有廉价的自由,因为人类一向缺乏宽容的习性,近代许多争取自由民族,失败的例子远比成功的例子为多。一个社会要使自由运动成功,就伦理的观点来说,仍必须从个人改造做起。要改造个人,最佳的途径是经由自由民主的教育,只有自由民主的教育,才能培养出自由人的伦理。这种教育强调自律与自我教育,培养自治自主的能力以及合群爱人的态度,主张根除恐惧和憎恨的因素。一言以蔽之,只有在自由的气氛中,健全的道德精神才容易滋长。

个人改造是社会改造的起点,社会改造是个人改造的目标。由于自由必须在人际关系中表现出来,而社会是由复杂的人际关系交织而成,因此改造个人和改造社会,工作的性质虽不同,工作本身却是同时进行的。必须先有一批觉醒的个人,才有建立一个自由社会的希望。建立自由社会的阻力,除了专断的权力之外,还有习俗、传统以及墨守成规的心理,专断的权力阻碍人民自发自动的成长,习俗、传统以及墨守成规的心理,使人变得软弱无能。自由社会的先决条件是,必须把权力约制在合法的范围之内，一个自由的社会必是一个法治的社会，正如西塞洛(Cicero)所说："我们受缚于法律，为的是要获得自由。"自由社会对传统的态度，不是盲目的排斥，而是把它当做丰富我们生活的资源，但不是指导生活的原则，同样地，也不盲目攻击所有的权威，它承认社会有理性的权威，只反对非理性的权威。理性的权威是靠一个人的才能、知识建立起来的，他对人是一种给予，不是一种剥夺，彼此有一种相互信托的平等关系。非理性的权威建构在天生的不平等上，一方面具有权力，一方面因慑服于对方的权力而感到恐惧①。非理性的权威是自由的一大克星。

　　自由社会允许人有选择的自由，只要不违法、不作恶，人就享有个人生活中的一切自由。不违法是尊重法律的权威，法律的权威须建立在法律的公正上，对不公正的法律和枉法的判决，人民有纠正和批评的权利。不作恶，主要是指不侵害他人的权益。选择的自由，使人与人之间有显著的差异，选择的幅度越大，差异也越大，因此人之间的矛盾、冲突必然增加，这是自由社会的常态，也使容忍异己显得特别重要。

　　从个人改造到社会改造，是新伦理——自由人伦理建立的必经之路，改造的方式须经富有自由、民主精神的教育。自由人伦理的重点，不在设定教条性的规范，因为在自由社会时，行为规范是在人际关系中自然形成的，没有人有权力规定人只能这样做，不能那样做。自由人在人际关系中，最重要的一点，是把对方看做和自己一样，是一个独立的个体："容纳别人的意见，尊敬别人的所欲；亦要求别人容纳我的意见，尊敬我的所欲。"②

三　民主与伦理

　　民主在政治学中代表一种制度，一套政治运作的方式，而自由则是

---

①　参考韦政通《中国文化与现代生活》，台北，水牛出版社，1974年，第92—93页。
②　参考徐吁《个人的觉醒与民主自由》，台北，文星书店，1963年，第78页。

一个价值系统,因此,二者的意义不同,在现实世界也不必然相关。但如果与自由分离,民主就只是一种形式,这种形式同样可以为极权政治所利用,为极权者服务,以达到极权统治的目的。就伦理而言,民主和自由的意义虽可不同,但二者的关系却密不可分,因为要把自由的价值实现于伦理生活,民主是最有效的方式。所以在伦理的意义上,民主只是一种生活方式。极权者可以利用民主形式作为一种政治手段,但绝不会鼓励民主的生活方式,因为实践这种方式的人,必须具备民主的性格,而民主的性格是由自由的价值陶养出来的,这种人必然反对极权政治。

亚里士多德说:"民主的性格造成了民主的政体,独断的性格造成了独裁的政体,性格愈好,所造成的政府也愈好。"套用亚氏的话,我们可以说,民主的性格造成人文伦理,独断的性格造成权威伦理。权威伦理依弗罗姆的分析,"它不承认人类有分辨善恶的能力,伦理模式不是建基于理智及知识之上,而是建基于权威的威势及信仰者的脆弱感和依附心上"①。人文伦理就是把人当人的伦理,也就是自由人的伦理。要实现这样的伦理,必须培养民主的性格,民主性格的外显行为是民主的生活方式,民主性格的内在基础是一种特殊的心灵架构。下文将逐一展示其内涵及特征。

社会心理学教授巴勃(Zevede Barbu)在《民主与独裁:它们的心理及生活模式》一书中,认为民主是一种心灵架构,它的基本特点是:

(1)变化感。由于这种心理,个人才能接受变化,才能把社会看做一个开放的构造。

(2)创立或生活在民主社会中的人们,不但相信他们的社会是在不断变化之中,而且觉得社会是从内部长成的,即是由其中的各个分子——个体及团体——的活动所长成的。

---

① 见弗罗姆著、蔡伸章译《人类之路》(Man for Himself),台北,协志文化出版公司,1970年,第8页。

(3)对权威的特殊态度。这种态度能感觉到权力与权威的不稳定性和相对性,因此认为权力不宜集中,应被约束到最小限度,并使权力的分立与制衡的信条实施于社会。

(4)对理性有信任的态度①。民主的心灵架构代表着特殊的心灵倾向和心灵习惯,是铸造民主性格的基本质料,一个社会要走向民主化,必须自觉地通过教育诱发这种倾向,培养这种习惯。当这些基本质料提升到自觉的层次,使它们在感情、信念、认知中加以凝练时,才可能有民主性格的铸成。

民主性格的特征大部分与现代人性格的特性相同:

(1)人在心灵底子上如有接受变化的倾向和习惯,经由自觉的凝练,就可以建立弹性的心理结构,这种心理结构能发展出忍受不确定及暧昧的能力,使人在观念和行动方面都表现充分的伸缩性,这可以说是民主性格的能量系统。因此,民主性格必然具有开放的态度,能够摆脱传统偏见的约束,能以开放的态度去对待任何新的变化或异质的东西,此与传统性格拒绝变化、拒绝异质的封闭态度,适巧相反②。

(2)社会既然由个体的活动所长成,则个体性的价值优先于社会,个体性是生活的独特表现,它本身就是目的,这是民主人物的基本信念之一。这个信念也影响到民主人的认知表现,会使他由差异性与多样性去认识世界。个体性本身既然就是生活的目的,那么他必然要求一个多元价值共存的社会。在这样的社会里,必须要靠开放与宽容的态度,才能达到分歧中的团结。

(3)民主性格在感觉上最敏感的就是非理性的权威。成熟的民主性格,既不盲从权威,也不盲目地攻击权威,民主人具有批评的心灵。根据巴勃所说,批评心灵就是个人有接受或拒绝各种建议的能力,个人有依据自己的判断而采取行动的能力,以及个人凭藉自己的理智解释

① 以上四条,参考陈少廷的书摘译文,见《二十世纪的意义》,台北,野人出版社,1968年,第78—79页。
② 见宋明顺《现代社会与社会心理》,台北,正中书局,1975年,第290页。

环境,从而采取行动的能力。批评的能力是民主人必要的训练,也是他生活中一个突出的部分,这种训练使他养成了缜密思考的习惯,也使他不相信强权者可以支配别人的命运。

(4)信任理性使人在生活上特别重视合理的态度,培养这种态度,是训练批评能力的一个基要部分。合理的态度是,在时间上不论古今,空间上不论中外,凡事的选择与判断,一以理性为准据。这虽然是一个理想的境界,但重视理性总是民主人的一个特性。令人困惑的是,极权者的决定或判断,并不一定是情绪的,他也可以非常理性。这说明民主性格单单重视理性是不够的,在重视理性的同时,还必须强调客观精神。极权者虽可能表现理性,但绝对不具备客观精神,他们往往是狂想者、神秘主义者,客观精神既排斥狂想,又神秘主义相对立。

民主性格外显于行为,实践于人际关系,于是有民主的生活方式,这种生活方式也许不是最理想的,但到目前为止它显然是一种比较能合理化处理人际关系的方式。民主的生活方式源于个体的自觉,发为尊重个体的行为,这是基本的原则。由个体自觉,因而能自尊,自尊故能尽责,做事不圆滑、不敷衍,自己的成败自己负责,故不怨天尤人。因能尊人,故不谈人隐私,对别人的成就不嫉妒,你有本领他服,权利义务分明,一分劳力一分收获,虽显得斤斤计较,但没有感情包袱,两不亏欠。因自尊又信任理性,故能守法。因重客观,是什么就是什么,故勇于认错。这就是我们今日要求的新道德与新伦理。李曼·布里森说:"民主方式的做事方法,是最能保持并发展人的良知良能的方法。"所有权威主义和教条主义的伦理道德是达不到这个目的的,目前这个世界上,凡是比较能实行自由化民主化的国家,人民的平均道德水准也相对提高,这是谁也不能否认的事实。

人间的伦理关系中,最难处理的是父子(也包括父女、母子、母女)关系,夫妇合不来可以离婚,朋友难以相处可以不往来,在团体机关工作合则留不合则去,只有父子关系是不能选择的,如发生问题,不能一走了之。在个体性普遍自觉以后的现代社会,仅靠传统的孝道,已难维

持这种关系的合理化,必须尊重自由的价值,采取民主的方式,才能使
这种关系合理化。心理学家高登的"我与年轻人关系的信条",似能符
合这个要求,值得现代的父母和子女们参考、学习。高登说:

> 你和我存在于我所珍惜和希望保有的关系里。然而,我们是
> 互为分开的个人,都有自己独特的需要以及设法满足那些需要的
> 权利。当你设法满足的需要,或当你为了满足你的需要而遭遇到
> 困难的时候,我愿设法真诚地去接纳你的行为。当你把你困难告
> 诉我时,我愿尽量设法以接纳和体谅的心情去听你的诉说,使你能
> 容易找到你自己的办法去解决你的困难,而不是依赖我的办法。
> 当你的困难是由于我的行为干涉到你满足你的需要而引起时,我
> 鼓励你很公开和诚实地告诉我你的情绪、感觉,在那时,我愿意倾
> 听你的话,并设法改正我的行为,如果我能够的话。然而,当你的
> 行为干预到我满足需要,因而使我觉得无法接纳你时,我将把我的
> 困难分摊给你,并且公开和诚实地告诉你我的感觉,尽量相信你会
> 充分尊重我的需要,倾听我的诉说,并且即设法改正你的行为。当
> 我们任何一方,不能改正自己的行为,去满足对方的需要,以及发
> 现我们在关系上有了欲望的冲突时,让我们都彼此约束自己,在解
> 决此种纠纷时不会诉诸使用自己的权力,以对方失败的代价换取
> 自己的胜利。我尊重你的需要,但我也必须尊重自己的需要。因
> 此,最好是让我们经常努力去寻找那些你我双方都能接受而可以
> 解决我们无可避免的纠纷的办法。用这种方式,你的需要满足了,
> 我的需要也满足了,没有人吃亏,两方面都胜利。①

这是很"平凡的伦理观",正因"平凡",所以大家都容易遵行,也的
确能行得通。比较起来,传统那种尽片面义务的道德,的确是"伟大"

---

① 见高登著、郑心雄译《两代间的沟通》,台北,三山出版社,1973年,书尾。

些,但有人却做不到,即使勉强做到,也感觉委屈。自由、民主的道德建立在平凡的人性基础上,因为我们都是凡人,正因如此,它的要求反而比较合理。上述信条包含了新伦理最基本的道德要素:自尊尊人,这个信条不限于父子关系,它适用于一切人与人的关系。

附录

从思想史研究到思想的创造与奉献
——作为学术史和思想史对象的韦政通

何卓恩

（华中师范大学中国近代史研究所）

在现代中国，主要在学术机构之外独立从事学术思想研究而成就斐然、著作等身的学者不算多，而韦政通先生就是其中之健者。

韦政通先生从二十七岁开始自主写作，到八十高龄的今天，还没有完全辍笔，可谓"严重工作"（殷海光对他的寄语）超过五十年。这半个多世纪中，韦政通先生以他那支富于挑战性的智慧之笔，创造出近千万字的精神产品。这些作品依据文字性质，可以归纳为四种类型：

1. 文学著作。《嚚灵》、《长夜之光》等早期连载于《人生》的长篇小说，以及当时偶尔在《民主潮》、《民主评论》发表的一些文学感想作品属于这一类。用韦政通自己的话说，这些作品代表了他最初的"卫道的热情"。当卫道热情进入理论层面时，这类著作已经不再能够调动作者的写作冲动。

2. 学术著作。从文学的文字到学术的文字，对学者韦政通来讲，显然是一个跳跃。最早写成未及出版的第一部书是《近三百年思想研究》，随后韦政通的学术著作不断出炉，包括《荀子与古代哲学》、《中国哲学辞典》、《中国现代思想家梁漱溟》、《中国现代思想家胡适》、《中国思想史》、《中国思想史方法论文选集》（编）、《董仲舒》、《中国十九世纪思想史》、《孔子》、《无限风光在险峰——毛泽东的性格与命运》、《一阵风雷惊世界——毛泽东与文化大革命》等十余部之多。这些论著之外，韦政通还撰写了不少专题学术论文,其中关于朱熹的论文,深得朱子学研究界的推重。

3. 思想著作。韦政通没有满足于闭门书斋潜心考据,他充分体悟学术的本质是回应时代的挑战,回答时代的课题,因此学术与思想的贯通成为他的终生追求。着眼于时代思考的著作,他有《传统的透视》、《中国哲学思想批判》、《传统与现代化》(后改名《儒家与现代化》)、《现代化与中国的适应》、《中国文化与现代生活》、《巨变与传统》(后更名为《中国思想传统的现代反思》)、《传统的更新》、《伦理思想的突破》、《儒家与现代中国》、《历史转捩点上的反思》等。

4. 启蒙著作。学术、思想既然要直接与时代对话,那么需要在相当程度上被大众了解,和对社会重大问题进行意见参与。与其他学问家、思想家不同,韦政通非常重视学术和思想的大众化,这方面他的著作有《开创性的先秦思想家》(后更名为《先秦七大哲学家》)、《中国文化概论》、《中国的智慧》等;他的学术自传《思想的探险》,实际上也可纳入学术大众化的角度观察。他也很重视对社会的观念参与,出版有《知识分子的责任》、《思想的贫困》、《立足台湾,关怀大陆》等书。

可见,虽总起来说韦政通是以学术为中心建构人生,但他的学术不是冷冰冰的文字工作,也不仅仅是智慧的自娱,而是以生命、以真诚,去进行无止境的摸索和探险。可以说,韦政通既是中国学术史上的一环,更是当代中国思想史的一个重要纽结;同时,他的学术和思想又随时与当下的社会保持鲜活的互动。

一 作为学术史对象的韦政通:思想史研究的创见和特色

韦政通一直将主要精力用于中国思想史研究,使他在 20 世纪中国学术史上占据了不可漠视的一席之地。他关于孔子、荀子、董仲舒、朱熹、毛泽东的专题研究和系统的中国思想史巨制的撰写,不仅新论迭出,而且还开创了中国思想史研究的新模式。

(一)思想史研究的学术创见

在思想史研究过程中,韦政通新论创见迭出,兹以专题研究为例略举一二:

1. 孔子对传统的转化及其成德之学。孔子及其儒学虽为中国学术之大宗,但在韦政通之前,关于孔子与周文传统的关系究竟如何,并未引起学者的特别注意,有的学者受到五四以来反传统潮流的影响,甚至讳言孔子的传统意识,认为孔子涉及古今的言论,其中"有尊古的,亦有崇今的,且有古今并重的,更有无视古今的分别而一以善恶好坏为从违标准的"①。韦政通对孔子的研究指出:"孔子对传统、对古有特殊的好感,有崇古的价值取向,是不必讳言的,这种价值感,丝毫没有阻碍到他求新求变的努力,真实的情况恰好相反,正因为孔子具有如此特殊的价值感,反而激动并促进了他创新的意图和成就。孔子一生,对后世最珍贵的启示之一是:传统与创新,既非对立,更非相反,而是一辩证的过程。"②宗教思想在周初的转变,已经奠定孔子人文主义的基础,春秋前期贤士大夫们使人文思想大放异彩,更为孔子提供文化秩序重建的资源,而周公其人,则成为孔子心目中立德、立功、立言的伟大典范,激发了孔子人道主义的救世热情。没有周文传统,就不可能有孔子成熟的人文思想的发展。这个关系启示人们:愈深入传统,愈能超越传统。韦政通不仅正面揭示了孔学与传统的关系,而且对孔子学说的中心成分——成德之学,建立了一套诠释系统。

2. 荀学特质与历史影响。历代学术对于孔子之后的儒家,重视孟子一系,而忽略荀子。近代虽然有时讨论到荀子,然因种种非学术因素的介入,认识并不客观和深入。韦政通通过苦读《荀子》,对此作出了创造性的贡献。他将荀学放在儒学发展整体上加以考察,认为作为主体

---

① 陈大齐《孔子言论贯通集》,台北,商务印书馆,1982年,第88页。
② 韦政通《孔子》,台北,东大图书公司,1996年,第26—27页。

的仁和显现于外的周文,在孔子的思想里,二者完全是统一的整体,是相辅相成的。可是到他的两个重要继承者——孟子和荀子——的手里,这个统一的整体开始分裂,孟子就作为主体的仁的一面,开展了他的心性之学的新系统,荀子则把握外在的周文,坚持孔子的文化理想,因而发展出"礼义之统"的新系统。与之相应,孟子主张天人合德的天道观,荀子主张天生人成的理智主义天道观;孟子以先验法论人性,荀子以经验法论人性;孟子强调知行合一,荀子坚持知先于行。荀子的思路虽不像孟子思想不断得到历代大儒的发挥而著名于世,但其作为儒家理智的人本主义思想(外转而重客体)之代表,有不同于道德理想主义(内转而重主体)的特色和价值,在各时代同样影响深远,只是若隐若现罢了。像李觏、朱熹、戴东原所表达的思想,相当程度上就体现出荀子的客观精神,而这一条思想的线索,是向来为治中国思想史的学者们所忽略的。荀子这一部分的思想,在科学史上代表"前科学思想"的一个重要阶段,在儒家思想发展史中,则为继承孔、孟对天神信仰的怀疑倾向,又进一步做了系统的展现。今天的新哲学精神的要求,重点在如何开出客观精神,要开出客观精神必须重客体。这正是荀子的思路,荀子客观系统所代表的精神①。

3. 董仲舒尊儒运动的真相。在儒学发展史上,董仲舒是一个充满争议的人物,有人把他看作"独尊儒术"的功臣,也有人把他视为"罢黜百家"的罪人,可谓毁誉集于一身。韦政通从探讨汉代尊儒运动的真相入手,对董仲舒及其历史角色作出了令人信服的论断。

韦政通指出,董仲舒"罢黜百家,独尊儒术"的动议,谋统一思想,就思想的层次而言总是可议的;但是就历史的层次来看,当时大一统的专制政治已经确立,思想的统一,是王权政治客观的要求,而汉初黄老之学只是不得已的过渡办法,袭秦而用的法家思想虽能巩固君权,却无法

① 韦政通《荀子与古代哲学》,台湾,商务印书馆,1966年,第二章;《中国思想史》,台北,大林出版社,1979、1980年,第九、三十、三十六、四十七章。

提供调整社会结构和使社会长治久安的资源,只有蕴涵丰富历史文化
传统的儒家堪当此任,故这种主张纵然不由董仲舒提出来,也必定有其
他的人建议,因而有其内在的合理性①。

　　不过韦政通强调,董仲舒为代表的汉儒所讲的"儒术",不仅仅是孔
孟等思想家所创发的仁义心性儒学(思想家之儒),而是承藉古来历史
文化传统的广义儒家(经学之儒)。董仲舒的时代,先秦百家争鸣的局
面,经秦汉之际,因思想日趋于混合、杂交而结束;同时为相应于政治的
统一,也正为要求思想的统一做准备。在这趋向于混合、统一的过程
中,阴阳家俨然成为思想的主调,它不但提供当时最具代表性的世界
观,而且根据"阴阳消息"、"天人变应"的原理来解释宇宙现象和人类历
史。董仲舒在《公羊春秋》的基础上,所以能发展出一套天人感应的思
想系统,主要是由于他承藉了极具繁衍性的阴阳家思想,这虽使他取得
"推阴阳为儒者宗"的历史地位,但与先秦儒家相比,不仅思想的形貌有
很大的改变,即连价值的根源也有所不同。董仲舒把先儒决之人心性
的,皆反转去决之于天,相对于先秦儒家发展的人文思想而言,无异是
乾坤倒转②。

　　不仅如此,鉴于时代环境由孔孟时代的列国并陈到秦汉大一统专
制的巨变,汉儒还必须面对并思考儒家在专制体制下如何生存如何适
应的问题,而向"法家化的儒家"转变。适应大一统的专制是时代的要
求,对专制的抗议或批判是儒学的要求,必须协调这两个相互排斥的因
素,才能发展出一套足以满足学术与时代双重要求的理论,董仲舒在一
定程度上推动儒学"法家化",实是为了使儒家的道有机会成为现实统
治的主导原则,及使儒生大量进身朝廷必须付出的代价。儒家在汉代
为适应专制所付出的代价,史实说明确也收到相当绩效。西汉时儒者
纷趋于法家化,到了东汉,竟然出现了"法家的儒化"现象,这也足以说

---

① 韦政通《董仲舒》,台北,东大图书公司,1985 年,第九章。
② 韦政通《董仲舒》,台北,东大图书公司,1985 年,第十章。

明所谓"代价"并非纯属于负数的。

4. 朱熹的经权之学。朱熹是宋代新儒学集大成的殿军,关于他的思想学说,学术成果汗牛充栋。但韦政通独具慧眼,仍然能够另辟蹊径,作出原创性的贡献。朱熹的经权学说就是他的特别贡献之一。

经权关系乃儒学伦理学说所蕴含的重要范畴之一,在孟子那里已有彰显,但直到朱熹才形成较完整系统的认识。韦政通提出,刺激朱子对经权问题做深入思考的主要原因,是因程颐不满汉儒"反经合道为权"之说,朱子既敬重程子,又同情汉儒,因此逼迫他必须面对此一冲突,并寻求一合理的解决。朱子以道来统合经与权这一相对概念,使道既超越于经权又内在于经权:就其超越于经权而言,虽反经却不悖于道;就其内在于经权而言,说权即经(因皆同于道)亦无不可。如此朱子不但把程子与汉儒之间的冲突做了合理的解决,且使汉儒之说有了进一步的发展。韦政通通过对朱熹有关经权问题的讨论的发掘,扩充了朱熹学说的体系结构,为朱子学增添重要的一章[1]。

经权学说的阐发之外,韦政通还开创性地研究了"庆元学禁"中朱熹的反应,揭示出专制政治下知识分子的命运[2],也相当发人深省。

5. 早年毛泽东的思想底蕴。在近代中国思想史中,无论站在何种立场、采取何种观点,毛泽东都是不可回避的一个重要角色,有关毛泽东的思想观念研究,越来越多地激起海内外学者的热情。在台湾,由于众所周知的原因,毛泽东长期在学术禁区之内,学术解禁后,受以往灌输的教条的影响,真正客观而有创建的研究仍然不多,韦政通堪称一个例外。

韦政通在写完《中国思想史》(实为古代思想史)、《中国十九世纪思想史》两部长篇巨制之后,本已立下续写《中国二十世纪思想史》的宏愿,使自己的著作,有个完整的连贯。而事实上,在构思这部著作的过

---

[1] 韦政通《朱熹论"经"、"权"》,氏著《儒家与现代中国》,台北,东大图书公司,1984 年。
[2] 韦政通《"庆元学禁"中的朱熹》,氏著《中国思想与人文关怀》,台北,洪叶文化公司,2000 年。

程中,一则由于自由主义代表人物胡适、传统主义代表人物梁漱溟他已经有专书出版,其他重要思想人物他也有不少论文探讨,一则由于社会主义代表人物毛泽东,极大地改变了中国 20 世纪历史命运,强烈地吸引他做一个大规模的专题研究,最后他决定暂时放弃原来的写作计划,将晚年的工作集中于七卷本毛泽东研究上。他认为这样做并未背离原先的主题,反而可能更深入到 20 世纪思想史上的一些核心问题。这个专题的前两本:《无限风光在险峰——毛泽东的性格与命运》和《一阵风雷惊世界——毛泽东与文化大革命》,已先后于 1999 年、2001 年出版,第三本《六亿神州尽舜尧——毛泽东与孔子》撰写过半,遭遇到握笔无力的困难,未能按规划完成出版。

韦政通的毛泽东研究,最大的特色之一,是突出了毛泽东晚年悲剧所呈现的几个重大哲学课题,如人性与政治,性格与权力,性格、权力、乌托邦的关系,革命与传统,政治与知识分子等,因而这些著作除了具有历史层面的价值,更具有思想层面的意义。研究中,作者提出的学术创见也相当丰富,例如,在充分利用已有史料之基础上,他指出毛泽东之所以突出斗争性的一面,与他革命年代中的个人经历密切相关;指出乌托邦式的理想早在青年时代就在毛泽东头脑中生根;更指出毛泽东晚年颠覆传统彻底革命的思想也有早年心理的基础,"文化大革命时的所作所为,早已萌发于青年时期毛泽东的思想与观念之中"[1]。这些观点都是学界很少注意到的面向,是否确当有待检验,但至少可以激发更多的研究和探索。

(二)思想史研究的新范式

韦政通的思想史研究,之所以能获得许多创见,在很大程度上得益于合理方法的采用,注重方法、自觉地探索方法,是其思想史研究工作

① 韦政通《一阵风雷惊世界——毛泽东与文化大革命》,台北,立绪文化公司,2001 年,第 22 页。

的组成部分之一。

1. 致力超越传统考据和义理方法。韦政通研究、撰述中国思想通史,事先总结了前人的经验教训。自汉至清,两千余年,中国士人从事学问的方法,大致可概括在"考据"和"义理"两个方法里面。这两个方法即使在西学输入之后,也有变相的存在:对应着考据旧法的,有"考据新法";对应着义理旧法的,有"义理新法"①。代表"考据新法"的,主要是胡适、顾颉刚等人提倡的科学方法,新之所以为新,是他们在治学上,运用了前人不曾运用的西洋逻辑知识;尤其重要的,是他们学到近代西方人的大胆的怀疑精神。代表"义理新法"的,是冯友兰等人开创的以西洋的逻辑、知识论、形上学的一些知识、技巧去研究中国思想的风气,他们之新,是他们从传统那种讲义理的简陋结构中挣脱出来,在文字表达上,有新的语法和结构;尤其重要的是,他们借用西方许多新的名词,和概念的分析技巧,不论是内容和形式,都令人一醒耳目。

韦政通认为,尽管就学术现代化而言,"考据新法"比"考据旧法","义理新法"比"义理旧法"要进步许多;然而,仅仅停顿在"考据新法"和"义理新法"上并不能满足新时代学术发展的需要,因为这一点进步,不足以克服"考据旧法"和"义理旧法"或陷于孤立研究、或囿于主观爱好、或墨守陈规、或牵强附会、或脱离时代脉动、或缺乏理智批评的缺陷。因此,学术现代化需要治学方法的革新。而革新方法的前提,除了逻辑技术的训练,还需要加强基本社会科学的学习。"逻辑技术的训练有助于我们的头脑现代化;基本社会科学的学习,可以使我们的知识现代化。头脑的现代化,加上知识的现代化,等于思想的现代化。我的革新方法,主要就是要把中国文化的研究工作,与思想现代化的工作相结合。"②这一结合,在消极方面,可以使上述新旧考据、义理方法的那些缺陷得到相当程度的弥补,在积极方面可以真正达到对古文化重新估价

① 韦政通《中国哲学思想批判》,台北,大林出版社,1968 年,第 267 页。
② 韦政通《中国哲学思想批判》,台北,大林出版社,1968 年,第 274 页。

的目的,真正致力于解答中国古文化中究竟还有多少智慧贡献给未来的人类这样一个重要问题。因为具备广泛的社会科学知识,不仅可能发现中国哲学内涵的限制,同时也有助于发现原有哲学的新的意义。

2. 追求在设想参与(体验)中把握思想脉络的方法。思想史研究不同于一般学术研究,韦政通说:"研究思想史的心情,应该和游览博物馆不同,陈列在博物馆里的古董,可使你神游上古,对古人巧夺天工的技艺赞叹不已,但限于实物,却不容易激起我们的共感和共鸣;思想的表达就不同,历史上许多思想家所处理过的问题和遭遇过的难题,依然是我们正面临的问题和难题。"①这就意味着,在心灵世界里,古人与今人是处于同时代的。

不仅如此,韦政通还看到,即使同样是思想史,由于文化背景不同,中国与西方又各有特色。"西方哲学纯知性的活动成分很高,哲学家们在历史上所扮演的角色,和中国哲学家是大不相同的。"在中国思想传统里,"一个思想性的人物,支持他生活的一个最强烈的因素,不是思想本身的探索,而是历史文化的使命和社会风教的责任。如能得君行道,那才是儒者最高愿望的实现,著书立说只不过是人生余事。对这样一个思想传统,史家如只注意其思想本身的活动,很难充分了解他们的历史意义"②。这就需要研究者能够深入到具体历史场景之中,从精神体验中努力去把握思想家的真正关怀和思想路向。正是鉴于中国思想家的思想,系出自内外生活的体验,因而具体性多于抽象性,思想结构是以潜伏的状态而存在,所以他认同徐复观"把中国思想家的这种潜伏着的结构,如实地显现出来,这便是今日研究思想史的任务"③的说法。

五四以后的新考据、新义理派,事实上都没有注意到中国思想史的特殊性。胡、冯二氏的中国哲学史,最严重的一个缺点,就是缺乏这种

---

① 韦政通《中国思想史》,上海书店出版社,2003 年,第 2—3 页。
② 韦政通《中国思想史》,上海书店出版社,2003 年,第 4 页。
③ 徐复观《中国思想史论集》,台中,东海大学,1959 年,第 2 页。转引自韦政通《中国思想传统的创造转化》,云南人民出版社,2002 年,第 21 页。

体验。胡、冯二氏解释之不当,不是说他们不该借用西方哲学,而是他们对中国哲学本身大部分缺乏相应的心态和相应的精神,因此对究竟该引用哪些西方的理论来解释中国哲学相当的部分,就无法做适当的选择,结果只成了用外在的论点做外在的解释,就不免为罗根泽所讥讽的所谓"中货西装的把戏"了。韦政通认为,既能具备传统思想家那样的体验,又能具备西方式的系统化的能力,然后去"显发古人思想中所潜在之逻辑性,使其具备与内容相适应之理论结构"①,乃今后治中国思想史者努力的一大目标。

3. 具体研究和书写特色。韦政通本人的思想史研究,充分贯彻了他的方法意识。他的思想史撰述不满足于人文学科的视野,而是积极采用社会科学的已有成就作为考察人文课题的新工具。例如,他借用人格心理学的观念,探讨了孔子、孟子、墨子、荀子的人格,又用社会学的次级团体理论来诠释墨者团体与兼爱思想的关系,使读者对这些古老而重要的问题,有了耳目一新的了解。他研究朱熹,也借鉴了现代方兴未艾的境域伦理学的思考方式。他研究毛泽东,借鉴的是心理学、心灵史的方法,挖掘出他人未曾接触到的层面,形成自己的特色。这都是他采用社会科学新成就以超越传统考据和义理方法的尝试,他称之为科际整合的方法。"科际整合"的观念,1960 年代殷海光已经提出来,但当时没有办法实际做。1970 年代大批留学博士回来,办起《中国论坛》,才真正做起来。《中国论坛》每期都要将当时各个学科最有成就、最有抱负的学者邀集到一起,从不同的角度共同讨论一个重要的社会问题,结果发现彼此都可以借鉴其他学科不少东西。韦政通从 1982 年担任《中国论坛》召集人,直到 1990 年半月刊停办,支持时间最长,感受也最直接。他后来写作系统的思想史和思想史专题著作,都大量摄取了社会学、心理学、人类学、精神医学、经济学、政治学等各种社会科学知识和方法,这样的"科际整合",将思想史研究的心灵打开,不再封闭,坐地

---

① 　徐复观《重印名相通释序》。熊十力著《佛家名相通释》,台北,广文书局,1961 年。

为牢。实际上,韦政通不仅在学术研究上广泛运用这种方法,在思想创发中,也大量使用,这从《中国文化和现代生活》、《伦理思想的突破》对社会学、心理学的借鉴,可见一斑。

设想参与或体验的方法,在韦政通的研究中也十分突出。接受现代学术训练的学人写的中国哲学史、思想史多半是抽象的,主要讲观念,而不讲修养的过程、修养的体验,忽略了哲学家、思想家人格的方面。韦政通的《中国思想史》则比较贴近中国哲学原来的那个生命精神,它除了适应现代人阅读习惯,满足系统性、逻辑性的要求,还特别注意把中国传统的那种人格修养的方面,用现代哲学的语言再现出来,努力使体验和理解合一。后来他与傅伟勋合作主编大型的"世界哲学家丛书",第一本《孔子》他亲自撰述,也是用这种方法去写,一方面非常注意系统,现代人阅读的习惯完全能满足,同时把孔子的精神世界也清楚地表达出来,入情入理,自成一格。例如在解释孔子的"道"论时,他一方面肯定和吸收陈大齐本于其逻辑训练所取得的概念分析上的成就,另一方面指出这一层次的研究主要目的止于了解孔子说了些什么,以及所说的意思是什么,"如局限于此,未必真能了解孔子的本意,更未必真能了解道在孔子学说中最重要的意义"[①],它无法处理孔子论道的众多涵义中最重要的意义,如"士志于道",如"守死善道"。要了解这里所说的道的意义,就不能不问孔子为何有此主张。简单回答,是因他在无道的现实政治环境中,找不到出路时,他为士提供一新的安身立命之所,以及可以长远奋斗的人生目标。在这里,道赋予士这一角色全新的意义。这种意义,不是从概念分析所能把握的,必须会通当时历史发展的情势,以及孔子的历史性角色,才可能了解。

二 作为思想史对象的韦政通(一):思想创造

韦政通不仅是一个成就卓著的学者,也是一位以独立思考自持的

---

① 韦政通《孔子》,台北,东大图书公司,1996 年,第 131 页。

哲人、思想家,他对于中国思想学术的研究,经过他个人智慧的升华,都转换成时代新思想的原料。他曾在论及哲学家标准时说过:"一个哲学家地位的树立,主要在能把前人的思想予以新的综合,同时经由批判或转化的过程,发展出自己的创见和独特的系统。"①实际上,这个标准也适用于他本人。

韦政通的思想脱胎于西化主义与传统主义对垒的时代,他能走出一条独立思考的路径,是生命个性挣脱时潮的结果。按照他自己的说法:"在过去三十年中,我曾有过传统主义者卫道的热情,也曾经历过反传统的激情;然后逐渐以理智平衡热情,以理性克制激情,使我发展出独立自主的精神,走向重建新传统之路。"②美籍哲学家吴森用"合乎黑格尔正、反、合之方式"来形象地描述这一思想转进过程。有关韦政通从"正"到"反"再到"合"的具体过程,已经有学者进行详细论述,这里主要勾勒一下他独立思考("合"的阶段)所呈现的思想面。

(一)文化哲学

作为一个思想史学者,必然要面对一个严峻的问题:传统思想能否解决现代问题? 如何处理现代与传统之间的关系才合理? 韦政通的思考,也是从这里出发的。

"传统"这个名词,在20世纪被染上了浓厚的情感色彩。五四新文化人士祭起反传统主义大旗,传统成为蒙昧、落后、保守的代称;对立的一方,则反其道而行,将传统加以理想化、神圣化。两派之间的情绪对抗,遂演变成传统内涵的失真,也导致中国文化问题的长期无解:关于文化问题的论争纵然一波接着一波,每一波却总是沦为简单循环。如何从这个死结中突围出去,寻求中国文化问题的新方向? 经历过传统主义"热情"和反传统"激情"的韦政通,有着自己特别的感受。

---

① 韦政通《儒家与现代中国》,台北,东大图书公司,1984年,第48页。
② 韦政通《儒家与现代中国》,台北,东大图书公司,1984年,第293页。

在去情绪化之后，韦政通对传统概念进行了正本清源的清理，认为：传统是人类社会独有的特色，其构成的基要条件，一在时间的绵延性，一在空间的广被性；个人与传统的关系，不限于一种自然依赖的关系，它还可以产出透过心智活动超越传统的再生关系；传统并不仅仅意味着历史的过去，其诸多要件依然是当代生活中的力量，这股力量是推动还是阻碍时代进步，端赖是否能理智而有效地运用这股力量。一般来说，"传统本身并不告诉也不要求我们对它究应抱什么态度，当人们对传统产生态度问题时，多半是因传统与新处境之间发生了失调的现象"①。

中国文化发生问题，中国传统思想的价值发生问题，就正是中国社会的处境发生了重大转变。"西方文化的侵入，这是中国有史以来从未遭遇过的情势，这种情势要把一个古老、孤立、而又建基于农业基础上的大帝国，一下子把它拉到国际社会中去，因此产生极严重的适应上的难题。"②于是发生求变与拒变的世纪争议。在韦政通看来，这个争议至少在文化问题上，双方都是似是而非的。

西化和反传统主义者抓住了文化的变迁性，而忽略了文化的绵延性。他们虽热烈地颂赞西方近代文明，却不知道西方近代文明正如罗素所说，乃圣经、希腊文化、科学方法等三种因素的产品，是有效运用传统而获得成功的佳例。"企图全盘否定固有文化，无异是幻想着一个文化的真空，试想外来的新文化，又如何能在一片真空的地带获得生根、成长？"③文化是有绵延性的，它可以不断新生，可以不断综合新的文化因素，以充实它自己，但永不能与原来的根干完全脱离。他们热衷于西方的民主与科学，而事实上科学的认知心态，和民主性格，他们是完全不具备的。相反地，他们的独断性和运思的方式，依旧是中国传统的。所以他们虽提倡民主、科学，可是在精神和性格上，却具有反民主、反科

①　韦政通《中国思想传统的现代反思》，台北，桂冠图书公司，1990年，第67页。
②　韦政通《中国思想传统的现代反思》，台北，桂冠图书公司，1990年，第67页。
③　韦政通《中国思想传统的现代反思》，台北，桂冠图书公司，1990年，第70页。

学的明显倾向。

传统主义者抓住了文化的绵延性而忽略了变迁性。虽然激起于
"五四"反孔运动的传统主义者,不同于早前兴起的缺乏理想的一般保
守派或只着力于保持一个极为简陋的文化形式的国粹主义者,"他们不
但有理想,且富使命感,对新知识、新观念能做选择性的接受,不过这些
都是为了服务预定的目的"①,这个目的是什么呢? 是在护卫传统中有
关行为价值的要件,并企图使它神圣化,对它建立起坚定的信仰。传统
主义高度崇尚传统价值,其对世界的了解,完全笼罩在价值意识之下,
无法接受任何意义的"价值中立"。他们虽能承认时代确有变迁,也能
肯定民主、科学的意义,但在文化上并不能安排它们一个独立的地位,
在文化价值层级中,仅居于一个次要的工具性位置。他们不知道传统
的泛道德主义,曾造成文化其他领域的萎缩,尤其严重的是,它曾妨碍
了中国客观认知精神的发展。

在韦政通看来,以上两大对立思潮各有偏失,但都以极端的方式提
出了时代思想者必须正视的面向,因而为文化重建打下了一部分基础;
如果对这两个思潮进行再反思、再批判,经由创造性的综合,完全可以
有利于中国文化的全面新生,而这也正是现阶段思想工作者最重要的
工作之一。

当然,反思、批判和综合并不是无原则的或肤浅的折衷调和。近代
历史上貌似不偏不倚的折衷调和思潮,历来屡见不鲜,但无论借助于体
用框架的"中体西用"说,抑或采取本末思维的"本位文化"说,都不过是
一种贫乏的骑墙论,而且本质上都偏向传统主义,因为它们都坚持将
"中体"或"中国本位"置于信仰的范围,不允许理性检讨。"如果说'中
体'或'中国本位'不允许批评、检讨,那无异是阻止我们用理智的光去
照亮旧传统并促其新生的努力。"②韦政通主张的反思、批判和综合,认

---

① 韦政通《中国思想传统的现代反思》,台北,桂冠图书公司,1990 年,第 67 页。
② 韦政通《中国思想传统的现代反思》,台北,桂冠图书公司,1990 年,第 79 页。

定中国文化的新生，不论是体用、本末，都必须经过创造性的变迁，才有希望达成。因为科学、民主在中国，早已越过口号的阶段，进入实践的努力；它们不是孤离而单项的活动，而是必然关联到基本的人生态度和生活的方式，一旦我们学习到科学认知，和民主的生活，整个的人格和价值系统，都会跟着一起改变。"以批评地接受态度，主要在运用科学的或客观认知的方法，不论是传统的、现代的，或是中国的、西方的，都需要用这种方法加以审视，既不存在呵护，也不故意曲解，这样才能真正切入问题，并找出解答的途径。"①

据经济学家肯尼斯·包定(Kenneth E. Boulding)的观察和分析，人类对巨变的态度，有三种典型模式，即：从拒绝到怀恨地接受；狂热地、无批评地接受；谨慎地、批评地接受。韦政通借用包定的解释框架，认为中国的传统主义者和骑墙论者属于第一种，西化主义者属于第二种，两者都是不健全的态度。而比较健全的第三种态度，不幸在中国思想界却没有建立起来②。

第三种态度的建立，"接受"是前提。韦政通指出，时代的思想者都不可以不看到一个基本的事实，就是现代生存环境和生活方式的巨变。不仅强势西方文明的挑战使中国遭遇数千年未有之奇变，而且在适应变局中随之而生的工业化和都市化，几乎把传统生活的面貌完全改观。"在传统的乡土社会里，生产的单位主要是家庭。除了极少的功名之士，才会为了出仕而远离家门，其他的人从生到死大都生活在家族的环境里。儒家的伦制，是为了适应这样的社会而发展出来的。由于工业化和都市化的影响，社会处境已大为改变，农村的青年男女，多数向往都市生活，于是大量人口涌入都市。生活在都市里，除了少数人，例如作家、艺术家、教授，多数时间能留在家里工作，此外差不多都要到家庭以外的工作地方去谋生，原因是现代生产条件，需要工作力集中在运用

---

① 韦政通《中国思想传统的现代反思》，台北，桂冠图书公司，1990年，第81页。
② 韦政通《中国思想传统的现代反思》，台北，桂冠图书公司，1990年，第68页。

复杂机械的企业组织里。复由于专业化的要求,即使在同一个生产机构工作,彼此之间的关系仍是十分隔膜。邻人和自己漠不相关,走在马路上,或进入闹区,尽管万头攒动,但满眼全是陌生人。"①没有人能预测中国未来会变成什么样子,但可以确定,未来中国不可能再回到过去的历史轨迹中去。生活在与乡土社会有天壤之别的现代社会里,传统不再能指引人们何去何从,必须以开放的心态接纳新的知识,新的文化形态,发展出新的心理结构、新的价值观念,才足以有良好的适应。"一味歌颂固有文化,把历史文化理想化,很容易得到一般人的同情,甚至也能得到一般人的尊敬,但就思想更新这个历史性的课题来说,这实是最不负责任的态度,因那样会增长我们的蔽固,认不清中国文化在当前世界的处境。怀疑是知识之母,我们必须有勇气培养合理的怀疑态度,根据这个态度对传统从事客观的研究,只有在客观研究的基础上,才能产生有深度的批判,必须经由批判的过程,才能知道该保有什么、或该吸收什么。中国人的思想必须经过怀疑→研究→批判→抉择的程序,才有彻底更新的希望。"②

韦政通在凸显强烈的时代关怀与问题意识的同时,又表现出深厚的历史感与资源意识。他主张的"接受",不是形式主义的全盘接受,而是"谨慎地、批评地"接受。他认为,传统虽"不再能告诉我们何去何从",但并非传统变成无用,"当一个现代人真要去追寻何去何从的依据时,却不能凭空出发,最佳的借鉴,仍是要靠传统的基础做起点,然后逐渐把问题引入现时的处境,因为人类的改变,对大多数人而言,过程是极其缓慢的,传统道德对他们并不曾完全失去效力,只是面临新处境,日增其困惑和迷茫罢了"③。传统是我们成为文化人的主要依据,是人类赖以生存和追求理想的工具,每个人都藉着传统在社会里成长。传统究竟是导致社会的进步抑或是退化,完全靠人自己。我们最大的问

---

① 韦政通《中国文化与现代生活》,中国人民大学出版社,2005年,第六章第一节。
② 韦政通《中国思想传统的创造转化》,云南人民出版社,2002年,第84—85页。
③ 韦政通《中国文化与现代生活》,中国人民大学出版社,2005年,第六章第三节。

题不在于传统,而在于没有把创造力充分激发出来。在韦政通看来,中国传统的积极意义,不仅是它能充当发展新价值的起点,即通过对传统的创造性转化来建立一种现代文化;而且博大精深的传统本身,也有矫正现代文明偏失、疗治现代生活病症的功能。例如,中国传统的和谐宇宙观,就是一种对于现代具有积极意义的精神价值。不论是道家的自然宇宙观或儒家的道德宇宙观,都是透过生命的内省而形成的,都源于和、成于和、而又终于和。儒、道两家虽赋予天地以不同的意义,但就终极的向往言,两家所表达的境界是很少区别的。中国哲人们很早就直觉到人与自然之间的依存关系,分别由艺术的升华和道德精神的提升作用中,将二者浑化为一,大为减弱了对抗意识。影响所及,虽使中国人一直走"改变我们的行为来适应自然"的路子而不能免于经济和科技发展的限制,但在近代科学对自然的损害已危害到人类生存的今天,却也可以启发人类以多元的思维重新思考解决之道。

(二)伦理思想

韦政通倡导反思、批判和综合,最突出的成就在伦理思想领域。这有两个动因:一是中国传统的思想形态一直以伦理道德问题为中心,要解决传统的现代转化,要用传统与现代对话,逻辑上必须从伦理问题入手;二是思想家以提供时代智慧为使命,随着现代化的推进,现实社会生活从外部提出了不少伦理问题,逼使思想家作出回答。理论和实际的双重推动,加上韦政通个人的学术基础,使他在伦理思想上极富创造性。

1. 传统伦理思想有其内在价值,但需要结合时代特点进行创造性转化。从《伦理思想的突破》这部韦政通自己比较重视的著作关于新伦理的探讨,我们可以观察到,韦政通思考伦理问题,肯定固有传统中仁学的永恒意义,认为传统究竟是导致社会的进步抑是退化,完全靠人自己。我们最大的问题不在传统,而在没有把创造力激发出来。台湾民间保存的中国传统文化特质,在台湾的现代化过程中,不仅没有变成现代化的绊脚石,而且不少经过转换成为现代化的推进力量;另一方面他又指出,对于当下的社会生活,传统能起的作用毕竟有限。传统伦理不足以导出新伦理体系的主要内涵,建立维系现代社会的新伦理,必须经历吸纳融化异质文化中的伦理新质素的过程,必须以现代生活为依据来进行创造转化。该书第一章导语讲:"本书处理的中心问题,是在逐渐走向工业化、自由民主的现代化过程中,如何推动一种新伦理观,以便配合社会新发展的需要。"①

韦政通指出,新伦理的建设不会与传统绝然决裂。传统伦理具有理想系统与实效系统两个层次,理想系统通过实效系统而实现,而实效系统的因时更化相反会有利于理想系统的保持。在中国传统伦范中,仁可以说是一个具有普遍标准的伦理,是一种"超越精神性的伦理",不是忠孝那样具体的行为规范。"仁者爱人"只是一伦理原则,在一对一的关系中究竟要如何表现爱,还是要落实到孝、忠、敬、信等具体规范上来。在发展新伦理时,必须加以批判,并要求彻底改变的,是那在过去历史上发生实效、近百年来已成为中国现代化阻力的价值系统,而传统理想层次的价值系统,如仁义礼智信等,则是民族文化中可以调适和延续的,没有这一层的延续,中华民族就会失去自己的民族特性。所以今日发展的新伦理,与理想层次的价值系统并不冲突,相反地,"新伦理的实现,很可能使那一直停留在理想层次的价值系统落实到现实生活中来,使它成为新文化精神的一部分"②。这便是韦政通对于中国思想传统的"创造转化"努力的一部分。"中国传统的创造性转化"作为命题,是林毓生首先提出来的,意在主张"把中国文化传统中的符号与价值系统加以改造,使经过改造的符号与价值系统变成有利于变迁的种子,同时在变迁过程中继续保持文化的认同"③。韦政通三十余年来所做的工作,与林毓生的主张可谓不谋而合。

---

① 韦政通《伦理思想的突破》,中国人民大学出版社,2005 年,第 1 页。
② 韦政通《伦理思想的突破》,中国人民大学出版社,2005 年,第 42 页。
③ 林毓生《思想与人物》,台北,联经出版公司,1983 年,第 332 页。

2. 伦理重建需要以开放的人性观为基础。在伦理的重建中，韦政通特别重视对作为伦理学说基础的人性观的反思。他说，人性观是伦范的基础，人性问题影响深广，政治、经济、社会政策中的许多争论即导源于人性思想的冲突，资本主义与共产主义为何有严重矛盾？儒家与法家为何不能相容？其基本原因在此。当我们希望建立新伦理时，对人性问题必须加以重新探讨，新的伦理必须建立在新的人性观上。

中国传统人性观以性善论为主流，将人定位为一种道德的存在，因而特别讲究人禽之分。这种定位很难经受现代生活的挑战。那么究竟应该如何认识人性？"人性的问题，在人类知识的进程中，一直是一个颇具挑战性的课题，但长期以来，由于受到方法及相关知识本身的限制，在 20 世纪以前，似乎并没有太大的进展。直到 20 世纪，由于人文社会知识分科分类越来越细，不同领域的独立发展，产生了不同的观察人性的方法，也累积了不少可供互相观摩的知识。这种发展距离理解人性的全幅内涵的理想仍很遥远，但确已突破过去那种抽象的、静态的人性观，进入具体的、动态的人性观。"①

韦政通指出，如果说以往的人性观是为人性建造了一座神圣的殿堂，那么新的努力是把人性的问题重新还原到自然的人性的基础上来。因为自然人性是人类平等的唯一基础，以肯定自然人性为鹄的的人性观是开放的人性观，兼顾生命正负两面因素的人性观。所谓自然人性，一方面是指同时包涵、同时肯定心灵与身体自然需要的人性，一方面是指文化创造所自然塑造的鲜活人性。就前者言，人性问题的探讨，不能只教我们知道值得崇敬的圣贤、神仙、超人，同时也应该使我们能理解希特勒这样的杀人魔王；就后者言，文化有大传统、小传统，有主文化、次文化，有祖传文化、外来文化，有中心文化、偏远文化，有合理、反理的文化，接受文化的个体的潜能和接受的方式也有差别，所以必须承认人性的殊异性。

---

① 　韦政通《伦理思想的突破》，中国人民大学出版社，2005 年，第 23 页。

建基于自然的、开放的人性观，韦政通接着进一步讨论了现代社会应有的伦理秩序，将个性的尊重、自由、平等、社会责任、积极的性观念、积极的工作观等发源于西方文明的现代精神纳入新伦理的建构，从而补足中国传统伦理中忽视负面人性、忽视人性的殊异性所引起的缺失。

3. 人生不同阶段有不同的伦理需要。为了配合一个多变而开放的社会，基于对多面而殊异的人性的反省，韦政通希望建立一种动态的伦理观。人生阶段伦理的思考便是这种动态伦理探索之一。

韦政通指出，中国传统社会比较重视伦理的普遍规范性，而事实上，人生有不同的发展阶段，不同阶段里有不同的目标和需要，因此伦理对不同阶段的人生有不同的重点和意义。就伦理的关系来看，儿童的伦理关系以父母为主，青年以同辈的朋友为主，中年以夫妇和工作上的同僚为主，老人阶段的伦理关系比较不定，有以夫妇为主者，有以子女为主者，如子女远离又丧偶，则以有共同兴趣的同辈为主。伦理的意义随着阶段的发展而扩大，儿童的活动以家庭伦理为主，青年除了家庭伦理又加上了社会伦理，中年人除了家庭和社会伦理之外再加上以工作的机构为对象的职业伦理，到老年，又回到以家庭伦理为主的生活。以人生的目标而言，儿童期是人生唯一没有特定目标的年代，可以自由生活自由学习，享受人生的权利，没有强制性的义务。父母的最大责任是哺育儿童成长，如能使孩子有一个健康的身体，并做开放性的启发，不使其有太多的偏见与恶习，就是对他一生最大的恩惠。青年期则须面对复杂的社会期望，有一大堆的人生目标等待他完成，其中重要的有独立自主人格的养成、完成学业、确立人生观与价值观、有的还要成立小家庭。中年人的主要目标在于成家立业，不像青年那样有太多的选择，往往变得安于现状，人际关系也很现实。到老年阶段，重新面临许多选择，最大的问题是如何处理剩余的时光。如果主客观的条件允许，又选择得法，很可能再创一个新的人生形态。年轻人的生活是以自己为主的，中年人的生活是自己满足与社会贡献同等重要，老年人的生活应以奉献为其最高的伦理准则，奉献是老年人真正快乐的源泉。若以爱为中心,人生不同阶段的伦理特性是:儿童期以被爱为主,青年与中年期能爱与被爱同样重要,老年期则以能爱为主。爱是人精神生命得以发展的一条最重要的线索,也是健康人格的必要条件①。

既然伦理对不同阶段的人生有不同的重点和意义,新伦理的建设就应充分考虑这种动态的需要。韦政通在《伦理思想的突破》和其他文章中,对此作出了不少具体思考。其中有关儿童伦理的思考,尤其发人深省。

4. 在与科学、民主的互动中重建伦理。在现代经济生活里,组织化的道德,其重要性远大于个体性的道德。因此,韦政通认为,公共生活伦理的确立具有特别的意义。当今社会,科学、民主已成现代化的主轴,而科学、民主具有强烈的公共生活的内涵,这就使得当今的新伦理建设,离不开科学、民主发展的推动,也必须反过来推动科学、民主的发展。

关于科学与伦理的关系,韦政通指出了两点:一是"科学对我们日常生活中的伦理道德已产生影响",使得伦理道德更趋理性,也更有条件落实;二是"两者有共通的价值与精神"②,科学上的发现在道德论上是中性的,而科学的活动则需要遵循伦理原则和道德精神。在他看来,后一点比前一点还重要,因此,推动科学的发展,价值与精神自觉的改造是最基本的工作,传统的伦理也必将在这样的自觉改造过程中获得重建。

民主与伦理也有两个层次的关系,一方面民主作为制度,需要一种民主生活方式来支撑,而民主生活方式所体现的便是伦理精神。韦政通指出,民主如仅当做一种政治形式来理解是不够的,因为这种形式照样可以为极权或独裁政治所冒用。"一个真正的民主国家,不只是徒具民主的政治形式,最重要的,它必须从全民的民主性格中反映出来,这

① 韦政通《伦理思想的突破》,中国人民大学出版社,2005年,第五章。
② 韦政通《伦理思想的突破》,中国人民大学出版社,2005年,第176页。

些性格包括思想与行动的自主、独立和自由,而且习惯于尊重个性、容忍异见。这就是说,民主必须成为一种普遍的生活方式,它才算生根。"①因此,民主本身不只是一种政治活动,它也是一个伦理问题。另一方面民主制度和民主生活方式也有利于伦理精神的真正实现。韦政通说,"父子有亲"是中国传统伦理价值之一,但制度化的孝道所产生的结果,往往适得其反。而在充满平等气氛的民主家庭里,这种自然的感情反而真能充分解放出来②。

韦政通强调在与科学、民主的互动中重建伦理,就伦理的意义上说,是要推进"理性人伦理"和"自由人伦理"的确立,而理性与自由之间又是密切交融的。传统伦理教我们,必须先知道对方在社会中扮演的角色,才能决定是否该尊重他,现代的伦理则要求,只要是与我们同类的人,都应该学习彼此尊重。1980年代初期,台湾现代化的发展明显显示传统五伦伦理不能满足社会需要,于是有人针对个人与社会大众的关系提出"第六伦"之说,有人针对人与天、己群与他群的关系主张还须建立第七伦、第八伦,韦政通不认为顺着这样的方向能够使现代社会的伦理问题获得解决,"现代社会伦理问题的重点,不在为各种不同的关系建立不同的规范。一种关系一个规范,规定你只有这样做才是对的,否则便是错的,这是权威主义的伦理,权威主义的伦理不承认人有行动的自由和自决的自由。在现代社会复杂的人际关系中,只要彼此同意,规范可自由订立"③。正确的方向是要在理性基础上建构自由人伦理。所谓第六伦、七伦、八伦,基本属于梁启超所说的"公德"的范畴,公德针对传统的私德而言,它代表一种新的态度、新的价值观和新的处理人际关系的方式,"而这些只有在自由的价值中、民主的方式中,以及自由、民主的心态中才能培养出来。人如果有自由的信念,又有民主的素养,

---

① 韦政通《伦理思想的突破》,中国人民大学出版社,2005年,第167页。
② 韦政通《伦理思想的突破》,中国人民大学出版社,2005年,第169页。
③ 韦政通《伦理思想的突破》,中国人民大学出版社,2005年,第104页。

生活在现代社会,无论在什么关系中,他都会比较有能力做合适的处理"①。

三　作为思想史对象的韦政通(二):社会参与

一个典型中国式的学者,除了兼做思想家,常常还要充当启蒙青年、批判时代的知识分子角色。这样的学者在时代的激流中已经日渐稀少。然而韦政通却保持着这样的中国特色。他皓首穷经,却没有忽略对于青年的责任,对于时务的关怀,他的思想启蒙和社会关怀,构成了他思想工作的另一部分。

(一)启蒙

自从 19 世纪中国与西方相遇,中国历史便进入了一个充满危机的巨变的时代。所谓危机,根据张灏的解释,兼有危险和机遇的意义,20世纪的中国历史,便在这种危险和机遇并存中度过。也许谁也不能预测中国未来会变成什么样子,但海峡两岸的中国既然已经加入到世界的俱乐部,那么正如韦政通所说,"也许有一点是可以确定的,即未来中国不可能再回到过去的历史轨迹中去,这是 19 世纪,中国被逼迫进入近代世界,就已决定了的"②。

中国不能离开世界而独善其身,则势必要在世界潮流与中国特色之间寻求平衡。具体说,社会现代化是无法回避的历史趋势,必须义无反顾向前推进;而另一方面,中国悠久的历史传统所凝聚的博大智慧,也需要在现代化的洪流中接受检验、重新陶冶和发扬光大。这都有赖于"民智"的开化。近代先知先觉们开展的一波又一波的思想启蒙运动,所要解决者即在此。韦政通从事思考的场景,是一个内外环境逼迫

---

① 韦政通《历史转捩点上的反思》,台北,东大图书公司,1989 年,第 126 页。
② 韦政通《中国十九世纪思想史》上册,台北,东大图书公司,1991 年,第 1 页。

下开始转型的台湾社会,他所启蒙的重点是台湾的知识青年,进入高龄后有机会经常到大陆讲学,也将启蒙的范围扩及大陆知识青年。这些工作大多是通过报刊言论和演讲来进行,而且很多时候在青年中引起了热烈的回响。

韦政通认为处于传统向现代转型中的中国,学术界最需要培养的是"为知识而知识"的专业精神,知识青年承载着文化建设的希望,这种精神的培养更加迫切。养成"为知识而知识"的精神,政府是否有对待学术的正确态度,学术单位是否有振作气象与制度改进,学者本身是否能以学术为终生志业,都同样重要。比较起来,学者是否能以学术为终生志业,对国家的学术发展,较之上述二点,仍居于关键性的地位。"志业与职业不同,职业为了糊口,要把职业转化为志业,须如韦伯所说,使学术成为内心的召唤,'才能把学者提升到他所献身的志业的高贵与尊严',才能激发奉献的热情。"①这就需要知识青年保持理想主义的精神。"要求社会进步和文化更新,理想主义的精神,以及由它激发出来的奉献热忱,永远是最大的资源。"②韦政通认为,理想主义落在个体上大抵具有这些特性:浓厚的时代使命感、对生活以及对人类的热爱、专注于工作孜孜不倦的精神、单纯的心灵和不矫揉造作的生活、追求自由和追求真理的热情、伟大的同情心与强烈的人文精神、在危难中能做到临危不乱、临难不苟等。一个把名利得失、世间荣辱看得很重的人,与理想主义是无缘的。

保有理想主义的知识青年,除了有望在知识的工作上做出贡献,还有可能兼做时代所需要的知识分子。韦政通非常希望在当代的知识青年中成长出一批直接推动时代进步的知识分子,重视帮助青年学人认识知识分子的责任。知识分子是在 20 世纪世界形成的一个新的观念,美国《时代周刊》对知识分子下过一个著名的定义:"(1)一个知识分子

---

① 韦政通《立足台湾,关怀大陆》,台北,东大图书公司,1991 年,第 54 页。
② 韦政通《思想的贫困》,台北,东大图书公司,1985 年,第 222 页。

的心灵必须有独立的精神和原创能力,且是以思想为生活的人;(2)知识分子必须是他所在的社会的批评者,也是现有价值的反对者。"①韦政通觉得这个界说太严格,因为人类历史上真正具有思想"原创力"的实在很少。但他也不同意将所有"有知识的人"泛称为知识分子的用法,认为读过书并且从事知识性工作的人,我们可以称他为"教授"、"学者"、"艺术家"、"画家"、"历史学家"等等,他们可能是知识分子,也可能不是。知识分子这个观念强调社会的批判和改造。用知识批判传统、权势、流俗价值,批判社会的不合理现象,用新的思想、新的观念推动社会的改造,只有这样的读书人才能称做知识分子。真正知识分子必须要有丰富的知识;要相当程度的没有私心;思想非常独立,对所提出来的问题有批判的能力;有高度的责任心;还要有一个抗拒压迫的能力。当然,知识分子的概念形成虽晚,知识分子的角色很早就有了。这种角色在古代早就有过,比如孟子所说的"大丈夫"就是近代人所说的知识分子,苏格拉底也是一个典型的知识分子②。

韦政通指出,知识分子有不同的类型。有的着重于观念的参与,有的着重于社会的实践。"权势集团,既得利益者和社会大众,在常态下总是现有价值的拥护者,与改革者形成另一极端的拉力,这两股力量不成比例,改革者如不能启发大众,激起他们自求改革的意愿,就很难实现改革的希望。"③所谓观念的参与,就是不满足于专心从事学术工作,而通过独立思考批判现有价值,为改造社会、建设现代国家服务。而从事社会的实践,则是把观念的参与更向前推,不止是写文章、演讲,而且付诸行动。发动和参与学生运动、劳工运动、妇女运动、弱势团体的运动等,都是把一种理念付诸行动。一个读书人他是不是要扮演知识分

---

① *Time*,May 21st,1965。转引自韦政通《伦理思想的突破》,中国人民大学出版社,2005年,第156页。
② 韦政通《知识分子的两种类型》,2005年在杭州师范学院讲演录音。另在《伦理思想的突破》第九章、《思想的贫困》中的《为真理做见证:知识分子的历史使命》等文中也有相近论述。
③ 韦政通《伦理思想的突破》,中国人民大学出版社,2005年,第157页。

子的角色,究竟是做观念参与的知识分子还是做行动参与的知识分子,做到什么程度,由个人的性格决定,本身没有对与不对的问题,跟价值的高低也没有关系。不进行社会的实践,或者也不搞观念的参与,一点也不影响这个人的价值,他在纯粹学术方面去努力一样有贡献,中国现在完全专心致志地从事研究的学者还是太少,那些纯粹的学者还是非常缺乏。但一般来说,读书人在学术上有了一定的真知灼见后,自自然然的会有一些程度不同的观念或行动参与。"观念的参与可以为解决社会问题提供方案,行动的参与则须通过合法的制衡力去修正方案,并控制解决问题的过程。"①这都直接有助于社会的革新与进步。

韦政通在鼓励青年从事观念和行动参与的同时,也不忘提醒他们知识分子需要随时自省。就社会批判、观念参与而言,"批判者对现有价值的批判,必须同时传播新的信息或新的观念,其中可能有真理的成分,也可能没有,是不是真理要等待事实来验证,批判者无法保证。因此批判者必须接受批判,并能不断地自行检讨,这对一个独立的思想工作者来说可能很难,因为他对自己的工作,必须有坚定的信心才能前进,而接受批判并自行检讨,又需要能自我超越,甚至自我否定。不知道有此困难的批判者可能堕为固执己见者。只有深知其难而又能克服困难的人,才能保持冷静和不偏不倚的判断"②。就社会实践、行动参与而言,这种角色对社会有正面的功能,也可能有负面的作用:他可能依恃他的影响力,制造意见气候,引导社会大众走入错误的方向;可能利用他的威望作为与权势者讨价还价的筹码,堕为权力斗争的工具,或为利益集团的辩护人,终不免背弃当初支持他的群众。"针对这些负面的可能,一个知识人是否具备为公众服务的美德,以及坚守原则的刚毅精神等品质,就显得特别重要。"③

学术创造也好,社会参与也好,韦政通都冀望青年能够把握时代的

---

① 韦政通《伦理思想的突破》,中国人民大学出版社,2005年,第162页。
② 韦政通《伦理思想的突破》,中国人民大学出版社,2005年,第157—158页。
③ 韦政通《伦理思想的突破》,中国人民大学出版社,2005年,第163页。

主题和正确的方向。"不同的社会有不同的问题,就目前的中国而言,我们的社会正值转型期,因此传统与现代之间形成的种种紧张的关系,仍是一个大问题,两者之间哪些部分有冲突,哪些部分可以整合? 变是不可避免的趋势,要怎样变才符合全民的利益?"①这些都是知识青年应面对并努力解决的工作。而超越五四以来激进与保守的偏执心态与意见气候,尤为关键。

(二)关怀

韦政通经常引用心理学家葛登纳强调年轻人需要典范的话,来说明身体力行对于知识青年的意义。事实上,无论"为知识而知识"的学者角色,还是"社会参与"的知识分子角色,韦政通都在身体力行。学者角色方面的成就,本文第一部分已述及;知识分子角色方面,他自认为性格不适合做直接的社会运动和实践,而将主要的努力,集中到"观念的参与"上。观念参与所发表的意见,可以说相当程度上反映了韦政通的社会思想。

民族主义、自由主义、社会主义三大社会思潮都曾试图回应近代以来中国的社会危机,实现中国的历史转型,虽然它们的努力尚未竟功,它们所提供的理想却对许多知识分子起到了思想范型的作用。韦政通秉持独立思考的信念,从未将自己定位到任何一个营垒中。在意识形态意义上,他既不是"民族主义者",亦不是"自由主义者",更不是"社会主义者";但在理性思想的意义上,他又同时兼有自由主义、社会主义、民族主义的思想质素。

1. 自由民主的目标。社会建设的目标,是知识分子首先要回答的问题。韦政通坚持,作为现代化核心价值之一的自由民主,是不可动摇的鹄的。一些发展中国家以为自由民主会影响国家的安全或社会的稳定,他批评这是一个错误的假设,"殊不知在这剧变的世界里,人类的安

---

① 韦政通《伦理思想的突破》,中国人民大学出版社,2005 年,第 160 页。

全经常会受到新的威胁,欲求保全唯有不断的创新。缺乏创新的社会,纵然看起来稳定,也只是僵化与冷漠造成的稳定,这样的社会很难有效地应付内部及外来的危机。只有自由开放的社会,才能达到动态的稳定,动态的稳定才是真正的稳定"①。因此,"真正的知识分子必然酷爱自由与民主,并衷心愿为实现一个自由民主的社会而奉献牺牲"②。

对这一代的中国知识分子而言,民主这一历史性的课题,正考验着我们的智慧与勇气,如果不能成功,几千年暴政的恶性循环,将不得终止,十亿人的安全与福祉将永远遥遥无期。在韦政通看来,战后台湾可以作为中国自由民主进程的一个小型试验场,应该能够比之大陆"先走一步"。然而,自由民主播种不易,收成尤难。知识分子有必要随时总结历史经验,积累智慧,重新出发。当1980年代台湾因内外情势的急遽变化,为沉寂已久的自由民主运动提供了新的时机而运动本身却陷入因分裂而欲振乏力的困境时,韦政通特别回顾了过去三十多年来台湾知识分子追求自由民主的历程,指出在各个阶段所遭遇的挫折中,固然当政者的压制是罪魁祸首,自由主义者自身存在的严重缺陷也难辞其咎。例如,从事自由民主运动的人士,并不一定都清楚民主、自由、法治的关系,不明白民主只是手段,自由才是具有绝对价值的目的,不明白没有法治充分保障自由的民主不是真的民主,所以运动中呈现出一些思想的混乱。尤其严重的,是以为只要政治问题能解决,其他问题都可迎刃而解,而对于自身以及社会大众民主素养的培植,相当忽略③。

韦政通指出,推展自由民主的工作有许多层次,也需要有许多方面的工作来配合。自由民主要求我们整个民族来一次脱胎换骨的变化,知识分子应该发挥智慧力,经由书本把自由民主的理论层次提高;经由教育塑造年轻一代的民主心灵。历史性的进程不能操之过急,否则欲

---

① 韦政通《思想的贫困》,台北,东大图书公司,1985年,第116—117页。
② 韦政通《思想的贫困》,台北,东大图书公司,1985年,第216页。
③ 韦政通《三十多年来知识分子追求自由民主的历程》,氏著《历史转换点上的反思》,台北,东大图书公司,1989年。

速不达。一个国家如不能全心全力培养国民的民主性格,民主制度将只是一个空架子;而运动人物如本身就缺乏自由民主的素养,自由民主理想的实现将难如登天,即使一朝有机会取得政权,也不过是旧政治的翻版。

自由民主的素养的陶冶,当然必须有自由民主的学术环境和气氛。"学术独立是学术工作者的基本权利,既是权利,就必须争取。争取之道,除了运用学术推动政治民主化,并使政府充分了解学术独立对国家整体性发展的重要性之外,最根本的做法还是要返求诸己。"①学术的独立王国,不能靠政治来分封,要靠学术工作者能坚守自己的岗位,维护学术的尊严,表现学术的人格,并在学术上真正能做出成绩。只有当学术在国家整体的发展中切实表现出它的贡献,获得大家的信赖,那时候,独立自主的学术王国,才能自然造成。

2. 均平的理想。韦政通在政治上支持自由主义,但在经济上却一直同情社会主义。"五四"以来,自由主义与社会主义各立山头,虽在不少知识分子那里出现过将二者结合的趋势,但到了国共隔峡对峙的时期,台湾知识分子对于社会主义大多讳莫如深,台湾朝野的斗争主要呈现为右翼民族主义与自由主义的对垒,没有社会主义公开声张的余地。但韦政通等少数知识分子却以认同费边社理念的形式,长期对社会主义抱有热情。"自由主义跟社会主义有没有一个结合点,真值得思考。我一生经济上绝对支持社会主义。"②这里所谓的社会主义,主要指经济政策上的"公平""正义",跟共产主义者所讲的无产阶级专政下的社会主义仍然存在相当差别,他定义道:"社会主义的消极意义就是反对不平等,反对剥削,积极意义就是建立一个人道而又平等的社会。"③

韦政通说:"自由主义与社会主义并不是完全没有交集。可以有一个参考点给我们,西方近百年的资本主义,被马克思批评以后,为什么

---

① 韦政通《思想的贫困》,台北,东大图书公司,1985年,第118页。
② 2006年4月韦政通武汉讲学录音。
③ 韦政通《思想的贫困》,台北,东大图书公司,1985年,第80页。

没有倒台,还越来越发展? 就是他们吸收了社会主义的冲击,接受了社会主义的挑战。最明显的就是加强福利政策,所有资本主义国家都加强人们的福利。他们把社会主义的一部分,公平正义,在制度里面吸收进去,稍微缓和了资本主义的恶化。整个 20 世纪,社会主义跟资本主义关系如何处理这个问题一直在纠缠人类,而资本主义后面的基础就是自由主义。"①将来世界上要真正纠正自由主义也好,资本主义也好,真正纠正它的缺陷的,要靠社会主义,靠公平正义的理想。社会主义非常非常复杂,历史上还没有一种制度真正能够把它实践出来。但是并不表示那个理想不重要,公平正义的理想永远要坚持。我们没有找到一种机制把它实现,但是至少它发生一种功效,你要缓和自由主义、资本主义的问题,要靠社会主义,这里它们是有交接点的。

　　他检讨了中国历史上的社会主义理想,认为中国人的传统里,有一些观念容易和社会主义联想在一起,那就是"均平"观念。从孔子开始,历代许多大思想家都提到这个观念,王莽第一个企图去实现这个理想,胡适说他是中国第一个社会主义者,他的努力失败了。均平的理想不能实现,屡屡引发中国历史上的动乱。中国传统要接受自由、民主相当困难,但接受理想性的社会主义相当容易,因为中国一直有"均平"的理想传统。到了近代,孙中山将西方社会主义解释为民生主义,主张要平均地权,可是国民党在大陆没有能够实现,迁台后,由于特殊的客观环境,才在农村实行耕者有其田,但都市平均地权尚未实施,他希望能够尽快地有所解决②。大陆实行改革开放后,韦政通反复讲,追求富强是应该的,追求均平也不能丢③。

　　3. 多元化的统一。国共内战造成的台海两岸政治分立,使中国的统一至今没有完成。而国民党在台湾长期的威权统治,一直隐藏着台湾社会的"国家认同"问题,随着台湾经济起飞后民主运动的推进,国民

①　2006 年 4 月韦政通武汉讲学录音。
②　韦政通《传统的更新》,台北,水牛出版社,1989 年,第 74—75 页。
③　2006 年 4 月韦政通武汉讲学录音。

党的民族主义意识形态影响力日趋式微,党外势力开始提出"自决"的口号,"统"、"独"遂成为热门话题,并在社会上公然对抗。支持自由主义、同情社会主义的韦政通,对这个民族主义议题自然免不了也要进行一番独立思考,先后提出"两种社会,一个中国"、"多元化的统一"等开明民族主义设想。

　　韦政通提出台湾意识是一个必须正视的现实,但并不可怕。"就事实而言,台湾意识在目前的台湾,可以说普遍存在,而自决意识仍属局部。"[①]当我们思考这一类问题时,先要充分了解台湾意识的内涵。他将台湾意识的内涵区分为六种:住民意识、乡土意识、省籍意识、命运共同体意识、住民自决意识、台独意识。其中前四种对于国家统一并不构成阻碍,而民进党主张的"自决"和分离主义者主张的"台独",不仅为北京所坚决反对,在台湾岛内争议性也极大。

　　了解了台湾意识的内涵差异,还需了解其产生的深层背景。韦政通指出,在日本殖民统治时期,台湾意识在反抗殖民统治的运动中,曾扮演重要角色,当时"台湾意识"的成长,并未彰显"分离意识",仍坚信"台湾人就是中国人,对自己的民族文化是有绝大的信心"[②]。台湾光复,台湾同胞怀着"中国一旦隆盛"、"雄飞世界"的理想,期待溶化于中华民族的长河之中。今天台湾意识出现"台独"意识的演变,基本的根源,是当时的中国政府接收后吏治腐败,统治残暴,经济日益衰微,人权不能得到保障,全省省民不堪其苦,尤其是爆发了台湾史上空前的"二二八"惨剧。而1949年国民党当局退守台湾,为了巩固"政权",铁腕清除岛内异己分子,造成长期的白色恐怖。"主张民族主义和国家统一的人,不是被看成落伍、顽固分子,就是被看成赤色、左派分子。台湾人民的'祖国—中国'形象,也于是开始丧失了焦点,终而至于模糊和变形

---

①　韦政通《中国思想与人文关怀》,台北,洪叶文化公司,2000年,第249页。
②　王晓波《日据时期"台湾派"的祖国意识》,见《中国论坛》第289期,第123页。

了。"①了解今日台湾严重的国家认同问题，不能忽略这一历史背景。

韦政通希望大陆方面在反对台湾的自决与独立之同时，应对台湾统独争论的复杂背景多加理解，只有这样才能找到有效的因应之道，因为统独之争很难诉诸理性或理智，它是"气"、不是"理"；是"以气生理"、不是"以理生气"，有了更多的背景了解就能设法"顺气"。另外，历史形成的问题，要解决需要时间与耐心，除了光复后短暂的四年之外，台湾与大陆已分离、分治了将近百年，为了和平地解决国家分裂的问题，为了弥补历史的伤痕，没有理由不可以等待。

韦政通还特别提到一点，台湾自决和台独意识的成长虽然与台湾民主运动相伴随，但不能因此否定台湾的民主运动。台湾的民主化可能客观上有利于"台独"运动，"但从另一方面看，假如台湾的民主能顺利发展，使政治权力与经济资源获得较公平的分配，'台独'运动也可能因此而式微"②。事实上，"台独"运动近年的泛滥，正是由于民主的畸形化为无能的政客所用的结果。未来解决国家统一问题，两岸都有进一步发展自身、完善自身的问题，"20世纪我们因太多的内战和内乱，使中国丧失了走向富强、民主的机会，两岸当权者应以向全体中国人负责的态度，放弃仇恨、放弃成见、突破传统，引导中国走出一条既民主又统一的真正能长治久安的道路，使我们的子孙，不必再把力量消耗于内斗，使他们更自信、更勇敢地去迎接21世纪的挑战"③。

对自由民主目标的坚持、对社会公平问题的关注、对民族最终统一的期待，只是韦政通社会关怀的宏观方面，在微观方面，他还就台湾社会许多具体领域和现象，提出过丰富的建设性批评和意见，直到不久前的2007年12月，他还与杨国枢、胡佛、何怀硕、黄光国等台湾资深学者在各大报联合发表声明，批评陈水扁以"扣帽子"的方法回避曹兴诚严

① 陈映真《国家分裂结构下的民族主义国家——"台湾结"之战后史之分析》，《中国论坛》"中国结与台湾结研讨会论文专辑"(1987年10月10日)，第72页。
② 韦政通《中国思想与人文关怀》，台北，洪叶文化公司，2000年，第269页。
③ 韦政通《立足台湾，关怀大陆》，台北，东大图书公司，1991年，第136页。

肃提出的"两岸和平共处法"问题,抨击其发动"入联公投"将两岸逼向
战争边缘①。

　　以上我们分别简要勾勒了韦政通先生在学术、思想、社会参与等方
面的创造和奋斗。韦政通一生著述宏富,论题广泛,本文的勾勒难免挂
一漏万,惟求"概述"而已。总之,韦政通以数十年"严重的工作",奠定
了学者、思想家、知识分子三位一体的人生格局。对此,韦先生亦有自
觉,他曾说:"我这一生扮演过三种角色:学者、思想家、知识分子。做一
个学者,是我年轻时的愿望,其他两种角色,绝非当年所敢想象,而是由
于不寻常的学思历程,和一些意外的人生机遇塑造而成。在个人的感
受上,学者的工作,最为艰辛;创发性的思想工作,比较起来,最能使我
满足;社会关怀的文章,六十年代是为生活所迫,八十年代则因台湾剧
烈的社会变迁、政治运动所刺激,写这方面的文章,主动的意愿少,被动
的成分多。"②这段话,尽管显得相当低调,但确实能够代表他对自己一
生的一个总结。学者的角色,奠定了他在学术史上的地位,思想家和知
识分子的角色,则使他自身从一个思想史学者延伸为思想史研究的
对象。

----

① 于宗先、文崇一、何怀硕、胡佛、韦政通、张玉法、许倬云、黄光国、杨国枢(姓氏繁体笔画为
　序):《曹兴诚的提问,扁有义务回答》,台北《联合报》2007年12月3日A15版。
② 韦政通《人是可以这样活的》,台北,洪叶文化公司,2000年,自序。